ACCESO GRATIS ***a la Lectura en la Nube***

Para visualizar el libro electrónico en la nube de lectura envíe junto a su nombre y apellidos una fotografía del código de barras situado en la contraportada del libro y otra del ticket de compra a la dirección:

ebooktirant@tirant.com

En un máximo de 72 horas laborales le enviaremos el código de acceso con sus instrucciones.

AF617062

La visualización del libro en **NUBE DE LECTURA** excluye los usos bibliotecarios y públicos que puedan poner el archivo electrónico a disposición de una comunidad de lectores. Se permite tan solo un uso individual y privado

Gobernanza robusta
Un nuevo modelo de gestión pública

COMITÉ CIENTÍFICO DE LA EDITORIAL TIRANT LO BLANCH

Manuel Asensi Pérez
Catedrático de Teoría de la Literatura y de la Literatura Comparada
Universitat de València

Ramón Cotarelo
Catedrático de Ciencia Política y de la Administración de la Facultad de Ciencias Políticas y Sociología de la Universidad Nacional de Educación a Distancia

Mª Teresa Echenique Elizondo
Catedrática de Lengua Española
Universitat de València

Juan Manuel Fernández Soria
Catedrático de Teoría e Historia de la Educación
Universitat de València

Pablo Oñate Rubalcaba
Catedrático de Ciencia Política y de la Administración
Universitat de València

Joan Romero
Catedrático de Geografía Humana
Universitat de València

Juan José Tamayo
Director de la Cátedra de Teología y Ciencias de las Religiones
Universidad Carlos III de Madrid

Procedimiento de selección de originales, ver página web:

www.tirant.net/index.php/editorial/procedimiento-de-seleccion-de-originales

Gobernanza robusta

Un nuevo modelo de gestión pública

CARLES RAMIÓ
MIQUEL SALVADOR

upf. BARCELONA SCHOOL OF MANAGEMENT

tirant lo blanch
Valencia, 2024

Copyright ® 2024

Todos los derechos reservados. Ni la totalidad ni parte de este libro puede reproducirse o transmitirse por ningún procedimiento electrónico o mecánico, incluyendo fotocopia, grabación magnética, o cualquier almacenamiento de información y sistema de recuperación sin permiso escrito de los autores y del editor.

En caso de erratas y actualizaciones, la Editorial Tirant lo Blanch publicará la pertinente corrección en la página web www.tirant.com.

La presente obra ha sido sometida a la revisión de pares ciegos según el protocolo de publicación de la editorial a efectos de ofrecer el rigor y calidad correspondiente tanto en su contenido como en su forma, aplicándose los criterios específicos aprobados por la Comisión Nacional E 016 (BOE núm. 286, de 26 de noviembre de 2016).

Directores de la Colección:

ISMAEL CRESPO MARTÍNEZ

Catedrático de Ciencia Política y de la Administración en la Universidad de Murcia

PABLO OÑATE RUBALCABA

Catedrático de Ciencia Política y de la Administración en la Universidad de Valencia

© Carles Ramió y Miquel Salvador

© TIRANT LO BLANCH

EDITA: TIRANT LO BLANCH
C/ Artes Gráficas, 14 - 46010 - Valencia
TELFS.: 96/361 00 48 - 50
FAX: 96/369 41 51
Email: tlb@tirant.com
www.tirant.com
Librería virtual: www.tirant.es
DEPÓSITO LEGAL: V-3660-2024
ISBN: 978-84-1197-070-9

Si tiene alguna queja o sugerencia, envíenos un mail a: *atencioncliente@tirant.com*. En caso de no ser atendida su sugerencia, por favor, lea en *www.tirant.net/index.php/empresa/politicas-de-empresa* nuestro Procedimiento de quejas.

Responsabilidad Social Corporativa: http://www.tirant.net/Docs/RSCTirant.pdf

Índice

II ADMINISTRACIÓN INTELIGENTE: EL DISEÑO DE UN NUEVO MODELO DE ORGANIZACIÓN EN EL CONTEXTO DE LA GOBERNANZA ROBUSTA

Capítulo 5

Una gestión pública obsoleta en el contexto de un entorno turbulento y la exigencia de una gestión pública contingente e inteligente

Capítulo 6

La gobernanza robusta como una excusa para poder proponer un nuevo modelo organizativo y de gestión: los nuevos ámbitos de gestión para lograr la inteligencia institucional

INTRODUCCIÓN

Las administraciones públicas en España, y en la gran mayoría de los países, operan con esquemas conceptuales y organizativos anticuados. Esta obsolescencia institucional y organizativa de las administraciones públicas no es ninguna novedad y se mantiene desde el origen de unos tímidos y poco fructuosos procesos de modernización administrativa en contextos democráticos. El desarrollo del Estado del bienestar inserto en el marco de unos cómodos ciclos económicos de carácter incrementalista generaron los primeros síntomas de anacronismo de las administraciones públicas: se ampliaban las políticas y los catálogos de servicios públicos y los aparatos administrativos se limitaban a incrementar efectivos y recursos, pero sin transformar de una manera sustantiva sus dinámicas de gestión. Las crisis fiscales iniciadas en la década de los setenta del siglo pasado tuvieron el impacto de tensionar al máximo el sistema público que tuvo que adoptar una mirada más gerencial que burocrática. A pesar de algunos avances positivos en materia de gestión pública puede afirmarse que durante los últimos cincuenta años las administraciones públicas están institucional y organizativamente desubicadas, manifestando problemas de identidad y de un déficit manifiesto de potentes estrategias de reforma de sus aparatos administrativos a la altura de las exigencias políticas, económicas y sociales de su entorno. Llevamos, de esta manera, varias décadas en las que las administraciones públicas sobreviven de manera precaria, con respiración asistida y paseando sobre un alambre muy peligroso que las obliga a hacer constantes ejercicios propios de un funambulista para no caer en el vacío.

Los turbulentos inicios del siglo XXI hacían presagiar que estas dinámicas precarias y de supervivencia por parte de las administraciones públicas serían claramente insuficientes para abordar los nuevos retos que se avecinaban: anuncio de la revolución tecnológica 4.0, una nueva economía cada vez más errática y con crisis más periódicas y más profundas, mayores desigualdades sociales y el surgimiento de una nueva cultura política populista y demagógica en el que el fenómeno Berlusconi no representaba una heterodoxa excepción sino el primer aviso de un cambio político profundo e inquietante.

La crisis sanitaria derivada de la Covid-19 supuso un simbólico y real punto de inflexión: un antes y un después tanto para nuestras economías y sociedades como para nuestras instituciones públicas. El entorno público ya podía considerarse oficialmente como turbulento, tal y como sostiene el nuevo paradigma de la gobernanza robusta. A partir de hora los cambios en el entorno público van a ser sobrevenidos, imprevisibles e inéditos hasta el momento y van a exigir nuevas capacidades institucionales y organizativas a las administraciones públicas. La combinación del cambio climático, las crisis medioambientales, la mayor desigualdad social, las nuevas exigencias sociales (igualdad, sostenibilidad), los nuevos problemas en salud pública, los rápidos avances en la inteligencia artificial, etc. van a fomentar en el futuro inmediato múltiples crisis inéditas para unas instituciones públicas acostumbradas a la estabilidad y a las rutinas. Las actuales capacidades institucionales y organizativas son claramente insuficientes para abordar con una cierta robustez estos retos de futuro inmediato, a medio y a largo plazo.

El nuevo paradigma de la gobernanza robusta, diseñado todavía de manera incipiente por la literatura especializada, intenta dar respuesta a estas nuevas exigencias y contingencias. Literatura, como se ha dicho, alumbrada al calor del análisis de los problemas, dificultades y aciertos de la respuesta pública ante la crisis de la Covid-19. Como es preceptivo en el dibujo de un nuevo modelo de gestión éste no parte de cero ni articula propuestas normativas sobre el vacío, sino que se sustenta en un análisis, un repaso sólido, crítico, pero también constructivo, de los anteriores modelos por los que han ido transitando las administraciones públicas durante las últimas décadas (burocrático, gerencial de la mano de la Nueva Gestión Pública y gobernanza en red). Presenta una crítica constructiva de los mismos rechazando las obsolescencias de estos modelos y ponderando el valor que pueden seguir aportando de cara al futuro. Pero la novedad que aporta la gobernanza robusta es la de edificar un nuevo modelo de gestión que sea permeable a un cambio constante, a incorporar sistemas estructurales de aprendizaje organizativo, a poseer mayores capacidades estratégicas acompañadas por un modelo organizativo mucho más flexible y contingente. No desdeña las virtudes del acervo administrativo que aporta estabilidad que es un ingrediente ineludible para lograr seguridad jurídica e institucional y para asegurar la gestión eficaz y eficiente de las políticas y servicios públicos de carácter estructural. Pero la estabilidad debe ir ineludiblemente acompañada de la capacidad de cambio y de transformación. Recientemente la más diversa literatura ya advertía sobre la necesidad de generar un nuevo modelo organizativo que combinara la estabilidad con el cambio: organizaciones ambidiestras (Marcet, 2021), organizaciones que saben, organizaciones que aprenden (Brugué, 2022), gobernanza social e inteligente (Ramió y Salvador, 2019), el burócrata disruptivo (Velázquez, 2021), burocracia inteligente (Ramió, 2022), gobernanza: para un cambio en la Administración pública (Velázquez, 2023).

El nuevo modelo de gobernanza robusta se asienta sobre la reciente transformación que ha experimentado el entorno público, que a partir de ahora va a ser irremediablemente turbulento: cambios constantes que presentan problemas y crisis imprevistas, sobrevenidas e inéditas que exigen un sobreesfuerzo de las instituciones públicas en improvisar, con el mayor fundamento posible, decisiones políticas y administrativas hasta ahora desconocidas en forma de nuevas políticas y servicios públicos. Esta nueva dinámica requiere de administraciones públicas resilientes, pero no de manera pasiva sino dinámica, y robustez en sus diseños institucionales y organizativos. La robustez se asienta sobre un conjunto de estrategias (escalabilidad, experimentación, bricolaje, autonomía coordinada, adaptabilidad de las normas, polivalencia estratégica y respuestas innovadoras) y de capacidades institucionales estables y dinámicas. Como se ha hecho mención, la gobernanza robusta es constructiva y no destructiva: incorpora, debidamente actualizado, el saber en materia de gestión vinculado a los modelos burocrático, gerencial y de gobernanza en red, aunque considera que son ahora insuficientes y hay que complementarlos con los ingredientes vinculados al concepto de robustez.

El presente libro se articula en dos grandes bloques que, conjuntamente, responden a dos subobjetivos: (1) primero, presentar de la manera más completa, sencilla y divulgativa los conceptos e ingredientes novedosos que aporta el modelo de la gobernanza robusta y (2) segundo, plantear una concreción de estos conceptos y estrategias, con diversos ejemplos, a las realidades administrativas no anglosajonas como son las propias del sur de Europa (básicamente España) y, también, las de los países de América Latina.

El bloque inicial tiene como objetivo ser el primer texto que presenta en lengua española el marco conceptual y el desarrollo de la literatura vinculada al nuevo paradigma de la gobernanza robusta. Para ello, el primer bloque agrupa cuatro capítulos. En el capítulo 1, *Gobernanza robusta: caracterización el paradigma para afrontar entornos de turbulencia*, se explicitan las bases y los conceptos básicos de la gobernanza robusta, con especial atención al propio concepto de robustez, a las respuestas al entorno turbulento que se han ofrecido desde los paradigmas clásicos de gestión pública, para culminar con la integración de estabilidad y cambio como rasgos distintivos del nuevo referente. El capítulo 2, *Las estrategias para desplegar la gobernanza robusta*, expone de manera teórica y práctica las estrategias para desplegar el paradigma de la gobernanza robusta, entre las que destacan la escalabilidad, la experimentación y el prototipaje, el bricolaje y la modularización, la autonomía coordinada y la policentricidad como nuevos modelos de relación, la mejora y adaptabilidad de las normas, la polivalencia estratégica y la generación de respuestas innovadoras, para culminar con una reflexión sobre las interacciones entre ellas y la implicación de los actores. El capítulo 3, *Capacidades institucionales estables y dinámicas para impulsar la gobernanza robusta*, se centra en caracterizar el propio concepto de capacidad del Estado versus las capacidades administrativas y las de políticas, para destacar a continuación las de carácter estable (capacidad analítica, capacidad colaborativa y capacidad de gestión organizativa) así como sus interdependencias. Este capítulo también plantea la caracterización de las capacidades dinámicas (análisis y aprendizaje, integración y coordinación, y reconfiguración y transformación) así como sus relaciones con las capacidades estables para configurar un todo integrado. El primer bloque culmina con el capítulo 4, *Gobernanza robusta y nuevos modelos de relación: de la transparencia a la participación ciudadana y la colaboración público-privada*, en el que se caracteriza al nuevo paradigma a partir de las diferentes tipologías de interacción con su entorno, considerando la diversidad de actores, destacando el rol del gobierno en la configuración del nuevo entramado en un intento de aunar y conciliar la inteligencia institucional con la inteligencia social.

El segundo bloque, sitúa el foco en la dimensión organizativa de la Administración pública, que hay que reconocer que es el principal objeto de investigación, de preocupación y de especialización de los autores de esta obra. El lector atento puede detectar un desequilibrio en este libro en el que la mirada interna hacia la Administración es mucho más amplia y profunda que la mirada externa (propia de la gobernanza abierta). Hay que reconocer que se trata de un sesgo evidente alentado y condicionado por el marcado interés de los autores por los temas vinculados a las materias organizativas y de gestión. El segundo bloque se articula en cinco capítulos. Un primer capítulo (capítulo 5), *Una gestión pública obsoleta en el contexto de un entorno turbulento y la exigencia de una gestión pública contingente e inteligente*, en el que se incide en la obsolescencia de los actuales diseños organizativos para poder absorber un entorno turbulento. En este capítulo también se hace un repaso crítico a la literatura clásica en gestión (pública y privada) y, también, a las novedades que consideramos interesantes y positivas que aporta el nuevo modelo de gobernanza robusta. En todo caso el ingrediente esencial de este capítulo es analizar los distintos escenarios de resiliencia de las administraciones públicas con el objetivo de alcanzar una robustez en forma de resiliencia dinámica. La capacidad de resiliencia es un ingrediente esencial en el modelo de gobernanza robusta. Los capítulos 6 y 7 representan uno de los núcleos centrales de esta obra en que los que se propone un nuevo modelo de organización y de gestión sobre la base de los planteamientos de la gobernanza robusta y del reciente paradigma de la Administración inteligente. El capítulo 6, *La gobernanza robusta como una excusa para poder proponer un nuevo modelo organizativo y de gestión: los nuevos ámbitos de gestión para lograr la inteligencia institucional*, presenta de manera normativa un nuevo modelo organizativo y de gestión adaptado a los postulados de la gobernanza robusta. Se hace una propuesta de generación de nuevas unidades vinculadas a una administración más inteligente (capacidad de prospectiva, fomento de la estrategia, incremento de las capacidades de gobernanza de datos para una mejor gestión de la información, evaluación de políticas y servicios, incorporación de la inteligencia artificial, etc.). Se pondera también la necesidad de reinventar los canales de atención a la ciudadanía, de volver a ubicar en el centro del sistema las necesidades y expectativas de los ciudadanos que han quedado, en los últimos años post pandemia, seriamente desnaturalizados por una euforia errática en la implantación de la administración digital y del teletrabajo También se propone la reubicación de los ámbitos de gestión clásicos y de articulación de las nuevas unidades de última generación (igualdad, sostenibilidad y *compliance*). La vertebración de los nuevos ámbitos de gestión con las unidades más clásicas se presenta metodológicamente utilizando los reputados y conocidos ámbitos formulados por Mintzberg proponiendo una renovación muy profunda de los mismos. El capítulo 7, *La búsqueda del necesario equilibrio entre la estabilidad y el cambio vinculado a la gobernanza robusta. La importancia del trabajo colaborativo*, presenta una visión dinámica del modelo formulado en el anterior capítulo, un apartado en que los distintos ámbitos dialogan y se interrelacionan generando todo tipo de sinergias y de arquitecturas variables gracias a un modelo de gestión basado en constelaciones, gestión por proyectos, unidades temporales que rehúyen de los tradicionales modelos jerárquicos y excesivamente departamentalizados. Estas lógicas de movimiento se relacionan con la otra gran exigencia del modelo de gobernanza robusta: la combinación entre la estabilidad y el cambio. Un aparente oxímoron que hay que diseccionar y proponer normativamente con el máximo refinamiento. El capítulo finaliza con algunas reflexiones, tanto desde la dimensión teórica como práctica, sobre la necesidad de potenciar el trabajo colaborativo, con sus ventajas y potenciales disfunciones, para lograr el objetivo de incrementar las capacidades de la denominada inteligencia colectiva.

El capítulo 8, *Nueva cultura institucional de la dirección política, poder y conflicto y cultura organizativa*, trata de dos ámbitos críticos a nivel institucional y organizativo. Por una parte, la necesidad de alentar una nueva cultura institucional vinculada al liderazgo político en sus relaciones con la Administración pública para que sea posible implantar los cambios propuestos en este ensayo. Es una evidencia que las administraciones públicas nunca podrán transformarse sin la implicación activa y la complicidad de la clase política dirigente. Es el cuello de botella más importante que impide las dinámicas de transformación de las instituciones públicas. En todo caso, mucho debe transformarse la cultura institucional de los partidos con aspiraciones para gobernar, en un contexto desfavorable en el que dominan la desprofesionalización política, la demagogia y las ocurrencias frívolas desligadas de las evidencias empíricas y del conocimiento experto. La actual cultura institucional de naturaleza política aporta a las administraciones públicas inestabilidad e inamovilidad, es decir, justo lo contrario de lo que propugna el modelo de gobernanza robusta: estabilidad y cambio. El segundo apartado de este capítulo aborda dos dimensiones organizativas muy relevantes, pero escasamente tratadas por los manuales organizativos clásicos: el poder formal, el poder informal, el conflicto y la cultura organizativa. Se trata de unas dimensiones complejas con ingredientes líquidos e incluso gaseosos que dificultan su conceptualización y, por tanto, su diagnóstico y, en consecuencia, la definición de estrategias de renovación. Hay que apelar a unos nuevos mecanismos de gestión del poder, de gestión de la organización informal y del conflicto y definir una nueva cultura administrativa acorde con los nuevos conceptos y diseños organizativos. Las transformaciones profundas y robustas no tienen solo un carácter técnico e instrumental, sino que poseen una evidente dimensión de cambio de paradigma cultural que es imprescindible abordar.

El capítulo 9, *La fortaleza de la debilidad institucional de las administraciones públicas de América Latina y la implantación del modelo de gobernanza robusta*. Este capítulo final hace referencia a la situación y a la capacidad de implementar el modelo de gobernanza robusta en los países inmaduros institucionalmente. En concreto, el foco prioritario de atención son las administraciones públicas de los países de América Latina. Son administraciones débiles a nivel institucional en un sentido clásico (institucionalidad dura) pero, en cambio, muy dinámicas y robustas en sus potencialidades asociadas a elementos de institucionalidad blanda. Se trata de un ensayo que se edifica sobre otro oxímoron: la fortaleza de la debilidad institucional. La hipótesis de este capítulo es que los países maduros y desarrollados institucionalmente van a manifestar grandes dificultades para poder desarrollar estrategias de cambio al estar excesivamente trabados e incluso capturados institucionalmente. En cambio, las administraciones públicas de América Latina son mucho más dúctiles y contingentes y con evidentes puntos fuertes vinculados a una institucionalidad blanda que las hace más robustas y proclives a poder incorporar con fluidez la mayor parte de los ingredientes novedosos de la gobernanza robusta orientados al cambio y a la transformación.

A modo de conclusión podemos afirmar que hay unanimidad tanto en los expertos académicos como en el grueso de los empleados públicos más cualificados en cuáles son las principales disfunciones y debilidades de las administraciones públicas. También hay un total acuerdo en que éstas deben transformarse de una manera radical. En cambio, existe un gran desconcierto y confusión sobre cómo tienen que transmutar en el marco de un entorno y un contexto tan complejo y afiliado con entusiasmo a las sorpresas y a los sobresaltos. Este texto, con absoluta modestia y asumiendo evidentes riesgos, tiene como objetivo alentar este debate, desde una nueva perspectiva teórica, aportando algunos nuevos marcos analíticos, reflexiones y propuestas.

Para finalizar, nos sentimos, por justicia y honestidad, obligados a incorporar un apartado de agradecimientos. Todos los trabajos académicos son, directa o indirectamente, obras colectivas. Por ejemplo: los múltiples autores citados en la extensa bibliografía, los debates sostenidos en congresos y jornadas académicas o las conversaciones informales mantenidas con los colegas y alumnos son una fuente constante de aprendizaje y de inspiración hasta el punto qué es difícil precisar el origen, la patente o la propiedad de los nuevos conceptos e ideas. En todo caso es de pundonor mostrar nuestro infinito agradecimiento a dos autores de referencia. Por una parte, al profesor mexicano Luís Aguilar Villanueva, sin duda el autor más importante en lengua española en materias tan diversas como la efectividad de los sistemas democráticos, la gestión del conocimiento, la gobernanza, la burocracia o el análisis de políticas públicas. Sus pacientes lecturas de este texto y sus amables, agudos y certeros comentarios han sido de una enorme ayuda tanto intelectual como personal. Por otra parte, a Amalio Rey, especialista en inteligencia colectiva que ejerce de consultor pero que posee una amplia, profunda y conocida solvencia académica. Su análisis y visión crítica de algunas partes del libro han tenido un enorme impacto positivo en este trabajo. También agradecer a Alberto Bonifacio, el editor argentino de la Revista del CLAD Reforma y Democracia, la lectura de algunos borradores y sus certeros comentarios. Finalmente agradecer a tres buenos amigos/as que nos han permitido exponer algunos de los argumentos de este libro, mientras se estaba gestando, en foros públicos especializados del máximo nivel internacional: Francisco Velázquez, Secretario General del CLAD (Centro Latinoamericano de Administración para el Desarrollo), que nos propuso, asumiendo evidentes riesgos, impartir un curso en esta prestigiosa institución denominado “Gobernanza robusta e innovación inteligente". A Raúl Rigo, secretario de economía del gobierno argentino, que nos invitó a impartir una jornada y unas conferencias para compartir con altos funcionarios de su ministerio algunos planteamientos de este libro. A Anna Terrón, directora de la FIIAPP (Fundación Internacional y para Iberoamérica de Administración y Políticas Públicas) de España que nos propuso participar en una jornada de celebración del vigésimo quinto aniversario de la institución que dirige y donde tuvimos la oportunidad de exponer algunos argumentos de este texto a un amplio y muy cualificado foro de altos cargos y miembros de la alta función pública de España. Finalmente, nuestro agradecimiento a José Manuel Martínez Sierra, director general de UPF-BSM, todo el apoyo que nos ha brindado para la publicación de esta monografía. Para nosotros ha sido un lujo sentirnos acompañados, durante el proceso de elaboración y maduración de este arriesgado texto, de estos amigos, intelectuales e instituciones tan relevantes.

I. LOS FUNDAMENTOS TEÓRICOS Y PRÁCTICOS DE LA GOBERNANZA ROBUSTA

Capítulo 1

GOBERNANZA ROBUSTA: CARACTERIZACIÓN DEL PARADIGMA PARA AFRONTAR ENTORNOS DE TURBULENCIA

En este capítulo, de carácter más teórico, se propone una revisión de las bases conceptuales de la gobernanza robusta, considerando sus aportes a partir de paradigmas precedentes y su despliegue en estrategias que permiten concretar su contenido y alcance. El enfoque de la gobernanza robusta surge como respuesta a unas transformaciones del entorno que plantean nuevos retos al sector público. Unos retos que no consiguen afrontar con solidez los paradigmas precedentes, en especial cuando se plantean de forma antagónica unos a otros. La revisión de los rasgos distintivos de dicho entorno y las respuestas que ofrecen al mismo los diferentes paradigmas constituyen la primera parte del capítulo. La segunda parte del capítulo se centra en la caracterización del propio concepto de gobernanza robusta a través de sus rasgos distintivos y a través de algunas de las estrategias más habituales con las que se ha concretado.

La aportación del enfoque de la gobernanza robusta plantea un aporte en el marco de una literatura académica que lleva un tiempo reflexionando sobre los modelos de gestión en la Administración pública con el objetivo de ordenar la dispersión y caos entre los diferentes paradigmas como el burocrático, el gerencial, y el de gobernanza en red.

Una primera consideración a realizar, y que se encuentra en la propia base de la gobernanza robusta, es que los modelos de gestión pública no se sustituyen unos a otros, sino que es probable —y conveniente— que convivan configurando un modelo de carácter híbrido y renovado (Ramió, 2022). Primero, el modelo burocrático que podría ser eficaz y eficiente gracias a la automatización de los procesos administrativos de la mano de la inteligencia artificial debería seguir presente en aquellos ámbitos de la Administración en los que aporta seguridad jurídica a las instituciones públicas (licencias, autorizaciones, disciplina pública). Segundo, el modelo gerencial sigue siendo necesario en la prestación de servicios e implementación de determinadas políticas públicas buscando la autonomía y la flexibilidad para alcanzar la máxima eficacia y eficiencia. Tercero, la gobernanza en red platea un nuevo modelo de relaciones de las organizaciones del sector público con su entorno, pero su complejidad intrínseca requiere una adecuada concreción. Es necesario renovar los modelos para poder dar el salto hacia una gobernanza social e inteligente (Ramió y Salvador, 2019) que permita asegurar que en este sistema relacional predominen los valores públicos y la Administración pueda ejercer de manera sólida la función de metagobernador (capacidad de dirección de las complejas redes público-privadas).

La emergente literatura sobre gobernanza robusta permite avanzar ante estos desafíos ya que, por una parte, considera que un futuro modelo de Administración debe pivotar entre la estabilidad y el cambio a través de la combinación de aportes de los modelos precedentes. Es imprescindible que las administraciones públicas sean estables para poder aportar seguridad jurídica e institucional a la sociedad (modelo burocrático activo y renovado gracias a la inteligencia artificial y la robótica) y prestar servicios públicos de manera sólida y constante (modelo gerencial). También es un requisito asegurar la calidad en la prestación de los servicios públicos estructurales mejorando y refinando el modelo gerencial. La novedad es que también es necesario que la Administración pública tenga una naturaleza cambiante para adaptarse al nuevo entorno turbulento (modelo de gobernanza inteligente y abierto a la innovación).

UN ENTORNO DE TURBULENCIA Y LAS RESPUESTAS DESDE LOS PARADIGMAS VIGENTES EN GESTIÓN Y POLÍTICAS PÚBLICAS

Tal como se apuntó previamente, la creciente complejidad y concatenación de crisis que deben afrontarse desde el sector público, de naturaleza y alcance diversos, plantean un nuevo entorno que se ha venido a caracterizar en términos de turbulencia.

En este entorno de turbulencia, más allá de la diversidad de tipologías de crisis que pueden registrarse, resulta interesante considerar tres dimensiones que permiten especificar elementos clave de las mismas (Ansell y Trondal, 2018):

- Alteraciones de los parámetros de referencia (*ground is in motion*). Los cambios en parámetros generales como la influencia de la política global, la estructura efectiva del poder y la autoridad, o el rol y las capacidades de la ciudadanía, pero también de parámetros más concretos u operativos como el presupuesto o la tecnología, alteran las referencias sobre las que se construyen las políticas públicas. La cuestión crítica es si para cuando se haya desarrollado el conocimiento para afrontar cada uno de estos cambios, el propio parámetro no habrá registrado un nuevo cambio.
- Interferencias complejas (*intercurrency*). El surgimiento de interacciones inesperadas entre programas o políticas ya sea de la propia organización o, más habitualmente, entre diferentes organizaciones públicas, generan resultados no previstos de la actuación pública. Si previamente dichos programas o entidades se contemplaban de forma separada, no conectada, o sencillamente no había información cruzada de ellos, el surgimiento de estas interacciones genera un nuevo tipo de tensiones y turbulencias. Este es, por ejemplo, la situación que se genera en políticas y servicios públicos cuando se introducen, entre otros, nuevos vectores de exigencia como la igualdad por razón de género o la sostenibilidad. O cuando se combinan en un mismo colectivo diferentes características que habitualmente se afrontaban con políticas segmentadas, que no coinciden ni se intercambian información sobre recursos y actuaciones a emprender.
- Complejidad temporal. La existencia de referentes temporales múltiples o cambiantes, eventualmente no sincronizados o contradictorios, representan otra dimensión de la turbulencia en las organizaciones públicas. La necesidad de ofrecer respuestas rápidas cuando los procesos estaban pensados para otro tipo de ritmos, cuando los horizontes temporales de diferentes programas que deberían coordinarse no se ajustan o incluso entran en conflicto, representan retos importantes

asociados a esta dimensión. Por ejemplo, la complejidad temporal genera importantes desajustes en la lógicas clásicas de la planificación pública habitualmente asociadas a una importante rigidez, que hay que superar mediante sistemas flexibles de definición de estrategias públicas (Marcet, 2021).

Las tres dimensiones permiten destacar la importancia de las interdependencias (entre actores, ámbitos de actividad, y secuencias temporales, entre otros) y el papel clave del factor oportunidad y del cambio en la configuración de la turbulencia. En todo caso, lo que distingue a la turbulencia es una combinación de contextos volátiles y complejos con consecuencias impredecibles y la necesidad de adaptarse, aprender y ajustarse a un eventual nuevo equilibrio (Scognamiglio et al., 2022; Mazzucato y Kattel, 2020).

De la resiliencia a la robustez

La progresiva extensión de entornos caracterizados por la turbulencia ha propiciado que los debates sobre el diseño de las organizaciones públicas pasen de centrarse en valores como la "equidad" o la "eficiencia" a focalizarse en cuestiones como la "resiliencia", la "robustez", la "flexibilidad" o la "adaptabilidad" como capacidad de respuesta del sector público (Duit, 2016).

Estos conceptos enmarcan una primera línea de respuestas que se ofrecen a la turbulencia alrededor del concepto de resiliencia. Un concepto que ha adquirido una renovada importancia desde la segunda década del siglo XXI, reflejándose en diversas líneas de actuación impulsadas tanto desde la Comisión Europea como desde la OCDE o desde Naciones Unidas (European Comission, 2013; OECD, 2014), con iniciativas como *Making Cities Resilient* (https://mcr2030.undrr.org/).

Desde el ámbito académico, el término ha sido analizado desde finales de los años 80 del siglo pasado con la referencia de Aaron Wildavsky y su obra *Searching for Safety*, donde se destaca cómo ante la turbulencia las organizaciones pasan de la anticipación, como predicción y prevención de potenciales peligros, a la resiliencia, entendida como "*la capacidad para afrontar riesgos no anticipados después de que éstos se hayan puesto de manifiesto, aprendiendo a recuperarse*" (1988:

77). La resiliencia trasladada al ámbito de la actuación de las organizaciones públicas se centra en la preservación de las funciones o de las estructuras durante los momentos en que las rutinas y los flujos de recursos se interrumpen debido a una turbulencia y más allá de las fluctuaciones que se podrían planificar o de las denominadas "*rutinas de emergencia*" (Nohrstedt, 2016). Así, las organizaciones resilientes son aquellas capaces de preservar sus características esenciales y recuperarse de la adversidad, lo que "*les ayuda a sobrevivir a las perturbaciones ambientales generales mejor que sus pares menos resilientes*" (DesJardine et al., 2019: 1436). En esta misma línea, el término "*resiliencia estática*" destaca cómo algunas organizaciones se orientan a mantener y restaurar el equilibrio previo a la turbulencia, focalizándose en estrategias de *path-dependence* que no transforman las bases de la institución vigente (Trondal, 2022; Ansell y Trondal, 2018), reduciendo la incertidumbre y la complejidad para priorizar el orden y la estabilidad. En algunos casos estas respuestas se limitan a establecer constricciones en algunas dimensiones (como la contención presupuestaria o la congelación de convocatorias de empleo) sin alterar de forma significativa las instituciones vigentes en los diferentes niveles de Administración (Medir et al, 2017).

En otros términos, con esta opción se busca salvar la situación de crisis, concebida como alteración puntual del equilibrio, y volver a la situación previa que se valora como adecuada. Un caso no poco habitual se da cuando, después de unas inundaciones o una erupción volcánica que han afectado a zonas habitadas construidas en antiguos cauces de ríos o torrenteras del volcán, se plantea reconstruir las edificaciones dañadas con meras actuaciones incrementales orientadas a paliar la destrucción ocasionada, pero sin cambios significativos que puedan evitar futuras catástrofes. En este caso se asume, habitualmente de forma implícita, que la situación previa era correcta y que la crisis tan solo reviste un carácter excepcional.

Otro ejemplo se da cuando, ante una ola de frío o de calor extremo, se emprenden actuaciones para paliar puntualmente la situación de los colectivos sociales menos favorecidos, desde los vinculados al fenómeno del sinhogarismo a los que sufren pobreza energética. Si las actuaciones se centran en soluciones como ofrecer refugio climático durante el período de crisis o una ayuda puntual para poder financiar los costes derivados del alto consumo energético, y se retiran una vez superado el episodio, es probable que se haya superado parcialmente la crisis, pero no se han alterado las dinámicas previas en estos colectivos. De nuevo se asume que la problemática resulta muy compleja y corresponde a otras áreas de intervención, y se opta, de nuevo implícitamente, en dejar las cosas tal como se encontraban en la situación previa a la crisis.

Un tercer ejemplo, registrado entre las estrategias para afrontar la pandemia, es la suspensión temporal de una parte de las exigencias legales en materia de contratación pública para facilitar la adquisición de material sanitario. Un problema sobrevenido, inédito, que exigía rapidez para salvar vidas, generó la necesidad de dejar en suspenso las exigencias de una normativa esencial en el funcionamiento de la Administración. Una vez superada la contingencia sobrevenida se volvió a aplicar la normativa exactamente igual que antes de la pandemia. De nuevo la respuesta fue positiva en la medida que facilitó la capacidad de respuesta ante la crisis, y que esta misma estrategia no se logró en otros ámbitos de organización y procesos como, por ejemplo, la regulación de la gestión de recursos humanos (flexibilidad en el redimensionamiento urgente de plantillas, por ejemplo). Pero, tal como se apuntaba, no se aprovechó para generar nuevos aprendizajes que mejorasen la situación de partida, la previa a la crisis, que parece considerarse —de forma más o menos consciente— como la adecuada.

El concepto de resiliencia ha recibido una atención creciente (Hillmann y Guenther, 2021; Aldrich, 2012), en especial a partir de determinadas crisis, pero con una creciente diversidad de definiciones, que acaban adoleciendo de cierta ambigüedad.

Para clarificar esta diversidad resulta interesante considerar dos dimensiones complementarias (Duit, 2016; Boin y van Eeten, 2013). Una primera dimensión se refiere al objeto de la resiliencia, es decir, qué se pretende que sea resiliente, diferenciado, por un lado, las funciones y las políticas públicas que desarrolla la Administración y, por el otro, el diseño organizativo y las estructuras de la misma. Aunque ambas vertientes están interrelacionadas, modificaciones de una u otra pueden facilitar diferentes grados de resiliencia.

En relación a las funciones y políticas públicas, por ejemplo, ante las sucesivas crisis económicas suelen introducirse ajustes en las políticas de apoyo a las empresas y a los colectivos de trabajadores, desde subvenciones orientadas a la promoción económica a prestaciones para reforzar la protección del empleo. También se incluyen actuaciones orientadas a fomentar la empleabilidad de las personas que han perdido el empleo a través, especialmente, de acciones de capacitación. En situaciones de crisis resulta habitual considerar prioritarias las inversiones en estas partidas, como elemento de resiliencia. Pero estos aportes no suelen apoyarse en una evaluación de resultados e impactos rigurosa, que dé cuenta de su efectividad, por lo que tienden a replicar, superada la eventual crisis, los esquemas previos. Si, por el contrario, se priorizase no la política vigente sino el servicio que aporta, esto es, la promoción económica y el fomento del empleo, cabría plantear la promoción de innovaciones a través de la colaboración público-privada o la implicación social en la exploración de respuestas alternativas.

En relación al diseño organizativo, el impacto de las crisis económicas en las organizaciones del sector público se ha concretado en recortes y ajustes, pero a menudo incidiendo más en su volumen (con redimensionamientos que acaban siendo transitorios) que en sus dinámicas de estructuración y funcionamiento. En otros términos, la crisis se pretende afrontar a través de ajustes que suelen ser rigurosos y dolorosos, especialmente en determinados ámbitos de la Administración, pero no suelen plantearse como oportunidad real para transformar dinámicas organizativas que, potencialmente, podrían ofrecer mejoras en la eficiencia y eficacia de los servicios y políticas públicas. Por ende, puede interpretarse que, implícitamente, se prioriza la resiliencia a través de ajustes, pero no de alteraciones significativas de las estructuras públicas, asumiendo la bondad del diseño organizativo o, más probablemente, las dificultades para su transformación.

Una segunda dimensión se refiere a la referencia temporal para atribuir la resiliencia, es decir, cuándo una institución puede considerarse resiliente, distinguiéndose una escala que va desde (1) las precursoras, que pueden mantener su actividad y estructura durante una crisis (se asocia a la gestión de desastres), (2) las de recuperación, que mantienen funciones y estructura tanto durante la crisis como una vez se ha superado la misma y se entra en una nueva fase, y (3) las adaptativas que, más allá de afrontar la crisis, contemplan un proceso de aprendizaje orientado a incorporar reformas institucionales y organizativas que permitan aumentar la resiliencia futura. La tercera categoría se asocia al concepto de "resiliencia dinámica", que enfatiza la importancia de incorporar la flexibilidad en el diseño organizativo que permita absorber la complejidad e incorporar el cambio orientado a reformar y actualizar continuamente la organización (Trondal, 2022).

Atendiendo a las acepciones comentadas en relación a la resiliencia, la de carácter estático puede considerarse como meritoria, pero vinculada a tiempos pasados en los que las crisis eran excepcionales o puntuales. En un entorno complejo y de turbulencia, en el que las crisis cobran un carácter estructural, solo tiene sentido tomar en consideración la resiliencia dinámica. En esta nueva concepción las dinámicas de cambio no son ni puntuales ni temporales, sino que pasan a formar parte inherente de las nuevas respuestas a ofrecer, a partir de procesos de aprendizaje que generen nuevas dinámicas de gestión de organizaciones y de políticas públicas. Siguiendo el ejemplo anterior sobre la normativa en contratación pública no sería suficiente en dejarla en suspenso temporalmente para regresar al modelo inicial sino aprender de la suspensión, evaluando sus ventajas e inconvenientes (fluidez frente a inseguridad jurídica), sacando lecciones de la experiencia para generar una nueva normativa en contratación que aprovechara los puntos fuertes de la nueva experiencia (rapidez y flexibilidad) y rectificara los puntos débiles (inseguridad jurídica, desigualdades en el mercado y corrupción). La resiliencia dinámica implica un cambio derivado de procesos de aprendizaje (mediante la evaluación de las nuevas dinámicas) y la capacidad de introducir en el futuro nuevos cambios y mejoras.

Precisamente la resiliencia dinámica se aproxima al concepto de robustez, un término que ha cobrado importancia para enfatizar la necesidad de generar respuestas que, más allá de regresar a la situación previa a la turbulencia, promuevan la transformación de la política y/o de la institución. De hecho, este rasgo es el que distingue el concepto de robustez del concepto de resiliencia que, principalmente, se refiere a la capacidad de un sistema para volver a un estado estable después de una turbulencia (Capano y Woo, 2018). La robustez, por el contrario, plantea la capacidad de una institución de mantener las funciones sistémicas básicas (estabilidad) a través de transformaciones continuas (cambio) (Ansell et al., 2022). Por lo tanto, la robustez puede considerarse en términos de "*conservadurismo dinámico*" a través del cual un sistema avanza para mantener algunas de sus funciones clave en formas nuevas y más adecuadas al contexto generado por la turbulencia (Ansell et al., 2015). El término "*robustez dinámica*" (Holett y Ramesh, 2022) refuerza este componente, que incide también en el alcance de la transformación que se genera (alcanzando la naturaleza de los objetivos y los instrumentos para alcanzarlos), en contraposición a la "*robustez estática*" o resiliencia, que tiende a focalizarse en ajustes en el nivel operativo (de dimensionamiento de recursos, por ejemplo) o de programa (cambiando el equilibrio entre instrumentos utilizados, por ejemplo) para responder a entornos de turbulencia.

Los aportes realizados desde diferentes perspectivas académicas permiten caracterizar el concepto de robustez. Desde las ciencias políticas se plantea la idea de robustez como la capacidad de un sistema para inventar y reinventar las políticas públicas cuando se enfrentan a nuevos desafíos, respondiendo de forma dinámica (Howlett y Ramesh, 2022; Sorensen y Ansell, 2021; Howlett et al., 2018). Desde la perspectiva de la gobernanza se destaca la necesidad de definir y desplegar estrategias robustas que permitan afrontar la turbulencia y seguir generando valor público a través de la "*adaptación flexible, la modificación ágil y la redirección pragmática de las soluciones de gobernanza*" (Ansell et al., 2021: 952). Desde la perspectiva gerencial se focaliza la atención en configurar organizaciones flexibles basadas, entre otras, en redes de colaboración y respuestas descentralizadas (Ansell et al., 2021; Capano y Woo, 2018), Boswell et al.; (2022).

A partir de estas aproximaciones se destaca como rasgo distintivo del concepto de robustez la capacidad de lograr un equilibrio entre estabilidad y cambio. Siguiendo Ansell et al., los "*sistemas de gobernanza robustos deben poder cambiar para preservar su funcionalidad frente a la turbulencia (la estabilidad requiere cambio); sin embargo, para hacerlo, deben proporcionar el andamiaje y la infraestructura que ayuden a respaldar y generar el cambio (el cambio requiere estabilidad)*" (2022: 8). En esta acepción del concepto de robustez, la estabilidad no debe entenderse como rigidez sino como permanencia a lo largo del tiempo de una función u objetivo, más allá de los desafíos que se plantean. Pero el mantenimiento de esta función u objetivo es probable que no se dé en su forma original, sino que puede revisarse, ampliarse o redefinirse de acuerdo con las circunstancias cambiantes. Del mismo modo, el cambio no debe concebirse como meramente reactivo o incremental, con voluntad de restaurar la situación previa, sino con un carácter innovador y proactivo orientado a lograr una adaptación flexible que aprovecha las oportunidades de la turbulencia para revisar las dinámicas previas. En otros términos, la robustez se asocia con un carácter emprendedor que se orienta a explorar desarrollos no previstos a partir de la turbulencia (Scognamiglio et al., 2022). Así, la inclusión del término robustez plantea incorporar una determinada combinación de permanencia y transformación orientada a ofrecer nuevas respuestas ante entornos caracterizados por la turbulencia (Elston y Bel, 2022).

Precisamente el plantear la aplicación de la robustez al sector público supone preguntarse sobre su capacidad para adaptarse a entornos caracterizados por la turbulencia. La capacidad de respuesta que se ofrece a dicho entorno desde paradigmas como el burocrático y la nueva gestión pública o los modelos de administración relacional presenta ciertas limitaciones. En especial porque el argumento latente al surgimiento y desarrollo de estos paradigmas era transformar las organizaciones del sector público para responder a sucesivos nuevos entornos, caracterizados en cada caso con rasgos concretos y relativamente constantes y estables. Esta reflexión surge de contrastar cómo los diferentes paradigmas conciben la relación entre estabilidad y cambio y cómo se relaciona, a partir de la misma, con el concepto de turbulencia tal y como se ha definido anteriormente.

La respuesta desde el paradigma burocrático

El paradigma mayoritario en buena parte de las administraciones públicas de la Europa continental, y que se ha tomado como referencia por organismos internacionales para construir instituciones de carácter estable, es el inspirado por la burocracia definida por Max Weber. Este referente ideal (es decir, no real) se caracteriza por una clara orientación a la creación y mantenimiento de reglas estables que favorezcan respuestas administrativas previsibles, generando seguridad y certidumbre en el conjunto de actores implicados. El establecimiento de normas y reglas que clarifiquen los roles estables de cada actor, con procedimientos claramente definidos que aseguren la imparcialidad en el trato a la ciudadanía, parten de considerar las bondades de la estabilidad. Por el contrario, la inestabilidad y el desorden se conciben negativamente y la respuesta ante una eventual turbulencia es su eliminación para regresar el punto de orden adecuado.

Por su configuración a partir de estructuras jerárquicas que se combinan con divisiones funcionales de la actividad y con procesos sistematizados, las organizaciones burocráticas han logrado administrar programas y servicios públicos estandarizados a gran escala. La compartimentación de unidades favorece la especialización sectorial, donde cada profesional tiene claramente definida su actividad y la de sus colaboradores, dejándose la coordinación e integración de resultados en manos de la alta dirección.

Este paradigma prioriza la regularidad del funcionamiento a partir de estructuras y reglas formalizadas, basándose en una racionalidad formal propia que permite maximizar la eficiencia de lo que se produce mientras se garantiza la igualdad en el trato, a partir de la despersonalización del mismo (Brugué, 2022). El seguimiento mediante auditorías formales y legales condiciona el funcionamiento, que penaliza las eventuales desviaciones de los procesos y dinámicas establecidas.

En definitiva, el modelo resulta oportuno para afrontar un entorno o, cuanto menos, unas actividades caracterizadas por la estabilidad y la continuidad, que requieren asegurar garantías básicas, formales y reconocidas. Pero en su concreción efectiva, resulta habitual identificar desviaciones del modelo ideal, plasmadas en la rigidez de estructuras, en la incomunicación entre departamentos, o en incrementos del formalismo o de la complejidad de los procesos sin una mejora o valor añadido asociado, entre otras.

Ante entornos cambiantes, el paradigma burocrático tiende a generar respuestas orientadas a reducir la complejidad y a integrar el cambio en sus reglas de funcionamiento habitual. Un ejemplo de las respuestas de este modelo ante las alteraciones del entorno es la planificación. La planificación de presupuestos y actividades permite introducir racionalidad a los cambios que se anticipan en las diferentes variables que inciden en su funcionamiento. Pero después de notables desajustes en la plasmación de esta estrategia, la planificación ha tendido a cambiar su orientación, generando enfoques de carácter estratégico para anticiparse a los desafíos a medio y largo plazo, integrando la participación de actores del entorno para generar respuestas acordes al contexto, e incluyendo la flexibilidad para retroalimentar el resultado (Salvador, 2022; Bryson et al., 2018).

Pero más allá de estas adaptaciones puntuales, el cambio sigue siendo un reto no bien resuelto para las administraciones públicas que siguen el paradigma burocrático, y solo se producen ajustes concretos cuando las demandas de cambio resultan realmente urgentes (Fernández y Rainey, 2006). Además, estas organizaciones tienden a desplegar un estilo cerrado y sujeto a reglas, basado en la racionalidad formal propia y un modelo de relaciones *top-dawn* también con su entorno, que se traduce en rigidez y lentitud de respuesta para adaptarse, además de limitar su capacidad para movilizar recursos externos e implicar a otros actores.

La respuesta desde el paradigma de la Nueva Gestión Pública

Ante las rigideces y limitaciones de las administraciones públicas que seguían el paradigma burocrático para adaptarse a nuevos entornos, surgió con fuerza el referente de la Nueva Gestión Pública (Christensen y Lægreid, 2007; Barzelay, 2001; Dunleavy y Hood, 1994). Con una notable impronta de conceptos e instrumentos inspirados (cuando no importados directamente) del sector privado, la Nueva Gestión Pública proponía unas nuevas reglas del juego que priorizaban la obtención de resultados por encima del seguimiento de los procesos, la flexibilización de reglas y estructuras, la focalización en los resultados económicos, la concepción de la ciudadanía como cliente de la Administración o el refuerzo de la colaboración público privada, entre otros. Una serie de planteamientos que venían a transformar tanto el funcionamiento interno de las organizaciones públicas como, y especialmente, su modelo de relación con el entorno (Ramió y Salvador, 2005). Si bien su origen se encuentra en las administraciones anglosajonas, y con una orientación ideológica muy marcada, su impacto efectivo en los sistemas administrativos de la Europa continental o en América Latina ha sido relativamente escaso, sin lograr una transformación substantiva de los modelos previamente vigentes (Ramió, 2001).

Algunos de los factores que explican la resistencia al cambio por parte de entidades del sector público se vinculan a los valores subyacentes a la importación de técnicas privadas al sector público (Ramió, 1999). Así, sin explicitar sus implicaciones efectivas, el establecimiento de soluciones que tienden a concebir a la ciudadanía como "clientes" de un servicio ofrecido por una Administración pública, sin atender a los impactos que ello suponía debido a su carácter democrático y social, generaron importantes desviaciones que no se justificaban por las mejoras en el uso de recursos (obviando la propia razón de ser del sector público). De ahí que generaran importantes resistencias tanto dentro como fuera del sector público, limitando su extensión y desarrollo, sin lograr apenas algunos ajustes en determinadas áreas prestacionales. De hecho, uno de sus principales postulados era abogar por la desburocratización de la Administración pública, sin tener en cuenta que en determinadas acepciones y concreciones del término ello pudiese implicar cierta desinstitucionalización, reduciendo la seguridad institucional y jurídica que es el intangible que asegura el desarrollo económico y, con ello, el desarrollo humano de un país (Ramió y Salvador, 2018; Acemoglu y Robinson, 2014).

Ante entornos de turbulencia, desde este paradigma se incorpora la flexibilidad para el reajuste de prioridades y recursos, pero buscando nuevos equilibrios que permitan mantener las lógicas de economía y eficiencia que lo caracterizan. Además, con ciertas similitudes al paradigma burocrático comentado anteriormente, la consideración de la ciudadanía como "clientes" del servicio público determina su (no) incorporación en los procesos de diagnóstico y desarrollo de alternativas para afrontar los nuevos retos. Aunque desde los referentes de la Nueva Gestión Pública se contempla la consulta a la clientela/ciudadanía sobre la calidad de los servicios, ello no supone ir mucho más allá de una comunicación bidireccional y, en todo caso, no implica su inclusión efectiva en el diseño de respuestas al nuevo entorno.

La respuesta desde la gobernanza en red

Precisamente para dar respuesta a las debilidades del modelo burocrático y de la Nueva Gestión Pública en lo referente a su posición de aislamiento o superioridad en relación a los actores de su entorno, surge el paradigma de la gobernanza en red (*network governance*) que plantea un cambio sustancial en esta dimensión (Osborne, 2010). Así, "*la gobernanza en red (se contrapone a) la jerarquía, al aislamiento organizativo y al poder soberano con una colaboración inter-organizativa horizontal basada en la interdependencia de los recursos*" (Ansell et al., 2022: 5). Como apunta Agranoff (2014), la burocracia tiende a ser reconstruida y transformada por los entornos de turbulencia social y el surgimiento de la gobernanza en red.

Frente a los rasgos que describen el paradigma burocrático, la "*red (…) se caracteriza por carecer de límites, por aceptar el solapamiento de actividades y por asumir el movimiento constante. Aceptar la complejidad, asumir la flexibilidad y permanecer abiertos a la entrada y salida de actores diversos son los rasgos distintivos de las redes*" (Brugué, 2022: 122). Las organizaciones en red asociadas a este paradigma se han planteado en términos de "redes no dominadas", es decir, donde no existe un nodo central capaz de imponer dirección y orden al conjunto. Estas estructuras se basan en el reconocimiento de la diversidad y la interdependencia, con acuerdos básicos sobre los objetivos y formas de interacción, que requieren un alto nivel de confianza para generar implicación. El resultado es un mayor potencial para abordar retos complejos, pero también una alta inestabilidad asociada a las dificultades operativas que entraña tanto su funcionamiento como la gestión de sus eventuales resultados.

Para generar respuestas ante un entorno de turbulencia, desde la gobernanza en red se prioriza el establecimiento de contactos y la colaboración, con diferentes grados de formalización, para identificar soluciones novedosas. El diálogo establecido se extiende a la fase de implementación, reforzada por la implicación previa en la formulación de respuestas al entorno convulso. En este modelo, y también en contraste con el modelo burocrático, se focaliza la atención en la resolución de problemas por encima de cuestiones vinculadas a la imparcialidad o al cumplimento de normas y procesos en la toma de decisiones.

La configuración de estas redes se asocia a la idea de flexibilidad, adaptación, auto organización y cierta informalidad, en la medida que las posiciones de los diferentes actores parten de intereses propios para aproximarse a puntos en común que permitan afrontar los retos de forma colaborativa. Sin embargo, en entornos de turbulencia en los que se requiere rapidez en la toma de decisiones, se tiende a matizar su funcionamiento introduciendo cierta jerarquía, a menudo asociada al rol de la Administración pública como "orquestadora" de la red (Christensen et al., 2016).

Pero este paradigma también presenta limitaciones en su aplicación efectiva, en especial en momentos de crisis en los que se tensan las relaciones entre actores. Unas limitaciones que se plasman en los costes de transacción de la red, en los tiempos de respuesta, en la debilidad de la colaboración, en la falta de confianza, en los riesgos derivados de la interdependencia de los actores, en especial en la fase de implementación, o en la propia transparencia y rendición de cuentas de su actividad (Ulibarri et al., 2020; Koolma, 2013).

Por sus características contrapuestas, pero también complementarias, resulta habitual que el paradigma burocrático y el de la gobernanza en red compitan y coexistan simultáneamente (Christensen et al., 2016). El potencial del paradigma burocrático para afrontar retos a partir del orden, el control y la estabilidad se puede complementar con el paradigma de la gobernanza en red a partir de la flexibilidad, la auto organización y el ajuste informal. La combinación de ambos permite simultanear potenciales (pero también limitaciones, según se concrete dicha integración). Por ello el resultado del paradigma de la gobernanza en red, al concretarse, se plantea en términos de un espacio para facilitar dinámicas de reflexión y aprendizaje a partir de la interacción con actores del entorno.

Porque en entornos asociados a la turbulencia que requieren de respuestas ágiles pero robustas, que favorezcan la improvisación, pero también el aprendizaje rápido, con la participación e implicación de los actores clave, resulta conveniente explorar alternativas que permitan integrar los potenciales de los diferentes paradigmas, pero también potenciar nuevas capacidades en las organizaciones del sector público.

La gobernanza en red es un paradigma asentado en el debate sobre las políticas y la gestión pública, pero todavía no del todo ajustado ni maduro a nivel instrumental, quedando en un estadio de cierta indefinición operativa que aporta tanto ventajas como un amplio elenco de externalidades negativas. Las bases sobre las que se asienta la gobernanza en red son ineludibles en la gestión moderna y muy apropiadas en su formulación, pero no ha conseguido asentarse ni ha logrado superar las contradicciones inherentes a su formulación. Un modelo abierto y colaborativo extramuros de la Administración es ineludible y positivo, pero puede degenerar con facilidad en dinámicas que no aseguren el bien común y el interés general por capturas y dominio de actores privados (empresariales y sociales) con intereses propios e incluso ocultos. Por otro lado, la incapacidad manifiesta de la Administración para comprender, adaptarse y coordinar estas dinámicas abiertas tampoco contribuye a integrar adecuadamente los eventuales aportes que pueda generar el modelo.

En el proceso de integración y diálogo entre modelos se hace necesario desplegar nuevas bases y desarrollar nuevos instrumentos que permitan canalizar los potenciales que aportan los diferentes enfoques. La gobernanza robusta se plantea como alternativa para avanzar en dicha dirección.

EL PARADIGMA DE LA GOBERNANZA ROBUSTA: INTEGRANDO ESTABILIDAD Y CAMBIO PARA AFRONTAR ENTORNOS DE TURBULENCIA

El entorno de turbulencia descrito anteriormente plantea un escenario caracterizado por la incertidumbre y la necesidad de ofrecer respuestas de forma rápida. Un escenario con retos que las propuestas realizadas desde paradigmas precedentes no parecen poder afrontar. Por ello, más que incorporar iniciativas dispersas o ajustes incrementales, que podrían paliar puntualmente alguno de dichos retos, se considera necesario abogar por un cambio de paradigma. En otros términos, plantear solo el rediseño de algunas políticas públicas, ajustar la estructura orgánica vigente, revisar procesos y procedimientos o limitarse a incorporar algún nuevo servicio no permiten afrontar el nuevo escenario.

La apuesta por el paradigma de la gobernanza robusta parte de una relectura de diversas dimensiones clave de los paradigmas precedentes, destacando un nuevo equilibrio entre estabilidad y cambio en sus componentes definitorios. La aplicación del concepto robustez al ámbito de la gobernanza se ha planteado en términos de "*un esfuerzo decidido por promover la resolución efectiva de problemas mediante el diseño estratégico de una arquitectura institucional, proporcionando herramientas y procesos que promuevan la adaptación flexible a condiciones difíciles y la exploración y explotación innovadoras de oportunidades emergentes*" (Sorensen y Ansell, 2021: 5). Siguiendo esta aproximación, el desarrollo de una gobernanza robusta como estrategia para generar nuevas respuestas al entorno de turbulencia requiere incidir tanto en el diseño organizativo como en las dinámicas que puedan propiciar un comportamiento de los actores acorde con el modelo de transformación que se persigue (Capano y Toth, 2022; Gofen y Lotta, 2021).

Una primera dimensión clave para caracterizar la gobernanza robusta se refiere a mantener rasgos estructurales o permanentes, abogando por cierta estabilidad. La orientación habitual de los programas de carácter estructural (aquellos propios de la definición del sector público como la seguridad, la gestión de determinados servicios y prestaciones de carácter básico y regular) es la permanencia, con planteamientos a medio y largo plazo que exige invertir en la fijación del ámbito competencial, las reglas y jerarquías. Ello supone contextualizar la estabilidad que proporcionan dichos programas y políticas con esa visión a medio y largo plazo, superando los meros ajustes de carácter incremental y reactivo del modelo burocrático.

De la flexibilidad y los instrumentos que aporta el modelo de la Nueva Gestión Pública se desprenden dinámicas a considerar en la reformulación de determinados servicios públicos, pero atendiendo a la naturaleza y a la propia razón de ser de los mismos. Desde la gobernanza robusta se plantea combinar la utilización de dichos recursos, pero enmarcados en una estrategia propia del sector público que, entre otras, implique de forma efectiva a la ciudadanía en todo el proceso de desarrollo de la actuación pública.

Desde la gobernanza robusta se plantea que estos programas de carácter estructural integren una capacidad de innovación continua en lugar de tratarla como un último recurso ante cambios del entorno. Para ello resulta esencial generar espacios de confianza y empoderar a los diferentes equipos de profesionales implicados (Bentzen, 2022; Bentzen y Torfing, 2022).

Por otro lado, en clave estructural, la gobernanza en red se considera una respuesta a la fragmentación propia de los programas en la medida que incorpora a una pluralidad de actores alrededor de determinados retos concretos. Desde la gobernanza robusta, sin embargo, se sitúa el énfasis no tan solo en la inclusión, la deliberación o la colaboración, sino en el cambio constante de dichos programas con un claro direccionamiento por parte del sector público. Un entorno de turbulencia que requiere soluciones innovadoras a partir de una gobernanza capaz de adaptarse de forma continuada. Las soluciones robustas requieren de un análisis holístico, un conocimiento negociado, de la experimentación, revisión e innovación, y todo mientras se brindan servicios públicos básicos (Ansell et al., 2022).

Una segunda dimensión clave de la gobernanza robusta consiste en combinar la orientación a corto, medio y largo plazo, a modo de "agilidad estratégica" (Xing et al., 2020). Con ello se busca integrar una perspectiva de respuesta ágil para atender a la crisis generada por el cambio imprevisto y una perspectiva estratégica a largo plazo que contemple la eventual adaptación de los objetivos atendiendo al entorno de turbulencia.

Una tercera dimensión se refiere al liderazgo. La gobernanza robusta requiere de un modelo propio de liderazgo capaz de implicar tanto a agentes internos, alineando las diferentes unidades de la organización, como a externos, implicando a los actores del entorno. Pero con una orientación flexible que permita adaptarse al cambio sin que ello implique pérdida de credibilidad. Para ello resulta conveniente que este liderazgo cuente con diferentes fuentes de legitimación, como la asociada a la propia labor de implicar a los diferentes actores del entorno, la derivada del seguimiento de las estructuras y reglas formales que velan por determinados derechos de la ciudadanía (como algunas propias del modelo burocrático), y la que emana de la propia obtención de resultados.

En definitiva, y tal como se presenta en el gráfico 1 (gráfico 1) el paradigma de la gobernanza robusta plantea integrar la estabilidad y la flexibilidad, capitalizando los potenciales que ofrecen el paradigma burocrático, el de la nueva gestión pública y el de la gobernanza en red. El referente del modelo burocrático aporta la capacidad de prestación de servicios estándar predecibles, con estabilidad y reglas que aseguran la imparcialidad, pero presenta dificultades para adaptarse con agilidad y limitaciones para implicar a los actores del entorno. La Nueva Gestión Pública aporta instrumentos operativos que, adecuadamente adaptados y orientados en el contexto del sector público, permiten introducir mejoras en términos de flexibilidad operativa y eficiencia. La gobernanza en red aporta la flexibilidad y la capacidad para involucrar a una amplia variedad de actores públicos y privados, pero con limitaciones en lo referente a la clarificación de la autoridad o la rendición de cuentas, además de sobre cómo integrar los resultados en la actividad de la administración pública. Frente a estos paradigmas, con la gobernanza robusta se plantea el desarrollo de nuevas estrategias que permitan dar respuesta a un contexto caracterizado por la turbulencia, esto es, asociado a la volatilidad y la complejidad, con consecuencias impredecibles que requiere nuevas lógicas de aprendizaje y adaptación. Para ello el tipo de respuestas a ofrecer plantean la combinación de diferentes componentes de los paradigmas precedentes (o *bricolage*, en términos de Carstensen et al., 2022) a partir de mantener determinados rasgos estructurales que incorporen flexibilidad (*structured flexibility*, en términos de Trondal, 2022) y una nueva visión de la temporalidad (Ansell et al., 2022), permitan capacitar a las organizaciones públicas para afrontar entornos caracterizados por la turbulencia.

Gráfico 1. Respuestas ante el entorno de turbulencia y el aporte de la Gobernanza Robusta

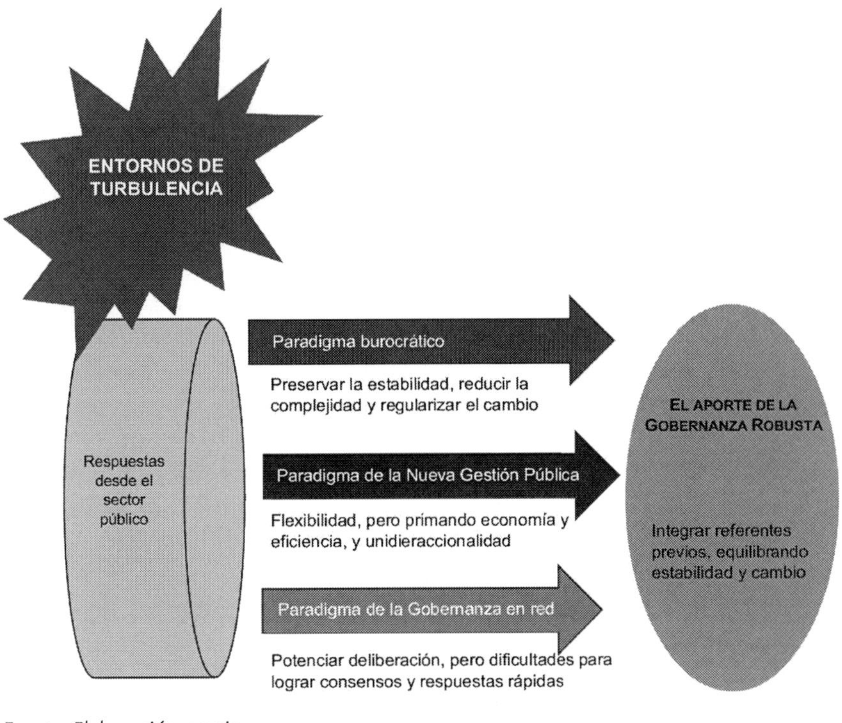

Fuente: Elaboración propia.

AVANZANDO EN LA CONCRECIÓN DE LA GOBERNANZA ROBUSTA: RASGOS DISTINTIVOS E INNOVACIÓN INTERNA Y EXTERNA

Pero en el estadio actual de desarrollo del nuevo paradigma de la gobernanza robusta, con una destacada impronta de experimentación para completar la definición de sus rasgos, se hace necesario también plantear su caracterización y operativización en cada realidad administrativa. De cara a avanzar en dicha concreción se proponen una serie de ideas que permiten destacar las novedades que aporta el paradigma de la gobernanza robusta:

- La idea-fuerza de conciliar la estabilidad con el cambio permite abrir una nueva concepción organizativa que permite superar dicotomías limitadoras. Por ello se aboga por la propia redefinición de los conceptos de estabilidad y cambio para concebirlos como complementarios y no como contrapuestos, como se podría inferir en paradigmas precedentes. Tal como se apuntaba, desde la gobernanza robusta se plantea cómo la estabilidad requiere cambio y como el cambio requiere de unas bases estables sobre las que desplegarse.
- Desde la gobernanza robusta también se plantea superar ciertos sectarismos conceptuales y avanzar hacia la integración positiva de aportes procedentes de diferentes paradigmas previos. Si en algunos momentos los diferentes paradigmas se planteaban como reacción a su precedente, con la aspiración de suplantarlo para desplegar una nueva lógica, la gobernanza robusta propone partir del potencial que ofrece cada uno para generar nuevas lógicas que permitan transitar hacia el nuevo paradigma. La traducción práctica de ello es que no hay que suprimir ni descartar conceptos que aparentemente han quedado obsoletos como el modelo burocrático e incluso al modelo gerencial. Las organizaciones públicas no deben prescindir de dichos aportes. La burocracia y el gerencialismo atesoran décadas de conocimiento y aprendizaje incremental que no puede obviarse, incluso cuando se aboga por incrementar las dinámicas de deliberación e implicación con actores del entorno. Reconocer los aportes de los modelos previos, pero plantear un nuevo ajuste de componentes y el desarrollo de nuevas estrategias resulta, también, un factor que puede propiciar el desarrollo de la gobernanza robusta.
- En la misma línea de cuestionar dicotomías que pueden superarse, y tal como plantea Brugué (2022), resulta conveniente no quedarse entre las organizaciones que saben (burocracia y gerencialismo) versus organizaciones que aprenden (gobernanza en red, sistemas de aprendizaje colaborativos de inteligencia colectiva). Aunque las primeras (organizaciones que saben) tienden al conservadurismo y a lógicas incrementales excesivamente lentas, dichas inercias pueden superarse con facilidad si en ellas se introducen adecuadamente la trasforma-

ción digital (con elementos como la inteligencia artificial y los sistemas automatizados que aprendan con la nueva información) y ciertas dinámicas de aprendizaje mediante sistemas colaborativos propios de la gobernanza. Si los dos modelos previos aportaban estabilidad, con el desarrollo de la gobernanza robusta sus aportes pueden seguir aportándola, pero con una mayor permeabilidad al cambio.

- El modelo de gobernanza en red se definió a partir de su carácter contingente y con arquitecturas variables, lo que facilitaba la absorción de la complejidad mediante una mayor apertura al cambio. Pero dicha contingencia, variabilidad y diversidad, pueden degenerar con facilidad en el caos, en el bloqueo por vetos cruzados, en mayores demoras para generar respuestas, incluso en un neoconservarismo con capturas por parte de intereses sectoriales que pierdan de vista el interés general. La gobernanza robusta plantea afrontar buena parte de estas externalidades negativas: la incorporación de sistemas de resolución de conflictos mucho más rápidos y fluidos, la introducción en las dinámicas de cambio de ingredientes de estabilidad, o la clarificación del rol de Administración pública que, sin caer en una jerarquía excesiva o el monopolio del poder, sea capaz de direccionar las redes de actores hacia la resolución de los problemas compartidos.

Aunque en la realidad de muchas administraciones públicas pueden identificarse rasgos de los distintos paradigmas comentados anteriormente, a menudo la configuración que aparece dista de ser ordenada u obedecer a una orientación estratégica. Más habitual resulta encontrar aportes realizados a modo de aluvión, con diferentes estratos que, siguiendo lógicas temporales (de sucesivas modas) acaban solapándose entre sí, pero sin aprovechar el potencial que ofrecería su adecuada incardinación. Precisamente uno de los rasgos distintivos del paradigma de la gobernanza robusta reside en el desarrollo del citado equilibrio entre estabilidad y cambio construido mediante la selección de componentes clave de los paradigmas previos.

A través de la "flexibilidad estructurada" que combina estructuras y reglas organizativas formales con estructuras colegiadas ad hoc (Ansell et al., 2022; Trondal, 2022), se propicia una suerte de combinación de elementos estables con la incorporación de componentes que favorecen el cambio. En contraposición a la situación previa de agregación desordenada de estos factores, con la gobernanza robusta se plantea una ordenación estratégica, buscada específicamente, y que no se concibe como algo coyuntural sino permanente. En otros términos, el nuevo paradigma propone integrar en el ADN organizativo los componentes de estabilidad y cambio, un rasgo compartido por el conjunto de unidades (y los profesionales que las integran). Aunque obviamente la intensidad con la que se plasmará el peso de la estabilidad y el peso del cambio en cada ámbito puede variar, atendiendo a la naturaleza de sus funciones y actividades, lo importante es que el conjunto de la organización integre la orientación estratégica de adaptabilidad a entornos de turbulencia.

La transformación de las Administraciones públicas para avanzar en el desarrollo del paradigma de la gobernanza robusta requiere de innovación tanto a nivel interno como externo. Internamente para propiciar un cambio cultural que permita integrar el nuevo enfoque, pero también cambios en las estructuras, los procesos y, sobre todo, en sus reglas de funcionamiento. En este sentido, como se apuntó anteriormente, existen diversos procesos de transformación del sector público que pueden generar sinergias con el desarrollo de la gobernanza robusta y que pueden retroalimentarse con un adecuado enfoque de la misma. Por ejemplo, los procesos de transformación digital, las fórmulas de gestión que impliquen actores del entorno, los nuevos modelos de interacción con la ciudadanía o el despliegue de nuevos espacios de dirección pública profesional pueden contribuir a desplegar la gobernanza robusta. Pero evidentemente ello dependerá, en buena medida, de los contenidos concretos con los que se doten estos procesos.

En clave de transformación a nivel interno (pero no sólo), la transformación digital debería formularse como un verdadero replanteamiento de las dinámicas más allá de la mera incorporación de soluciones tecnológicas. Un proceso de revisión que va en la línea de aunar estabilidad y cambio: estabilidad para generar regularidades apoyadas en la mejora de la tecnología, pero eludiendo rigideces al incorporar la estrategia de cambio que invita a cuestionar los avances a partir de las evidencias y de las condiciones del entorno. En este proceso de reajuste, las unidades finalistas, las que deben desplegar los nuevos aplicativos y soluciones digitales, son las que deberían integrar la visión crítica, pero constructiva, en clave estratégica a medio y largo plazo, con el correspondiente apoyo de las unidades impulsoras de la transformación digital.

En clave de transformación a nivel externo (pero también con evidentes implicaciones internas), la utilización de fórmulas de gestión que impliquen actores del entorno se asocia a la generación de dinámicas que propician la interacción con el sector privado y el sector social para el desarrollo de políticas públicas y la prestación de servicios públicos. La evolución de la externalización de servicios, de los partenariados público-privados y otras fórmulas de colaboración público-privada suponen la incorporación de lógicas diferenciales que pueden favorecer los componentes de cambio que propone la gobernanza robusta. Pero en este proceso el sector público no debería relegarse al papel de garante de la estabilidad sino participar activamente en los procesos de innovación. Desde una posición de defensa del interés general, las organizaciones del sector público deben jugar el rol de dirección estratégica de la red configurada alrededor del ámbito de la política. Y para ello resulta imprescindible su proactividad, generando sinergias entre los diferentes actores implicados. Lograr el equilibro entre estabilidad y cambio en este complejo entramado resulta otro de los retos a afrontar para poder aprovechar los potenciales que ofrece la interacción. Así se plantea la interacción del sector público con los actores organizados, tanto empresas como entidades sociales, para facilitar el despliegue de las lógicas de estabilidad y cambio de la gobernanza robusta.

En clave de transformación a nivel externo (de nuevo con claras implicaciones internas) también se incluyen los nuevos modelos de interacción con la ciudadanía. Destacan aquí las iniciativas de promoción de la participación ciudadana, con un enfoque estratégico que suponga superar lógicas de proceso para entrar en los contenidos y aportes que generan estas dinámicas para las diferentes partes implicadas. Ello supone, de entrada, que la propia organización pública asuma el valor de una participación rigurosa y sistemática, para la mejora de los procesos de diagnóstico, implementación, seguimiento y evaluación de la actuación pública. La incorporación de lógicas externas, propias de una ciudadanía que, sin ser experta, sí tiene opinión y criterio sobre la acción de gobierno, deben incorporarse en el equilibrio entre estabilidad y cambio que propugna la gobernanza robusta. Porque la opinión de la ciudadanía, adecuadamente recogida, puede aportar información muy valiosa en relación a la estabilidad, por ejemplo, contribuyendo a identificar y delimitar aquel núcleo esencial de la actividad pública que debe mantenerse más allá de las eventuales turbulencias. Pero la participación ciudadana también puede aportar y mucho en clave de promoción del cambio, en especial contribuyendo a identificar ámbitos que requieren de nuevas respuestas al no estar satisfaciendo las necesidades para las que estaban pensadas. El diseño de nuevas respuestas desde la red de actores debería contrastarse, así, con la opinión de la ciudadanía que finalmente será la destinataria de sus resultados. Para facilitar que la participación ciudadana pueda integrarse en estos términos en el desarrollo de la gobernanza robusta se requiere de su articulación mediante mecanismos que permitan combinar la información con la implicación, generando complicidades, evitando falsas expectativas y canalizando en positivo los aportes de todas las partes.

En clave de transformación interna (pero que también se proyecta externamente), el surgimiento y consolidación de espacios de dirección pública profesional constituye otro de los puntales que pueden facilitar el desarrollo de la gobernanza robusta. El aporte de esta dirección pública profesional pasa por la propia identificación del equilibrio entre estabilidad y cambio, con una orientación estratégica atenta a la orientación política al frente del gobierno y que reconozca las capacidades institucionales de la organización pública para desplegarla. La dirección pública puede aportar al cambio a partir de su papel en la innovación de las dinámicas de funcionamiento de la Administración, pero también a partir de la interacción y liderazgo de la red de actores del entorno con los que interactúa. El papel de los directivos en la promoción de la innovación pública sería uno de los referentes a considerar en este aporte a la gobernanza robusta. Pero en su papel de gerente de la Administración, el directivo público debe contribuir a proteger y a aportar estabilidad, asegurando el rigor en la gestión pública y en sus procesos de funcionamiento, atendiendo a los principios a los que obedecen. Un equilibrio especialmente difícil, en especial por las inercias y resistencias al cambio que lo rodean.

Los cuatro procesos comentados, sin ánimo de exhaustividad, reflejan algunos de los puntales sobre los que desplegar una gobernanza robusta y que a través de la misma pueden redefinirse y potenciarse. Unos puntuales que se asocian a transformaciones a nivel interno y externo. Pero debe notarse que los cuatro procesos combinan elementos internos y externos. Si la transformación digital se ha asociado a un carácter eminentemente interno, no debe descuidarse tanto la necesidad de incorporar agentes externos para su desarrollo como las implicaciones de los cambios que propicia en los modelos de relación con el entorno. De igual manera, el impulso de fórmulas de gestión que implican actores del entorno, con o sin ánimo de lucro, en el desarrollo de políticas y servicios públicos, tiene una vertiente externa y de relación, pero también exige importantes cambios a nivel interno para capacitar a la propia organización pública para gestionar la complejidad que implica. La promoción de la participación ciudadana en los términos descritos se considera una transformación a nivel externo, pero también requiere de cambios internos, tal como se ha apuntado, en especial a nivel de cultura e involucración de los profesionales de la Administración en el proceso de integración de los aportes resultantes de la implicación ciudadana. El desarrollo de espacios de dirección pública profesional se puede considerar una transformación a nivel interno, por los perfiles y agentes en los que incide de forma prioritaria, pero que también se traslada a nivel externo en la medida que estos nuevos perfiles integran en su actividad la gestión de la red con la que se desarrolla la actuación pública y basan una parte importante de su actividad en la negociación e interacción con los actores del entorno.

Más allá de los cuatro procesos comentados —pero también interactuando con los mismos—, la gobernanza robusta pasa también por replantear la propia configuración organizativa de las Administraciones públicas. Ello implica incidir en la revisión de estructuras orgánicas y los procesos para facilitar la heterogeneidad y variabilidad propias de la combinación de estabilidad y cambio que promueve la gobernanza robusta. Pero también pasa por incidir en el modelo de gestión de recursos humanos, en especial en aras de promover tanto la autonomía como la responsabilización de los profesionales, así como su implicación efectiva en las dinámicas de cambio. Una serie de cambios que se prevén abordar en los siguientes capítulos.

En definitiva, el desarrollo de la gobernanza robusta se concreta en un equilibrio singular entre estabilidad y cambio, integrando componentes de paradigmas precedentes e interactuando con diferentes procesos de transformación del sector público (tanto a nivel interno como externo) que pueden releerse a partir del nuevo enfoque.

Por ello, el despliegue y la concreción de la gobernanza robusta pasan también por transformaciones importantes en ámbitos como la estructura orgánica y los procesos y dinámicas de actuación, los perfiles de los profesionales que integran los diferentes niveles de las organizaciones públicas, pero también en los modelos de relación de dichas instituciones con su entorno. En los siguientes capítulos se abordan con más detalle tanto las estrategias que concretan la gobernanza robusta como las capacidades institucionales que permiten desplegarlas.

Capítulo 2

LAS ESTRATEGIAS PARA DESPLEGAR LA GOBERNANZA ROBUSTA

En el proceso de caracterización de los rasgos del paradigma emergente de la gobernanza robusta, además de los elementos apuntados en el capítulo anterior resulta oportuno identificar concreciones de su puesta en práctica. Las concreciones que se asocian a la gobernanza robusta tienden a combinar elementos de paradigmas precedentes, como el burocrático, el de la nueva gestión pública o el de la gobernanza relacional, pero incorporando una orientación que busca potenciar la capacidad de adaptación proactiva de las organizaciones públicas.

El desarrollo de las respuestas que plantea la gobernanza robusta ante retos propios de entornos de turbulencia se plasma en diferentes estrategias propias del sector público. El siguiente apartado se dedica a revisar algunas de las principales estrategias de la gobernanza robusta.

ESTRATEGIAS DE LA GOBERNANZA ROBUSTA

El desarrollo de respuestas robustas por parte de las organizaciones públicas, ya sea en las políticas públicas (Cristofoli et al., 2022; Capano y Toth, 2022) o, con el alcance más integral que se propone, de la gobernanza robusta (Ansell et al., 2022; Scognamiglio et al., 2022; Sørensen y Ansell, 2021; Howlett et al., 2018), requiere de determinadas estrategias asociadas tanto al diseño institucional como al comportamiento de los actores implicados.

En una primera aproximación para afrontar entornos de turbulencia es necesario contar con (Capano y Toth, 2022): (a) proactividad (para anticipar escenarios), (b) agilidad en las respuestas que se ofrecen tanto a corto como a medio plazo, (c) flexibilidad tanto para ajustar comportamientos como para reubicar recursos estratégicos, y (d) desarrollar un aprendizaje rápido de nuevos conocimientos que puedan aplicarse de forma inmediata a la situación que se afronta.

Siguiendo el argumento planteado anteriormente, los paradigmas organizativos vigentes en las administraciones públicas no permiten cubrir adecuadamente estos requerimientos, por lo que resulta necesario desplegar estrategias que permitan promoverlos.

Desde diferentes aportes se ha planteado una serie de estrategias para desarrollar la gobernanza robusta (Howlett y Ramesh, 2022; Capano y Toth, 2022; Carstensen et al., 2022; Ansell et al., 2021; Chandra y Paras, 2021; Capano y Woo, 2018; Duit, 2016). Las más destacadas son las que se presentan en el siguiente gráfico (gráfico 2) y que posteriormente se describen.

Gráfico 2. Estrategias para desplegar la gobernanza robusta

Escalabilidad
Autonomía coordinada
Experimentación y prototipaje
Polivalencia estratégica
Adaptabilidad de las normas
Bricolaje y modularización
Respuestas innovadoras

Fuente: Elaboración propia.

A continuación, se describen los principales rasgos de cada una las estrategias para desplegar la gobernanza robusta:

La escalabilidad

Para afrontar entornos de turbulencia, desde la gobernanza robusta se plantea un equilibrio entre estabilidad y cambio que incluye ajustar los recursos —en sentido amplio— a los nuevos requerimientos, atendiendo a su alcance en dimensiones y temporalidad.

En otros términos, desplegar la estrategia de escalabilidad se asocia a la flexibilidad para movilizar y desmovilizar recursos, o reasignarlos atendiendo a las necesidades identificadas en cada momento, de forma ágil y alineada con los objetivos de la organización. Con esta estrategia se pretende escalar el dimensionamiento para atender a las necesidades cambiantes, pero manteniendo las bases estables que permitan no descuidar ámbitos críticos para el funcionamiento de la institución y, especialmente, de los servicios que presta.

Así, por ejemplo, frente a una crisis económica o un desastre natural que requieren revisar la atención a la población más vulnerable se hace necesario revisar tanto partidas presupuestarias como procesos para facilitar ayudas puntuales. La estrategia de escalabilidad plantea disponer de flexibilidad para reasignar importes, pero también dotaciones de personal que permitan reforzar los puntos de atención a los colectivos vulnerables, pero sin descuidar completamente el resto de ámbitos de la organización. Para ello resulta imprescindible combinar una dirección fuerte y clara que agilice la reubicación de recursos junto con el apoyo de unidades transversales internas que faciliten la operativización de la misma. Y, por supuesto, resulta crítica la implicación efectiva de los profesionales internos, tanto los que se mantienen en las posiciones previas que no pueden descuidarse pero que van a tener que operar con menos recursos como los que se dirigen a las áreas que se consideran prioritarias para afrontar la crisis, considerando su capacitación, pero también su motivación para los nuevos desempeños a desplegar.

En clave de gobernanza, la estrategia de escalabilidad pasa por incorporar tanto recursos de la propia organización como de actores del entorno a los que se implica en el desarrollo de respuestas a la turbulencia. En este sentido se incluye la colaboración público privada pero también la implicación de la ciudadanía en el desarrollo de actividades orientadas a afrontar los retos planteados. De nuevo, desde la gobernanza robusta se plantea el liderazgo de las organizaciones públicas en el establecimiento de la estrategia —a partir de los aportes e implicación de los actores del entorno— y en el desarrollo de la implementación de las alternativas acordadas. En este punto reviste especial importancia la integración de recursos, tanto económicos y materiales como, y especialmente, de personal, procedentes de diferentes fuentes, tanto internas como externas. A la hora de desplegar determinadas actuaciones operativas que impliquen a personas vinculadas a la Administración pública y a empresas u organizaciones no gubernamentales o voluntariado, resulta crítico clarificar reglas del juego para lograr un claro direccionamiento y optimizar los aportes de cada colectivo.

Para todo ello, en la estrategia de escalabilidad juega un papel muy importante la generación de confianza entre los diferentes actores implicados, tanto a nivel interno, en referencia a los distintos colectivos profesionales, como a nivel externo, con la red de agentes que se implican en las respuestas planteadas. Una generación de confianza que se enmarca en el equilibrio entre estabilidad y cambio que promueve la gobernanza robusta en la medida que requiere de un trabajo constante, renovado con actuaciones que permitan reforzar vínculos, pero al mismo tiempo flexible para generar nuevas respuestas ante retos no previstos.

Para promover la estrategia de escalabilidad en las administraciones públicas es necesario incidir tanto en ámbitos internos como en los relacionales, para facilitar la flexibilidad que se persigue.

Un primer ámbito se refiere a la estructura orgánica, con una clara apuesta por flexibilizar la creación y supresión de unidades de carácter estructural pero también con la incorporación de agrupaciones orientadas a un objetivo concreto, de alcance temático y temporal determinado, asociado al reto o a una prioridad política. Se combinaría así el reflejo en el organigrama de las dimensiones de estabilidad y cambio, facilitando la estrategia de escalabilidad para redistribuir recursos en su anclaje organizativo. Ello supone superar las lógicas formales que presiden ciertas estructuras orgánicas en el sector público, no necesariamente vinculadas a su funcionamiento real y efectivo, para convertir realmente la arquitectura organizativa en una herramienta útil y flexible para potenciar la gobernanza robusta.

Un segundo ámbito se refiere al modelo de gestión de recursos humanos del sector público, que debería ser flexible, cambiante y abierto y, por tanto, capaz de absorber contingencias y novedades para contribuir a superar escenarios nuevos e imprevistos. Los redimensionamientos de plantillas (efectivos que migran de un servicio a otro) no solo deberían ser factibles de manera reactiva sino alentados proactivamente. Es decir, facilitar los mecanismos para que los empleados públicos trabajen en una arquitectura variable y contingente, adaptable a nuevos entornos. En esta misma línea debería también facilitarse la contratación (y rescisión de contratos) de personal externo para contribuir a resolver nuevas contingencias. La idea es transformar un modelo de gestión de recursos humanos que no sea solo garantista en derechos laborales para pasar a un modelo flexible orientado a resolver problemas en el que se garantizan derechos laborales (que no privilegios laborales) pero incorporando unas nuevas exigencias o deberes basados en la flexibilidad, la movilidad, el reciclaje activo y el cambio.

Un tercer ámbito se refiere al modelo de gestión económica, que debería seguir siendo garantista, pero sin la necesidad que ello comporte la parálisis de determinadas actuaciones. La imprescindible seguridad de la gestión económica no debería asentarse solo en la rigidez y la uniformidad. Este es el resultado de optar por la vía más sencilla y confortable para los gestores económicos y sus diversas instancias de control. La gestión económica debería ser flexible, abierta a cambios en las partidas presupuestarias en función de nuevas y sobrevenidas necesidades, con un sistema de presupuestación más abierto y menos detallista, de carácter plurianual con capacidad de absorber la diferencia y los cambios. También los sistemas de contratación deberían ser mucho más fluidos y flexibles. Los gestores económicos deberían actuar como facilitadores de las actuaciones a realizar, al servicio de los diversos centros de decisión y gestión. Para ello sería necesario reforzar sus capacidades de control ex post, ya que todo ello debe hacerse con seguridad jurídica y con una lógica macro de estabilidad.

Un cuarto ámbito a revisar es el de los servicios tecnológicos internos en la Administración, que debería ser esencialmente un instrumento al servicio de la gestión y, por tanto, ser flexible y adaptable. Debería ser así, pero suele contagiarse, por emulación, de las mismas dinámicas rígidas y normalizadoras de la gestión de personal y económica. Es la paradoja de cómo un ámbito que debería ser contingente e innovador puede transformarse en conservador y limitante. Si se cambia la concepción del propio ámbito, para superar enfoques basados en la uniformización y el control a planteamientos dinámicos de apoyo y facilitación de transformaciones y de promoción de la innovación, el cambio en el apoyo tecnológico debería producirse de una manera natural y positiva.

Un quinto ámbito se refiere a los modelos de colaboración con actores del entorno, desde la vertiente de contratación externa hasta las diferentes modalidades de colaboración, y cómo se gestionan desde los diferentes departamentos de cada Administración. En esta línea, y en aras de potenciar la estrategia de escalabilidad, pero también el propio modelo de gobernanza, deberían promoverse unos referentes compartidos, a modo de base sólida y estable, de cómo plantear las relaciones de la organización con los diferentes actores del entorno atendiendo a la naturaleza, alcance y contenidos de las eventuales colaboraciones. Esta base compartida, a modo de referente estable de la gobernanza robusta, debería informar (y compartir) las reglas del juego para establecer colaboraciones externas, para generar intercambio de recursos atendiendo a diferentes formalizaciones y requisitos asociados (según la fórmula de gestión más oportuna) y, en especial, velar por los mecanismos compartidos de seguimiento y evaluación de estas interacciones. Un ejemplo de este ámbito, en relación a la estrategia de escalabilidad, es la incorporación de personas voluntarias para afrontar determinadas actividades asociadas a una crisis o, incluso, a un servicio público concreto en determinadas campañas (inicialmente sin un carácter permanente). El balance de experiencias en este sentido ha permitido generar aprendizajes como la importancia de la confianza interpersonal y el nivel de preparación e implicación de los diferentes colectivos, pero también los riesgos de no contar con organizaciones de la sociedad civil con carácter estable para mantener la competencia y confiabilidad para escalar recursos basados en esta línea (Krogh y Lo, 2022). En modelos de colaboración con empresas y entidades del sector privado de carácter más estable se pueden superar estos riesgos, pero aparecen otros vinculados a las condiciones de la contratación o alianza que se plantee, además de los derivados del tipo de interacciones que se establezcan para compartir riesgos y recursos, además de para facilitar el seguimiento y evaluación de los resultados. En otros términos, y para el conjunto de este ámbito, se requieren de nuevo unas reglas claras que permitan desplegar la gobernanza que, entre otras, incluya la estrategia de escalabilidad.

Cabe destacar que las propuestas en los cinco ámbitos para concretar la estrategia de escalabilidad parten de combinar los elementos de estabilidad y cambio que caracterizan la gobernanza robusta. En los cinco ámbitos se combina la necesidad de establecer una cierta normalización que asegure las garantías que deben presidir la gestión en un contexto de sector público con la incorporación de mecanismos de flexibilidad que permitan, entre otros, agilizar respuestas y redimensionar recursos —de diversa índole— para afrontar los entornos de turbulencia.

La experimentación y el prototipaje

Uno de los rasgos distintivos de la gobernanza robusta en su dimensión proactiva consiste en velar por los cambios que se producen en el entorno y explorar respuestas ante entornos de turbulencia, y se plantea en términos de estrategia de experimentación.

Una estrategia que se asocia a la exploración y contraste de soluciones que puedan testarse, generando una retroalimentación de conocimiento para configurar su diseño final para afrontar los retos planteados. Esta estrategia se vincula también al desarrollo de prototipos (*prototyping*) de nuevas respuestas que a través de pruebas y revisiones puedan ser evaluadas antes de su eventual extensión (Cristofoli et al., 2022; Brown y Wyatt, 2010). Esta estrategia parte de asociar las ideas de experimentación e innovación. La innovación es precisamente uno de los rasgos característicos de la gobernanza robusta y por ello se aborda con más detenimiento en los próximos capítulos.

Pero previamente, en referencia a la estrategia de experimentación y prototipaje, se proponen unas reflexiones tanto en clave de plasmación organizativa interna como de relaciones con el entorno. Un primer factor a tener en cuenta es que tanto el diseño organizativo como la propia cultura vigente en muchas administraciones públicas, pensadas para favorecer la estabilidad y la racionalidad, se suelen traducir en rigideces y aversión al riesgo y resultan poco proclives y poco receptivas a iniciativas de *design thinking*, como las requeridas por la estrategia de experimentación (Yeo et al., 2023; Mortati et al., 2022). En la medida que la experimentación y el *design thinking* requieren tolerancia a la incertidumbre, capacidad para asumir riesgos, receptividad a nuevas ideas y flexibilidad para aprender y adaptarse (Brinkman et al., 2023), su incorporación a las organizaciones del sector público requiere tanto replantear lógicas organizativas internas como formular alternativas en la dimensión de relación con el entorno para facilitar su apertura.

Desde el paradigma de la gobernanza robusta la estrategia de experimentación y el prototipaje parte de incorporar estos planteamientos a través del cuestionamiento crítico del funcionamiento actual de políticas y servicios públicos, en aras de plantear y probar alternativas. Un cuestionamiento que se considera como un rasgo estructural y compartido por la organización y su entorno, y no exclusivamente asociado ni a una unidad concreta ni a un momento de crisis puntual. Aunque resulta imprescindible contar con referentes internos a la organización que apoyen el proceso de diagnóstico y diseño de eventuales respuestas a testar, sería importante no reservar en exclusiva el impulso a unidades centrales especializadas en innovación. Estas unidades centrales son importantes y críticas para promover la identificación de alternativas a probar y valorar previamente su extensión, pero el impulso debería contar con la implicación efectiva de las unidades sectoriales, a partir del cambio de paradigma que supone la gobernanza robusta.

El rol de las unidades específicas de innovación debería combinar la vertiente de análisis de prospectiva en relación a los escenarios que se apuntan en el entorno de turbulencia con la vertiente de identificación de soluciones alternativas, a partir tanto del conocimiento de la propia realidad organizativa como de buenas prácticas desplegadas en organizaciones equiparables. Pero también deberían velar por la citada implicación efectiva de las unidades sectoriales, no tan solo a efectos de obtener información sino de vinculación con la valoración de diagnóstico, formulación de propuestas y, por supuesto, implementación y seguimiento de las mismas. Por ello resulta imprescindible que las unidades de innovación estén integradas en la organización y atentas a las estrategias corporativas, como un ámbito más del conjunto. Deberían evitarse unidades u organismos innovadores que impulsan lógicas auto referenciadas o experiencias ajenas a la realidad y necesidades del resto de la organización. Por tanto, deben trabajar en la actividad diaria de los ámbitos de gestión sectoriales, conociendo y aprendiendo de sus problemas y dificultades, y en base a ellos proponer e implantar una experimentación que, en el caso de ser exitosa, debería difundirse en los ámbitos equiparables y de forma transparente, potenciando su visibilidad.

En una sugerente investigación sobre el impacto de las reformas administrativas en los procesos de innovación en el sector público, Raudla et al. (2023) apuntan al impacto positivo de las transformaciones centradas en la colaboración y la orientación a resultados, pero no por las orientadas a incorporar instrumentos propios del mercado o las de reducción de costes en las organizaciones públicas. En la misma línea se destaca que las iniciativas de cambio del tipo nueva gobernanza pública ejercen una influencia más positiva en la innovación que las vinculadas a la Nueva Gestión Pública. Una reflexión que, en clave de gobernanza robusta, se asocia a la incorporación de actores externos en los procesos de experimentación y prototipaje.

La importancia de la colaboración con los actores del entorno también para esta estrategia de experimentación puede concretarse en sus diferentes fases de desarrollo. Tanto en las fases iniciales de identificación y caracterización de las problemáticas a afrontar como en el diseño de los experimentos y prototipos para concretar respuestas, así como en su puesta en práctica en fase experimental para testar sus resultados, llegando a la parte final de valoración de los mismos y evaluación de la experiencia.

Una de las concreciones más destacadas de este tipo de dinámicas se da a través de los denominados laboratorios innovación. Su generación y desarrollo parte de la constatación que las administraciones públicas necesitan espacios de diseño, co-creación y experimentación que unas dinámicas internas muy formalizadas y jerárquicas no pueden ofrecer. En estos espacios se despliegan valores como la orientación a la ciudadanía, la colaboración, la comunicación y la creatividad (Herrara Díaz-Aguado, 2023). Se trata de espacios promovidos por el propio sector público, con diferentes configuraciones, pero con un planteamiento abierto —en todo caso mucho más abierto que las inercias predominantes en el seno de las organizaciones públicas— para apoyar la formulación de políticas, redefiniendo los problemas a enfrentar —con procesos participativos— y buscando soluciones centradas en la ciudadanía (Lewis et al., 2020). De esta forma los laboratorios se convierten en espacios para desarrollar y sostener los procesos de innovación o catalizadores de dichas capacidades, pasando desde enfoques inicialmente pensados en clave intraorganizativa a planteamientos abiertos a la participación e implicación de la ciudadanía (Schiuma y Santarsiero, 2023).

Un elemento importante de los laboratorios de innovación, asociado precisamente a los valores citados, es la introducción de la idea de fracaso como una posibilidad en el ámbito público a través de procesos de prueba y error. Mediante la creación de prototipos que permiten poner a prueba determinadas políticas (con productos y servicios), los laboratorios facilitan la realización de experimentos sin grandes riesgos de inversión (Ferreira y Botero, 2020).

El progresivo desarrollo de este tipo de iniciativas ha permitido experimentar también sobre su propia configuración y actividades, en especial para potenciar sus aportes efectivos a la mejora de la actuación pública. En este sentido se apuntan la creación de estructuras científicas de tipo experimental, abiertas a la participación e implicación tanto de la ciudadanía como de actores sociales, además de facilitar la participación de los propios empleados públicos mediante canales y espacios más ágiles para ello. Con los desarrollos tecnológicos, el *big data* y la inteligencia artificial, han surgido también laboratorios de innovación de políticas basados en datos como espacios para mejorar las capacidades analíticas y organizativas del sector público, aunque su incidencia en las capacidades relacionales y políticas resulta todavía limitada (Kim et al., 2022). Una de las claves para dar cuenta de este resultado es la dificultad para establecer enlaces y sinergias entre el propio laboratorio de innovación y las unidades de la Administración responsables del ámbito de la política pública en la que se generan los experimentos. Resulta habitual que más allá del beneplácito por parte de la dirección política, más en clave de legitimidad formal que de implicación efectiva, el desarrollo de la experimentación se realice de forma más o menos alejada de los planteamientos de actividad de las unidades administrativas que supuestamente deberían utilizar sus resultados, sin contar, paradójicamente, con su propia participación e implicación en el proceso. Por ello resulta esencial implicar a los propios profesionales en el impulso de la estrategia de experimentación y prototipaje como parte de una cultura de diseño (Yeo et al., 2023), atendiendo a la situación de partida que se ha comentado y a la apuesta por desplegar nuevos enfoques acordes con el paradigma de la gobernanza robusta.

Además de la referencia al diseño organizativo y al rol de las diferentes unidades en relación a la innovación, y además de implicar a actores del entorno a través de estrategias de *design thinking* y experiencias como los laboratorios de innovación, resulta importante que tanto los valores como las visiones asociadas a la estrategia de experimentación permeabilicen las organizaciones públicas.

Unos avances que, en clave de gobernanza robusta pueden lograrse también a partir de medidas incrementales, de radicalismo estratégico —intervenciones acotadas en su alcance temático, organizativo y/o temporal, pero críticas por su potencial ejemplificante y/o transformador—. A modo de ejemplo, durante la lucha contra la pandemia del Covid19, diferentes regiones italianas ensayaron respuestas diversas en clave de secuencias de vacunación, públicos priorizados, intensidad de las medidas de confinamiento, entre otras, reflejando diferentes resultados que sirvieron para generar aprendizajes en la siguiente oleada (Cristofoli et al., 2022). Otro ejemplo es el despliegue del teletrabajo. Aunque contaba con precedentes en el sector público, su generalización obligada durante la pandemia del Covid19 constituyó un banco de pruebas y experimentación para su reconfiguración en su máxima extensión —y para plantear, también, su reversibilidad posterior atendiendo a diferentes factores—.

Estas ilustraciones parten de considerar otro factor importante en la estrategia de experimentación y prototipaje: el tiempo. Las respuestas que se ofrecen a corto plazo para afrontar la turbulencia pueden considerarse también experimentos que, a partir de su evaluación y eventual adaptación a medio y largo plazo, permitan desplegar alternativas ya testadas.

Porque la estrategia de prototipaje se conecta con la evaluación de sus resultados e impactos, que permitan generar aprendizajes y apoyar la toma de decisiones para la eventual consolidación de las nuevas respuestas que plantea la gobernanza robusta.

Bricolaje y modularización

La idea subyacente a esta estrategia de gobernanza robusta es la combinación flexible de aportes para facilitar respuestas adecuadas a diferentes contextos que optimizan tanto recursos como aprendizajes. De hecho, el propio paradigma de la gobernanza robusta obedece a esta estrategia en la medida en que plantea incorporar aportes de paradigmas precedentes para generar propuestas acordes al entorno de turbulencia. En el equilibrio entre estabilidad y cambio que propone la gobernanza robusta, determinadas estructuras y procesos del paradigma burocrático permiten asegurar la estabilidad y aportar seguridad al funcionamiento de aquellos servicios y políticas que se consideran esenciales. Pero el mantenimiento de dichas estructuras y procesos se plantea incorporando también aportes del modelo de la Nueva Gestión Pública en clave operativa, para mejorar eficiencia y eficacia, sin descuidar los valores públicos que hay que mantener. Y las aportaciones del modelo de la gobernanza en red en clave de implicación de la ciudadanía y los actores del entorno permiten mejorar el resultado, desde la propia definición inicial de los retos a afrontar hasta las estrategias a desplegar y su seguimiento y evaluación, pero siempre desde el liderazgo e impulso por parte del sector público. Así, la estrategia de bricolaje y modularización se encuentra en la propia base del modelo de gobernanza robusta.

Pero en este apartado se plantea, precisamente, el desarrollo y concreción de la gobernanza robusta mediante dicha estrategia, es decir, en un plano más operativo. Desde esta perspectiva más concreta, la estrategia de bricolaje y modularización parte de la combinación de manera flexible (*bricolage*) de ideas, herramientas y recursos para la creación de módulos (*modularization*) organizativos, de procesos, de políticas o de programas. Con ello se busca generar un repositorio de recursos que permitan generar respuestas a partir de su combinación, de manera flexible, para atender diferentes dimensiones del reto planteado.

En la línea de desplegar un enfoque proactivo y anticipativo ante el entorno de turbulencia, desde esta estrategia se plantea, por ejemplo, contar con unidades organizativas, con profesionales con perfiles polivalentes, y con módulos de procesos que pueden protocolizarse de diferentes maneras, y facilitar la combinación de dichos componentes de forma flexible adaptándose a un determinado reto planteado. Porque con un planteamiento contingente, la estrategia basada en el bricolaje y la modularización facilita la articulación de diferentes componentes para integrar las ventajas de la producción en masa (de los módulos) y la personalización (la combinación concreta de los mismos), y ofrecer así respuestas adaptadas a diferentes entornos y situaciones.

Esta estrategia es, de hecho, una buena representación de lo que los profesionales del sector público con limitaciones de tiempo realizan de manera realista cuando enfrentan condiciones turbulentas (Carstensen et al., 2022). Ante la imposibilidad de desplegar una planificación o sin márgenes para determinados experimentos, la réplica más habitual suele ser la combinación de diferentes recursos que tienen a su alcance para ofrecer una respuesta que se considera más acorde al contexto de crisis. Desde la estrategia de bricolaje se plantea anticipar estos recursos al alcance de los profesionales, para que puedan conocer tanto su contenido particular como sus posibilidades de combinación, y articular respuestas a partir de su integración. Pero además de la disponibilidad de recursos y componentes a combinar para generar nuevas respuestas, también es importante contar con la flexibilidad institucional que permita su despliegue en cada realidad organizativa o sectorial, en la medida que el bricolaje y la modularización implican ir más allá de los protocolos establecidos.

Estas propuestas a nivel organizativo, partiendo de la realidad de las administraciones públicas, se abordan en un capítulo posterior dedicado a la búsqueda del equilibrio entre estabilidad y cambio, y a partir del denominado "modelo Lego" (en referencia al juego de construcción a partir de módulos).

Pero estas combinaciones también pueden darse en términos de políticas públicas a desarrollar, es decir, a partir de la combinación de iniciativas que, con diversas agrupaciones, pueden mantener el objetivo esencial de la política en diferentes realidades. Las políticas de rehabilitación de determinadas zonas urbanas que sufren fenómenos complejos de degradación, a partir de intervenciones integrales que combinan aportes desde el ámbito de la protección social, la educación, la sanidad, la seguridad o la promoción económica pueden ser ejemplos que se concretan de forma diversa en contextos particulares.

En clave de gobernanza robusta, una concreción de la estrategia de bricolaje y modularización ante este reto pasaría por, con el liderazgo del sector público, plantear un diálogo entre los principales actores —y la ciudadanía— para definir el problema e identificar alternativas (en clave de gobernanza en red), y a continuación activar las unidades y procesos (en clave de modelo burocrático) con cierta agilidad y optimizando recursos (en clave de Nueva Gestión Pública) para mantener los servicios esenciales pero incorporando cambios importantes en las áreas clave que se considera que pueden contribuir a mejorar la situación de partida.

Aunque esta secuencia quizás no sea la ideal, la más elegante o la que mejor integra internamente los componentes, puede facilitar la generación de respuestas ágiles y viables para afrontar los retos planteados. En especial porque tal como apuntan Capano y Toth (2022), los contextos de crisis suelen requerir respuestas "no planificadas" a situaciones nuevas, es decir, respuestas personalizadas a demandas urgentes.

A un nivel más concreto, Zhong et al. (2023) analizaron las comunicaciones durante la pandemia del Covid19 en Estados Unidos destacando la necesidad de adaptar los mensajes a diferentes perfiles de públicos objetivo de manera ágil, de acuerdo con las necesidades cambiantes. La modularidad fue una de las características clave para una comunicación de crisis sólida en la medida que permitía personalizar diferentes temas en los mensajes pero también incluir interacciones como módulos de comunicación.

Para facilitar el despliegue de la estrategia de bricolaje y modularización se suelen destacar las condiciones de creación, disponibilidad, acceso y conocimiento de los diferentes componentes, así como los roles de los distintos actores tanto para generarlos como para articular alternativas a partir de su combinación. Así, para esta estrategia de bricolaje y modularización también es importante contar con instituciones que fomenten la deliberación, el intercambio de conocimientos y el aprendizaje conjunto a partir de un equilibrio entre centralización y autonomía (Carstensen et al. (2022), incluyendo para ello actores externos a la propia organización.

Modelos de relación: autonomía coordinada y policentricidad

El trabajo en red es una de las claves para desplegar las anteriores estrategias de gobernanza robusta, tanto la de escalabilidad como la de experimentación o la de bricolaje y modularización (Cristofoli et al., 2022; Scognamiglio et al., 2022). En un sentido amplio, en la red de actores a implicar se incluyen tanto los internos como los del entorno del sector público. Precisamente a esta cuestión se dedica un próximo capítulo (Capítulo 4: "Gobernanza robusta y nuevos modelos de relación: de la transparencia a la participación ciudadana y la colaboración público-privada")

En esta primera presentación de esta estrategia se destaca la importancia del impulso de modelos de relación (tanto internos como externos) para configurar "redes de respuesta descentralizadas" que permitan movilizar recursos, estimular la innovación y fortalecer vínculos alrededor de la solución impulsada conjuntamente (Cristofoli et al., 2022; Ansell et al., 2018).

Pero desde la gobernanza robusta se plantea un determinado esquema de funcionamiento de la red, basado en la autonomía limitada (*bounded autonomy*) o autonomía coordinada. Con estos conceptos se plantea una distribución de competencias y funciones entre actores que permita combinar tanto sus márgenes de maniobra para generar respuestas diferenciadas como la coordinación de dichas réplicas a partir de un seguimiento y evaluación de sus resultados de cara a su eventual consolidación y extensión.

A nivel interno del sector público, esta estrategia se refiere a unidades internas de la propia Administración y, especialmente, a los organismos y entidades vinculados a la misma. La proliferación del denominado sector público institucional, incluyendo desde organismos autónomos a empresas públicas, suele configurar un complejo entramado en que, bajo los auspicios del modelo agente-principal, se busca flexibilizar y agilizar el funcionamiento de las organizaciones en determinados ámbitos o áreas clave. Una suerte de huida del derecho administrativo (Carbajales, 2022; Sánchez Morón, 2018) que, en algunos casos, y a resultas de las propias limitaciones del "principal" (Administración pública), ha implicado en la práctica la independencia del "agente" (organismo autónomo o entidad pública empresarial), que acaba definiendo la estrategia y contenidos de la política (Ramió y Salvador, 2019). Por ello, desde la gobernanza robusta, se enfatiza de nuevo el rol de liderazgo de la red por parte del gobierno, actuando como verdadero "principal". Un papel de liderazgo que incluye tanto la definición de la política como su control y evaluación, incluyendo el impulso de las actividades de la red para facilitar aportes de sus diferentes integrantes en la definición de la estrategia y objetivos. Todo parece indicar que el modelo del futuro va a ser más extremo que en la actualidad configurando una constelación de organizaciones públicas basadas en un sistema "confederal unitario". De nuevo se juega con un oxímoron (de la misma manera que combinar estabilidad y cambio): más descentralización acompañada de mayor centralidad. Por una parte, los agentes deben de poseer mayores capacidades institucionales y organizativas para poder ser realmente autónomos como ejecutores de políticas y servicios (no como ahora que solo son semiautónomos) y, por otra parte y para equilibrar el sistema, el "principal" debe empoderarse en sus capacidades de definición de la estrategia, de control y evaluación mediante nuevos sistemas de inteligencia institucional edificadas sobre una mayor gestión de la información, incorporando la gobernanza de datos y sistemas automatizados (digitalización e inteligencia artificial) de control efectivo y estratégico pero, también, mucho menos intrusivos y burocráticos.

Una red que, en este nivel de concreción, podría incluir tanto a unidades internas que se ocupan de un ámbito determinado de la política como a las referidas entidades del sector público institucional. Más allá de las diferencias en cuanto a las reglas y dinámicas de funcionamiento entre ambos tipos de organizaciones, la autonomía coordinada plantea ofrecerles márgenes de discrecionalidad para generar respuestas que consideran acordes a sus respectivas realidades, pero también responsabilización sobre sus actividades y resultados, incluyendo tanto sistemas de incentivos como sistemas de seguimiento y evaluación que permitan valorar resultados y tomar decisiones a nivel conjunto.

A modo de ejemplo, el entorno de turbulencia está provocando el surgimiento de "problemas malditos" (*wicked problems*), como situaciones que combinan incertidumbre, desajustes en las habituales lógicas de causa-efecto, con alta fragmentación, horizontes temporales poco claros, y pluralidad de valores implicados, y que parecen desbordar las capacidades del sector público y las definiciones vigentes de políticas públicas (Van den Ende et al., 2023; Sydelko et al., 2021). Un ejemplo sería la lucha contra el cambio climático y la degradación ambiental, que desafía los métodos tradicionales para definir e implementar soluciones atendiendo tanto a la complejidad propia del problema como a la diversidad de grupos de interés implicados que son responsables tanto de generar el problema como de resolverlo, y de los sistemas de valores en conflicto (Mertens, 2015). La creación de comisiones interdepartamentales con la implicación de diferentes unidades —y organismos— de diferentes ámbitos de la administración se puede concebir como una red que, a partir del liderazgo del gobierno —o una de sus áreas— parte de la autonomía de los diferentes actores para propiciar la identificación de nuevas respuestas al reto (Brugué et al., 2015). Se infiere que las diferentes unidades cuentan con cierta autonomía para plantear soluciones, a partir de sus dinámicas de actuación, pero que logran coordinarse a partir de la definición —también consensuada— del problema o reto a afrontar.

Para concretar esta autonomía deben configurarse tanto unas reglas del juego que la faciliten, con una interpretación amplia de lo establecido en los respectivos contextos (unidades internas de la Administración y entes vinculados al sector publico institucional), incluyendo la discrecionalidad en la definición de actividades y el manejo de recursos. Pero también hay que incidir en la cultura organizativa, en especial para superar las inercias vigentes en buena parte del sector público a la hora de promover la autonomía orientada a favorecer la innovación y la creatividad, así como la integración y el compromiso conjunto.

Este esquema se contrapone al amplio predominio de la jerarquía del paradigma burocrático en la medida que favorece tanto el trabajo en red como la autonomía y la implicación de los diferentes actores internos, aunque con el liderazgo antes comentado. La estrategia también se contrapone a la fragmentación de unidades internas, a la proliferación de entidades públicas regidas por mecanismos de sector privado y a la externalización promovidas desde la Nueva Gestión Pública, en especial por poner el énfasis en la integración y en unas reglas del juego que buscan la implicación efectiva de las partes.

Por otro lado, la acepción con la que se interpreta la estrategia de modelos de relación con autonomía coordinada incluye también a los actores del entorno, desde las entidades del sector social a las empresas del sector privado. Se incluye a estos actores en la configuración de la red orientada a elaborar diagnósticos, identificar alternativas y aportar recursos de diversa índole, participante en la implementación, seguimiento y evaluación de las mismas. De nuevo, tal como se apuntó, desde el liderazgo e impulso por parte del gobierno para promover una "experimentación distribuida" —*distribute experimentation*— (Ferraro et al., 2015).

Un ejemplo de la estrategia de autonomía coordinada con la implicación de actores externos es la participación de entidades y empresas en la gestión de determinados equipamientos públicos. En el caso del Ayuntamiento de Barcelona, por ejemplo, mediante diversas concesiones se gestionan los Centros Abiertos de Atención a la Infancia y la Adolescencia para trabajar para la mejora de la atención socioeducativa en jóvenes y adolescentes y sus familias, especialmente las más vulnerables (https://www.bcn.cat/barcelonainclusiva/es/xarxa6.html). Esta red cuenta con 30 Centros, 2 de ellos gestionados directamente por el Ayuntamiento y el resto gestionados por entidades del tercer sector social o por empresas. La red funciona con criterios de autonomía coordinada como los expuestos, facilitando que las diferentes entidades puedan desplegar respuestas diferenciadas en los centros que gestionan para acercarse a la realidad del barrio en el que se ubican, pero contando con el apoyo seguimiento y supervisión por parte del gobierno municipal. Pero la red destaca, especialmente, por su intensa interacción tanto para generar y compartir aprendizajes y recursos como para contribuir a la definición de la estrategia del conjunto.

Si bien esta estrategia puede facilitar la generación de nuevas respuestas, ello no garantiza su posterior difusión. Por ello se plantea complementar la autonomía con la coordinación que, con cierto acompañamiento, permita identificar las respuestas que se consideren más adecuadas y, eventualmente, generalizar su posterior adopción por el resto de actores implicados.

La implicación de agentes externos al sector público en esta estrategia pasa también por incorporar entidades que no tienen relación directa con la Administración pero que también están llamadas a participar en la generación de alternativas ante los retos que plantea la gobernanza robusta. En estos casos en que se incorporan actores que son formalmente independientes unos de otros se utiliza el término policentricidad —*polycentricity*— y sistema policéntrico de gobernanza (Capano y Woo, 2018). En este sistema suelen convergir tanto actores públicos como privados, de nuevo con el liderazgo por parte del gobierno —siguiendo la lógica de la gobernanza robusta que se ha comentado—, con los que se pretende asegurar tanto la legitimidad del proceso de diseño como la capacidad técnica necesaria para la formulación de políticas públicas efectiva.

La apuesta por la polícentricidad, en el contexto de gobernanza robusta planteado, no significa ausencia de jerarquía o de una fuerte coordinación (Capano et al., 2015) sino una apuesta por combinar capacidades y legitimación para abordar los desafíos complejos que plantea el entorno de turbulencia.

En definitiva, con la estrategia de autonomía coordinada y policentricidad se busca tanto facilitar el surgimiento de propuestas innovadoras como propiciar la implicación de los mismos actores que realizan aportaciones para trabajar conjuntamente en su implementación y seguimiento posterior.

Mejora y adaptabilidad de las normas

Esta estrategia se orienta a desplegar una de las vertientes más críticas del equilibro entre estabilidad y cambio que caracteriza la gobernanza robusta: el papel que juegan las normas. En una acepción amplia del término, se consideran tanto la legislación promulgada por el poder legislativo y las normas aprobadas por los diferentes niveles de gobierno con dicha capacidad como los códigos y protocolos propios de diferentes colectivos profesionales que se autorregulan y establecen marcos de referencia para el ejercicio de su actividad (Lund y Andersen, 2023). La estrategia de mejora y adaptabilidad de las normas se refiere precisamente a lograr el equilibrio entre la estabilidad que aportan estos referentes y la flexibilidad en su interpretación en determinados momentos de crisis (entornos de turbulencia) para facilitar la generación y desarrollo de nuevas respuestas.

En este apartado se propone centrar la atención en la vertiente jurídica de la acepción comentada, destacando en primer lugar cómo el marco normativo constituye un pilar sobre el que se asienta la seguridad jurídica y la propia estabilidad del sistema. Pero la flexibilidad en su interpretación cuando debe aplicarse, en especial en contextos de crisis, constituye un recurso crítico para hacer viables las respuestas que se acuerden. Por ello, desde esta estrategia se plantea tanto la mejora normativa como el estímulo de la adaptabilidad de las normas, preservando la salvaguarda de los valores y la estabilidad que aportan.

Sin embargo, resulta habitual que, en determinados contextos legislativos, tanto por nivel de gobierno como por ámbito temático, se desarrollen problemas de profusión, diversificación e incremento de la complejidad del entramado normativo, desembocando en una inflación que incide negativamente incluso en la propia seguridad jurídica que, entre otros valores, se buscaba. Por otro lado, también se detectan procesos de hiperregulación que, con la pretensión de incluir el máximo de contenidos y procesos en la norma, acaban constriñendo los márgenes de maniobra de los actores que deben aplicarla, con importantes efectos tanto en la dificultad para adaptarse a entornos cambiantes como en la inclusión de excepciones no contempladas.

Estas dinámicas perversas son el resultado de defectos que afectan a diferentes vertientes de la producción normativa. Ya desde el propio proceso de elaboración de la norma, a menudo sin una adecuada participación de los actores implicados y la propia ciudadanía para combinar perspectivas. Pero tampoco se suelen conocer ni valorar adecuadamente las posibles sinergias internas con el resto del entramado normativo. Los órganos jurídicos de apoyo normativo se acaban visualizando como unidades que plantean dificultades y que tienden a fiscalizar más que como proveedores de soluciones. Y tampoco se realiza una adecuada evaluación del producto normativo acabado, ni de sus efectos e impactos en el resto del ordenamiento jurídico y en el comportamiento de los actores a los que aplica. Uno de los resultados de estos problemas es la interpretación, por parte de muchos actores, de la norma como un factor limitante más que como un factor habilitador y que aporta seguridad y apoya el desarrollo de la actividad.

Por hacer frente a esta situación desde esta estrategia de gobernanza robusta se plantea tanto incidir en la mejora normativa, apostando por la regulación mínima e imprescindible que permita tanto proteger los valores que se priorizan como la seguridad de los actores afectados, dejando espacios para una interpretación que permita adaptarse a los cambios y a la innovación. Pero también se plantea apostar por una regulación de calidad, para que las normas aporten valor en términos de aplicabilidad, seguridad y predictibilidad.

Un planteamiento que vincula la estrategia de mejora y adaptabilidad de las normas con el discurso de la calidad normativa. Como indican Boix Palop y Gimeno Fernández, las políticas de calidad normativa se pueden definir como el conjunto de actividades orientadas a mejorar las normas jurídicas a través de "*la correlativa mejora de los procesos de regulación normativa, desde el mismo momento en que se toma la decisión de iniciar la tramitación de una norma hasta su aplicación y ejecución*" (2020: 11). Unas políticas que, también con la referencia e impulso de organismos internacionales como la OCDE, plantean que las normas respondan a objetivos claramente identificados y sean efectivas en su consecución, con un adecuado equilibrio entre costes y beneficios generados (incluyendo especialmente su impacto en los actores y la sociedad), que promuevan la innovación, que sean claras, simples y prácticas para sus destinatarios, además de ser coherentes con el resto del ordenamiento jurídico y las políticas que se desarrollan (OECD, 2021; Boix Palop y Gimeno Fernández, 2020; OECD, 2019).

Para ello se plantea un análisis de las normas jurídicas que incluye la totalidad del proceso normativo, incorporando parámetros económicos, sociológicos, y medioambientales, entre otros. De ello se desprende que una norma de calidad se asocie a la claridad, a la coherencia con el ordenamiento jurídico, a su eficacia y eficiencia, pero también que sea necesaria y proporcionada a sus objetivos, sin suponer un exceso de costes ni imponga cargas administrativas innecesarias (Canals Ametller, 2019). Este concepto se vincula a cuatro principios destacados desde estas aproximaciones: (1) la necesidad, es decir, la evaluación previa de si la norma es o no ineludible para desarrollar una determinada política; (2) la proporcionalidad, en referencia al equilibrio entre las ventajas potenciales que aporta y sus costes y las limitaciones que impone a los actores; (3) la subsidiariedad, para garantizar que las decisiones se tomen en el nivel más cercano a la ciudadanía; y (4) la transparencia en relación al acceso universal y actualizado a la norma en vigor, explicitando los objetivos a los que obedece, fy acilitando la participación de los potenciales destinatarios.

Para facilitar la concreción y el despliegue de esta estrategia se plantean actuaciones encaminadas a promover por un lado la evaluación continua de las reglas en los términos de calidad normativa descritos, propiciando la simplificación del entramado normativo a partir de la derogación de aquellas que no aportan valor y actualizando las más relevantes. En este proceso cabría incluir disposiciones que facilitasen la incorporación de ajustes en su interpretación ante determinadas situaciones como las propias del entorno de turbulencia. En esta misma línea, y trascendiendo de los ámbitos más especializados, se plantea también incorporar actuaciones de información, sensibilización y capacitación dirigidas al fomento de una cultura normativa entre directivos y profesionales para potenciar una adecuada interpretación de las normas, atendiendo al propósito y a los valores que las inspiran. Con ello se persigue que la estrategia de mejora y la adaptabilidad de las normas permita apoyar el desarrollo de la gobernanza robusta, constituyendo un elemento habilitador que apoye la formulación de nuevas respuestas al entorno de turbulencia.

Polivalencia estratégica

Esta estrategia de gobernanza robusta plantea considerar una diversidad de perspectivas y disciplinas (como los enfoques económicos, sociales, políticos, medioambientales, de equidad por razón de género) a la hora de explorar las aplicaciones de diferentes respuestas. Así, una misma medida, quizás planteada ante un reto económico, puede aportar evidencias y replantearse para atender simultáneamente un reto social o medioambiental. Con ello se persigue tanto facilitar la aplicabilidad de dichas respuestas como optimizar su potencial para aportar soluciones en diferentes ámbitos. Una polivalencia que, además de una dimensión temática y de enfoque, también incluye una dimensión temporal, propiciando la integración entre la táctica y una estrategia que al mismo tiempo sea polivalente (*strategic polyvalence*). Con ello se refiere tanto a la necesidad de identificar medidas para afrontar el impacto de la turbulencia a corto plazo como a la exigencia de diseñar respuestas a medio y largo plazo que puedan aplicarse a diferentes escenarios según los retos a afrontar.

Esta estrategia persigue generar usos diversos de las soluciones planteadas y de los resultados obtenidos con las mismas. Un ejemplo sería el proceso de prestación de un servicio de asistencia social ante una crisis económica, a través del cual se recopilan datos que posteriormente pueden utilizarse —con el debido respeto a la protección de datos— tanto para valorar el resultado de dicha prestación como para diseñar estrategias de promoción económica, educativa o sanitaria en el territorio.

Como apuntan Scognamiglio et al. (2022), a través de la polivalencia estratégica se potencia la combinación de capacidades de análisis situacional para comprender y anticipar las necesidades del contexto y el diseño de soluciones orientadas a dichas condiciones. En clave de gobernanza robusta, esta estrategia permite incorporar agilidad y capacidad de respuesta proactiva, especialmente valiosa para afrontar contextos volátiles y acontecimientos impredecibles como los propios de las turbulencias (Janssen y van der Voort, 2020). La polivalencia estratégica parte de incorporar diferentes visiones para diseñar las respuestas y también la utilización de los resultados (y datos) que generan, por lo que se relaciona con el concepto de "inscripciones multi-vocal". Este concepto se interpreta como una "*actividad discursiva y material que sustenta diferentes interpretaciones entre varias audiencias, con diferentes criterios evaluativos, de manera que promueva la coordinación sin requerir consenso explícito*" (Ferraro et al., 2015: 373). La incorporación de este tipo de actividades, tanto en clave de argumentación y persuasión como de ejecución de actuaciones concretas, facilitan la coordinación dentro y entre comunidades multidisciplinarias que parten de referentes diferenciados. En la medida que la respuesta a la crisis se diseñe atendiendo a las diferentes lógicas, se facilitan las múltiples interpretaciones y se fomentará la conexión con problemas no previstos, además de propiciar la inclusión de los diferentes actores.

Un ejemplo de este tipo de estrategias que promueven la inclusión de diversidad de perspectivas al mismo tiempo que la polivalencia de las respuestas generadas es el programa de Naciones Unidas "Principios para la Inversión Responsable" (PRI) (https://www.unpri.org/). Este programa define la inversión responsable como una estrategia y práctica para incorporar factores ambientales, sociales y de gobierno corporativo (ASG) en las decisiones de inversión. Se trata de una iniciativa de inversores en asociación con la iniciativa financiera del Programa de las Naciones Unidas para el Medio Ambiente y el pacto global de la ONU para facilitar la alineación de prácticas de inversión. Su planteamiento a partir de la incorporación de actores diversos, en clave de multi-vocalidad, permite atraer tanto a inversores como a los gobiernos y ONG preocupados por realinear el sistema financiero con las necesidades sociales más amplias. Ofreciendo una diversidad de servicios (incluyendo la vinculación a la propia red, pero también apoyos para capacitación, instrumentos para facilitar desarrollo de la inversión responsable, entre otros), se plantea potenciar inversiones que atiendan a factores ambientales (como el cambio climático, el agotamiento de recursos o la contaminación), sociales (como derechos humanos y condiciones laborales) y de gobierno corporativo (como lucha contra la corrupción, diversidad en la composición de las juntas directivas o lobby político) (https://www.unpri.org/download?ac=10970). En conjunto, se trata de una estrategia para favorecer respuestas en el campo de las inversiones que, en clave de polivalencia estratégica, permitan tanto tomar conciencia como atender simultáneamente a diversos retos que se plantean en los entornos de turbulencia.

Generación de respuestas innovadoras

Esta estrategia conecta con todas las anteriores y se centra, de hecho, en la propia esencia de la gobernanza robusta como modelo orientado a capacitar las organizaciones públicas para idear y desplegar respuestas acordes a los entornos de turbulencia. Como apuntan Capano y Toth (2022), dichos entornos suelen requerir respuestas no previstas y difícilmente planificables, es decir, respuestas innovadoras que permitan atender la demanda concreta y urgente. La generación de respuestas innovadoras a las que se refiere esta estrategia plantea integrar un pensamiento innovador que parta de una reflexión crítica sobre el conocimiento vigente —y las respuestas que suele ofrecer ante situaciones previstas—, pero que incorpore la improvisación para utilizar de forma alternativa recursos e ideas y un proceso de aprendizaje rápido que se traduzca en cambios concretos. A modo de proceso de reflexión y acción (Lund y Andersen, 2023), el pensamiento innovador asociado a esta estrategia resulta crucial para ofrecer respuestas ágiles y flexibles, partiendo de una postura abierta y crítica a los planteamientos y reglas vigentes (aunque sin rechazarlas sino incorporándolas en los términos descritos en una estrategia anterior —"mejora y adaptabilidad de las normas"—). En este proceso resulta conveniente que se revisen expectativas previas, prejuicios, esperanzas y normas para interpretar las características y alcance del nuevo contexto y facilitar el proceso de creación - innovación, incorporando la gestión del conocimiento (Aguilar, 2020) y la inteligencia colectiva (Rey, 2022).

La concreción de la estrategia de generación de respuestas innovadoras parte de estimular y entrenar las habilidades para la improvisación y el aprendizaje rápido. Para ello resulta conveniente superar el marco establecido por las dinámicas predominantes en la organización (*thinking outside the box*), por ejemplo, a partir de la incorporación de expertos con perfiles heterogéneos que facilite el contraste de perspectivas. La conformación de equipos multidisciplinares contribuye a considerar visiones alternativas tanto de la situación que se enfrenta como de las alternativas a plantear, enlazando con la polivalencia estratégica comentada anteriormente. Las comisiones interdepartamentales, a las que antes de ha hecho referencia, en la estrategia de "modelos de relación: autonomía coordinada y policentricidad" podrían responder, con un funcionamiento adecuado, a estos planteamientos.

La generación de respuestas innovadoras también incluye el fomento de la improvisación, superando entornos con exceso de regulación o de protocolos que restringen la discrecionalidad individual, por ejemplo, facilitando la rotación de puestos o de roles entre los profesionales de la organización para adquirir nuevas visiones y conocimientos. Un ejemplo del desarrollo de actuaciones alineadas con esta estrategia a nivel internacional comparado se puede consultar en el documento de la OECD (2023) titulado "*Public Employment and Management 2023: Towards a More Flexible Public Service*" (https://www.oecd.org/publications/public-employment-and-management-2023-5b378e11-en.htm). En dicha referencia se analizan las iniciativas de aprendizaje y desarrollo de los profesionales del sector público impulsadas en diferentes países en 2022. En los datos presentados se destacan las 24 prioridades de formación para los empleados públicos —sin incluir directivos—, que se centraban en las habilidades digitales, la ética e integridad, el trabajo en equipo, la comunicación y, en quinto lugar, la innovación. Por otro lado, de las 24 prioridades de acciones formativas dirigidas a los directivos públicos —*senior managers*— destacan en primer lugar el liderazgo, las habilidades digitales, y ya en tercer lugar la gestión del cambio, seguida por la ética e integridad y la innovación. Más allá del predominio de cierta orientación aplicada al priorizar determinadas habilidades, destaca el énfasis en la transformación digital, la gestión del cambio y la innovación —en posiciones destacadas en ambos colectivos—. Resulta significativo que en los dos casos se incluya la categoría "resiliencia", pero que ocupa el octavo lugar en las prioridades de empleados públicos y el decimotercero en el caso de los directivos públicos. Cabría considerar, sin embargo, en qué contenidos concretos se centran las diferentes prioridades destacadas para valorar su adecuación efectiva a la estrategia de generación de respuestas innovadoras.

En esta misma línea, la estrategia también puede incorporar el aprendizaje rápido, con diseños institucionales orientados a promover la investigación, la reflexión, el seguimiento y la evaluación en clave de mejora continua. Con este tipo de iniciativas se plantea fomentar el aprendizaje a partir de los resultados obtenidos y los procesos que han conducido a ellos (*report culture*). Una línea de actividad que se asocia al aprendizaje muy aplicado, asociado al puesto de trabajo, y en el que se combinan elementos formales e informales. En el citado informe de la OECD (2023) se destacan diversos métodos para fomentar y permitir el aprendizaje informal utilizados por los países encuestados. Entre los destacados se apuntan algunos de los comentados anteriormente, como el fomento de la diversidad de equipos (en términos de edad, antigüedad y experiencia), la participación de los empleados en programas de intercambio internacional o la asignación puntual y temporal de posiciones de coordinación o mando. Pero en los resultados para 2022 se destaca la importancia de las redes y comunidades de práctica para promover procesos de compartir información y de aprendizaje.

Las comunidades de práctica —especialmente a nivel interno— o redes de conocimiento —que combinan aportes internos y externos— (Ramió y Salvador, 2018; Busquets et al., 2018; Barrera-Corominas, 2018) son un ejemplo del tipo de dinámicas que favorecen el establecimiento de enlaces entre profesionales para intercambiar recursos de información y generar respuestas innovadoras. Una experiencia sugerente en esta línea es la Comunidad de Recursos Humanos de la Diputación de Barcelona —CORH— (https://corh.diba.cat/ca/default?language_content_entity=ca&llengua=es). La CORH es un programa transversal orientado a facilitar la generación de conocimiento compartido entre responsables de recursos humanos de los Ayuntamientos de la provincia de Barcelona. El programa se articula en torno a tres conceptos básicos: la gestión del conocimiento, el trabajo en red y la gestión de los recursos humanos en las Administraciones Públicas. Su objetivo es impulsar una red presencial y una red virtual para compartir conocimiento y dotar de herramientas de apoyo a la toma de decisiones de los responsables de recursos humanos de las corporaciones locales implicadas. Esta experiencia, con una trayectoria de más de 18 años (https://www.diba.cat/web/assistenciagovernlocal/-/v%C3%ADdeo-la-corh-una-realitat-15-anys-compartint-col%C2%B7laborant-i-fent-xarxa-), ha permitido consolidar una red que, a partir de la confianza y la cultura de compartir conocimiento, genera recursos que se ponen al alcance de los miembros de la red para que puedan combinarlos y adaptarlos para afrontar retos en relación a la gestión de recursos humanos en sus respectivas organizaciones públicas. La disponibilidad de experiencias y recursos para desplegar el teletrabajo, la presentación de indicadores comparados e instrumentos como convenios tipo para facilitar la negociación colectiva, o actualizaciones de la normativa e interpretaciones de la misma para poder generar respuestas innovadoras, acordes a diferentes realidades municipales, son algunos de los productos tangibles de la red. Un ejemplo que refleja la importancia de las bases subyacentes a dicha estrategia como son la confianza para facilitar la comunicación y el intercambio entre sus participantes en la red o la flexibilidad de sus respectivas organizaciones tanto para compartir recursos como para adaptar soluciones basadas en los componentes que se ofrecen desde la plataforma para generar respuestas innovadoras.

ESTRATEGIAS INTERRELACIONADAS E IMPLICACIÓN DE LOS ACTORES

Las estrategias presentadas pueden agruparse alrededor de diferentes ámbitos en los que se considera necesario incidir para desplegar la gobernanza robusta. Los ámbitos destacados son, por un lado, la estrategia corporativa, como referente de la identificación de un horizonte y objetivos a alcanzar. Por otro lado, la referencia a los recursos materiales, pero también organizativos, que resulta imprescindible movilizar para atender a los retos planteados. El personal, como ámbito diferenciado atendiendo a sus particularidades especialmente en el sector público. La organización, referida especialmente a las reglas de interacción entre unidades y actores implicados. Finalmente, los resultados o productos a desarrollar en términos de mejora organizativa, combinando diferentes recursos y procesos, para desplegar nuevas respuestas ante entornos de incertidumbre.

El siguiente gráfico (gráfico 3) muestra los diferentes ámbitos destacados:

Gráfico 3. Ámbitos donde incidir para desplegar la gobernanza robusta

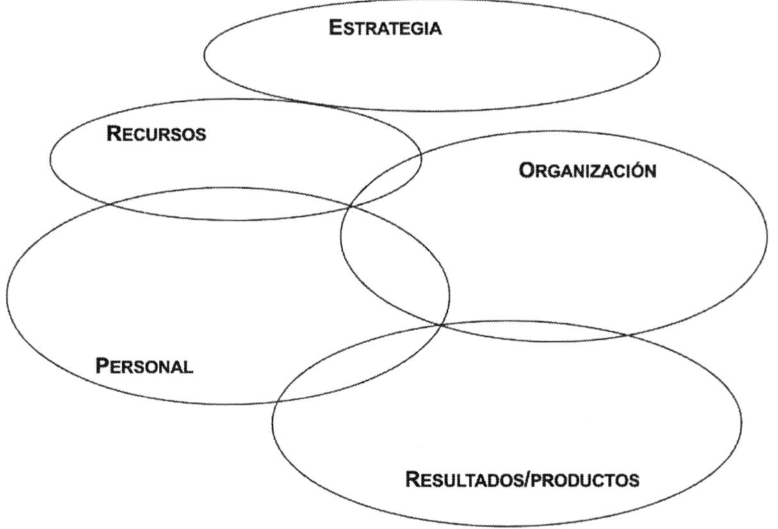

Fuente: Elaboración propia.

A partir de la combinación de los ámbitos destacados con las estrategias referenciadas en el apartado anterior, se ofrece una agrupación que permite una primera aproximación a las sinergias entre las mismas (gráfico 4).

Gráfico 4. Ámbitos y estrategias para desplegar la gobernanza robusta

Fuente: Elaboración propia.

La revisión, no exhaustiva, de las diferentes estrategias, encuadradas en los ámbitos asociadas al desarrollo de la gobernanza robusta permite apuntar tres ideas clave adicionales.

La primera es cómo a través de las diferentes dimensiones contempladas, y los ejemplos propuestos para ilustrarlas, se puede concretar el alcance y contenido de la propia gobernanza robusta. Cómo desde este paradigma se plantea desplegar el equilibrio entre estabilidad y cambio a partir de iniciativas que pueden vincularse a la escalabilidad, la experimentación y prototipaje, el bricolaje y la modularización, la autonomía coordinada y la pluricentralidad, la mejora y adaptabilidad de las normas, la polivalencia estratégica o la generación de respuestas innovadoras.

La segunda idea se refiere a que los contenidos de dichas estrategias no son excluyentes sino al contrario, se complementan en el despliegue de iniciativas de gobernanza robusta que se concretan en determinados contextos y ante determinados retos. Esta complementariedad de estrategias se encuentra ya en su propia definición, en la medida que para avanzar en la experimentación y el prototipaje resulta conveniente, por ejemplo, desplegar una adecuada generación de respuestas innovadoras, y plantear éstas en términos de polivalencia estratégica. En la misma línea, a través de la autonomía coordinada y la policentricidad se pueden conseguir aportes en el trazo de la experimentación y el prototipaje, al mismo tiempo que la propia implicación de actores permite desplegar el potencial de la estrategia de escalabilidad, contando con la mejora y adaptabilidad de las normas que facilite el proceso de incorporación de recursos y aportes. El despliegue de estas estrategias revela sus interconexiones, destacando su complementariedad y la necesidad de combinarlas de acuerdo con la realidad organizativa o la naturaleza de la turbulencia a afrontar.

La tercera idea, reflejada también en diferentes estrategias, es la apuesta por integrar la diversidad de actores internos, propia de cada organización pública, pero también a otros actores del sector público —considerando desde las estructuras de gobierno multinivel a las relaciones inter-administrativas—, hasta llegar al sector privado y al sector social, y a la propia ciudadanía. El propio concepto de gobernanza, de la gobernanza robusta, apunta a esta línea de considerar los modelos de relación del gobierno con su entorno para generar nuevas capacidades y respuestas para afrontar los desafíos que plantea el contexto de turbulencia a afrontar. Estas dos cuestiones, las capacidades y los modelos de relación con el entorno se abordan en los siguientes capítulos para completar la configuración de la gobernanza robusta.

Capítulo 3

CAPACIDADES INSTITUCIONALES ESTABLES Y DINÁMICAS PARA IMPULSAR LA GOBERNANZA ROBUSTA

Para completar la caracterización del contenido y alcance de la gobernanza robusta resulta conveniente parar atención a las capacidades requeridas para hacer viable su desarrollo. Con este aporte se plantea dar respuesta a la pregunta de qué es necesario para desplegar las estrategias que configuran la gobernanza robusta y, por ende, el propio paradigma. Resulta habitual que, ante una pregunta abierta en este sentido, la respuesta se oriente a apelar a recursos financieros, a contingentes profesionales adecuados en número y perfil, a una regulación adecuada, o al supuesto apoyo de diferentes actores clave. Aunque dichas respuestas pueden ser perfectamente válidas y oportunas, también es cierto que más allá de disponer de recursos, de un marco normativo acorde o del eventual apoyo de determinados actores, es importante saber cómo utilizar dichos recursos, cómo moverse en dicho marco legal y cómo gestionar la red de actores.

A este tipo de cuestiones, de carácter más sustantivo, se refieren las capacidades institucionales, incluyendo algunas previas como la disponibilidad de evidencias para generar un adecuado diagnóstico y poder realizar un seguimiento de las actuaciones emprendidas, la gestión interna de las organizaciones públicas que lideran la gobernanza robusta o la propia sensibilidad política para desplegar un modelo relacional con los actores, públicos y privados, con los que se configura la red asociada a generar respuestas ante el entorno de turbulencia. Para aportar en esta línea, el capítulo plantea una aproximación al propio concepto de capacidad institucional, de nuevo planteando su abordaje desde la perspectiva de la organización pública que impulsa el modelo de gobernanza robusta. A continuación, se presentan las denominadas capacidades estables, que toman un carácter más estructural y permanente, y posteriormente se abordan las capacidades dinámicas, asociadas a los procesos para afrontar situaciones imprevistas y crisis como las propias del entorno de turbulencia. Finalmente se plantea una visión integrada de ambos tipos de capacidades para el desarrollo de la gobernanza robusta.

LAS CAPACIDADES DEL ESTADO, ADMINISTRATIVAS Y DE POLÍTICAS

La clave para poder desplegar la gobernanza robusta y las estrategias asociadas son las capacidades con las que cuentan los diferentes actores implicados y, en especial, los gobiernos y las administraciones públicas que la impulsan. Las capacidades con las que cuentan los gobiernos y las administraciones públicas para desplegar la gobernanza robusta se han vinculado al resultado obtenido y a su potencial para afrontar los retos del entorno (Salvador y Sancho, 2021; Salvador y Ramió, 2020). Para interpretar adecuadamente el significado y alcance del concepto capacidad se plantea una breve revisión sobre cómo se ha abordado desde diferentes perspectivas, focalizando la atención a su visión desde el punto de vista de las organizaciones públicas.

Como referentes previos, Grindle y Hilderbrand (1995) asocian el concepto a la habilidad —de un gobierno o una Administración— para desempeñar las tareas de forma eficiente, eficaz y sostenida en el tiempo. Como apunta Addison (2009), las diversas definiciones del término han tendido a señalar la misión (y desagregarla en funciones y actividades) que debe cumplir un sistema organizativo (como una Administración pública) y a identificar qué componentes de dicho sistema resultan esenciales para que éste pueda desarrollarlas. En el debate académico pueden identificarse diferentes tipologías de capacidades que, siendo complementarias, se distinguen por poner el énfasis en diferentes dimensiones del potencial de actuación de las organizaciones públicas.

Una primera tipología son las denominadas capacidades del Estado o *state capacities*. Un concepto que, como apunta Cingolani (2013), se abordó inicialmente con un alto nivel de abstracción, asociándolo a las funciones de prevenir el conflicto, recaudar impuestos a través de estructuras administrativas centralizadas y el monopolio legítimo de la fuerza. En su desarrollo, las capacidades del Estado se asociaron a (Savoia y Sen, 2015): (a) la capacidad burocrática y administrativa, (b) capacidad legal, (c) capacidad infraestructural —referida al control del territorio en lo referente al desarrollo de políticas—, (d) capacidad fiscal y (e) capacidad militar. En fases posteriores se introdujo el análisis de sus atributos, destacándose la relación con el modelo burocrático weberiano como referente (en términos de organización, estructuración y gestión de recursos humanos) (Rauch y Evans, 2000). Skocpol y Finegold (1982) abordan el concepto atendiendo a cómo los gobiernos disponen (directamente o lo pueden movilizar) de conocimiento, recursos y organizaciones capaces de implementar políticas (con una idea más vinculada a gobernanza). Desde estas perspectivas se asumía que el Estado era un actor con poder para estructurar su entorno político y social, y sus capacidades se asociaban a su autonomía y a disponer de una burocracia cualificada (Gomide et al., 2018; Souza 2017; Grindle, 2012).

Al traducir estos componentes en indicadores, Pires y Gomide (2016) destacan factores como, en primer lugar, la existencia de una burocracia profesionalizada, asociada a la aportación de estabilidad y capacidad técnica para desplegar la acción de gobierno. En segundo lugar, apuntan al funcionamiento de los mecanismos de coordinación gubernamental para desplegar actuaciones conjuntas optimizando recursos y maximizando efectividad. En tercer lugar, se destaca la existencia de procesos para monitorizar la implementación de las políticas públicas, como referencia a la disponibilidad de evidencias que permitan informar la toma de decisiones a lo largo del desarrollo de las actuaciones públicas. En cuarto lugar, la interacción institucionalizada entre los actores burocráticos y el sistema político en aras de facilitar el diálogo entre ambos niveles, imprescindible para potenciar las capacidades de actuación de las organizaciones públicas —y en las que juega un papel importante la dirección pública profesional—. En quinto lugar, y complementando el factor anterior, la existencia de mecanismos institucionalizados de participación social, en la línea de la propia idea de gobernanza que busca implicar al conjunto de actores del entorno. Finalmente, se destaca la presencia de agencias de control y evaluación como referentes para sistematizar estas actividades clave tanto para rendir cuentas como para introducir la mejora continua a partir de la valoración de los resultados obtenidos y los impactos generados con la acción de gobierno.

En una línea complementaria, Souza (2017) asocia el concepto de *state capacity* a la interrelación entre cuatro tipos de factores: los factores políticos, los factores legales, los factores organizativos/administrativos y los factores vinculados a las políticas públicas. Los primeros, los factores políticos, pueden interpretarse en términos de capacidad de establecer unas dinámicas o reglas del juego que modulen la interacción política, social y económica. Los factores legales se refieren a la capacidad para promulgar leyes y propiciar su cumplimiento por parte de los actores implicados. Los factores organizativos y administrativos se refieren a los aspectos internos de las organizaciones públicas (estructuras, procesos, recursos humanos) que permiten desarrollar la capacidad para proporcionar bienes y servicios de forma eficaz y eficiente. Finalmente, los factores vinculados a las políticas públicas se refieren a la combinación de instituciones y estrategias que influyen en los procesos de decisión, definición e implementación de políticas.

En una acepción que puede asociarse a una subcategoría de las capacidades del Estado se destacan las capacidades administrativas o *administrative capacities* (Hidalgo-Pérez et al., 2022; Comisión Europea, 2021; Heichlinger et al, 2015). En su despliegue, y en aras de facilitar su medición, se pueden identificar cuatro tipos de capacidades administrativas (Lodge y Wegrich 2014): la de coordinación (vinculada a facilitar la implicación de diferentes organizaciones), la analítica (asociada al análisis de información, evaluación de riesgos y apoyo a la toma de decisiones), la regulativa (vinculada al establecimiento de normas y la vigilancia de su cumplimiento) y la prestacional (que se relaciona a la prestación de servicios públicos y políticas públicas). En investigaciones que relacionan estas capacidades con la ejecución de fondos de la Unión Europea, se proponen indicadores vinculados a las acciones de programación, gestión, seguimiento y evaluación, cuyos resultados vienen marcados por la existencia de jerarquías menos fuertes, estructuras con menos subdivisiones y una mayor estabilidad en los gobiernos (Millo, 2007). Unas capacidades administrativas que algunos autores (Ares Castro-Conde, 2022; Peters, 2015) vinculan al desarrollo de políticas públicas por parte de las administraciones públicas (y las burocracias). Una perspectiva desde la que se destacan las capacidades de las burocracias asociadas a movilizar recursos financieros y humanos, al compromiso con la gestión por objetivos y basada en el rendimiento, a la coordinación interna y a la rendición de cuentas administrativa (Shubham et al., 2021).

Una segunda tipología de capacidades se vincula al concepto de *governance capacity*. Existe una gran diversidad de aproximaciones en el debate académico sobre la gobernanza (Pierre y Peters, 2000; Chhotray y Stoker, 2009; Rhodes, 2017) y consecuentemente también sobre los factores que dan cuenta de su traducción en capacidades (Rotberg, 2014). Siguiendo la propuesta de diversos autores (Ramesh et al. 2016; Christensen et al., 2016; Ansell y Torfing, 2016), la *governance capacity* se puede definir como el conjunto recursos organizativos y sistémicos necesarios para tomar decisiones políticas e implementarlas, e incluye tanto características formales (estructuras y procedimientos) e informales (dinámicas y valores) de las organizaciones públicas, así como la incorporación activa de actores no directamente vinculados al Estado. De la integración de estos aportes surgen modelos de gestión en red que coexisten con otros esencialmente jerárquicos, dependiendo tanto de cada organización pública como de sus modelos de relación con el entorno (Pollitt y Bouckaert, 2011; Meuleman y Niestroy, 2015). De la multiplicidad de definiciones aportadas se desprende que el concepto capacidad de gobernanza, en relación al de capacidades del Estado, pone el énfasis en una doble vertientes:

a) una interna, referida a las habilidades del gobierno para tomar decisiones y definir estrategias, para asignar recursos y utilizarlos de forma eficaz y eficiente y movilizar el apoyo social para impulsar sus políticas.
b) una externa o relacional que se refiere a la interacción entre el Estado y su entorno a través de procesos de participación y deliberación con diferentes grados de institucionalización que permitan alinear objetivos y recursos de diversa naturaleza para afrontar retos compartidos.

La tercera tipología destacada se vincula a las denominadas capacidades de políticas o *policy capacities*. Desde esta perspectiva se propone trascender de los componentes singulares de las organizaciones públicas e incluir tanto sus interrelaciones como el impacto en la acción de gobierno y el desarrollo de políticas públicas (Howlett, 2015). Con ello se enfatiza el modelo de relación de la organización pública con su entorno y la importancia de disponer, además de una burocracia profesional, de instrumentos de desarrollo de políticas públicas adaptados a diferentes ámbitos sectoriales. El concepto *policy capacity* se asocia a la existencia, naturaleza y calidad de recursos disponibles para apoyar el análisis de políticas públicas, valorar alternativas y sus implicaciones y facilitar la toma de decisiones estratégicas. En otras acepciones se incluyen además los procesos y prácticas para movilizar dichos recursos, tanto dentro de las estructuras gubernamentales como más allá, en la sociedad en su conjunto (Wu, Ramesh y Howlett, 2018).

El concepto de *policy capacity* se define como el conjunto de competencias y recursos necesarios para realizar las funciones asociadas a las políticas públicas (Gleeson et al., 2011), que se desarrollan a partir de una clasificación de las competencias clave planteada por Moore (1995) y se concretan en el modelo que proponen Wu, Ramesh y Howlett (2015, 2018) para analizar dichas capacidades. Siguiendo estos referentes se pueden identificar tres tipos de competencias clave: las analíticas, las operativas (o de gestión) y las políticas. Cada una de éstas incluye recursos y capacidades que pueden desagregarse a nivel individual, organizativo y sistémico. La combinación de los tres tipos de competencias con los tres niveles de recursos ofrece un esquema de nueve categorías de capacidades de políticas que permite, además la consideración de cada competencia por separado, reconocer que en diferentes escenarios unas pueden tener un papel más crítico que otras (Salvador y Sancho, 2021; Howlett y Ramesh, 2016) y desplegarse con intensidades distintas en diferentes políticas o fases del ciclo de éstas.

Las diferentes capacidades comentadas permiten ofrecer diversas imágenes del potencial con el que cuentan las organizaciones públicas para desplegar su actividad, incluyendo desde la dimensión interna a la relacional de interacción con su entorno. Al considerar diferentes aspectos concretos de dicho potencial, las capacidades del Estado, las administrativas, las de gobernanza y las de políticas públicas pueden considerarse complementarias, a modo de capacidades institucionales (Salvador, 2021; 2021b; Salvador y Sancho, 2021) de las organizaciones del sector público y referentes para dar cuenta de su actividad en el desarrollo de la gobernanza robusta.

LAS CAPACIDADES ESTABLES DE LAS ORGANIZACIONES PÚBLICAS

Las tres perspectivas comentadas (capacidades del Estado, capacidades de gobernanza y capacidades de políticas) ofrece un amplio abanico, pero también una serie de elementos compartidos que facilitan su integración desde el paradigma de la gobernanza robusta. Si la gobernanza robusta se define especialmente por plantear un equilibrio entre estabilidad y cambio, uno de los primeros referentes para el desarrollo de las estrategias asociadas son las capacidades estables. Unas capacidades que se asocian a las actuaciones que se desarrollan en las organizaciones públicas con carácter permanente o con cierta regularidad a lo largo del tiempo, más allá de las crisis o alteraciones puntuales.

Tomando como referencia las capacidades comentadas en el apartado anterior, se destacan tres capacidades estables: la capacidad analítica, la capacidad colaborativa y la capacidad de gestión organizativa (Salvador, 2021). En esta primera aproximación se propone centrar la atención en la primera, ya que está previsto abordar las otras dos con mayor profundidad en los siguientes capítulos.

La capacidad analítica y la gobernanza de datos

En el marco de la gobernanza robusta, para afrontar un entorno de turbulencia resulta imprescindible disponer de datos y evidencias que permitan tanto afinar el diagnóstico como, una vez iniciadas las actuaciones para afrontarlo, facilitar su seguimiento y evaluación. En esta línea, la capacidad analítica se refiere a las habilidades de las organizaciones públicas para obtener, gestionar y utilizar datos y evidencias de diferente naturaleza para mejorar los procesos de decisión y el desarrollo de la actuación pública. Entre los componentes clave asociados a esta competencia cabe destacar la existencia de un equipo de profesionales con habilidades de análisis, reconocidos a todos los niveles para favorecer su implicación y desempeño, y que deberían vincularse a una unidad central de asesoramiento (Ramió, 2018 y 2019; Ramesh et al., 2016). Howlett (2015) asocia el concepto de capacidad analítica a las competencias de los profesionales para interpretar el sentido de las políticas y desplegar herramientas y habilidades de análisis y de comunicación.

Pero además de contar con profesionales, la organización también debería desplegar una adecuada arquitectura organizativa y asegurar los dispositivos y procesos asociados a adquirir y procesar datos e información, así como a su posterior difusión y utilización. Los sistemas de información vinculados tanto a la recopilación y tratamiento de los datos, su análisis y su preparación para que puedan llegar en el formato y presentación adecuados a los diferentes destinatarios, constituyen un soporte clave para sustentar la capacidad analítica (Salvador y Ramió, 2020). Este conjunto de actuaciones, tanto las referidas a los profesionales como al diseño de la organización, procesos y sistemas asociados, se vincula al concepto de gobernanza de datos, un término clave para el desarrollo de la capacidad analítica. La caracterización del concepto de la gobernanza de datos parte de poner en valor la importancia de la información y el conocimiento como un factor estratégico en la gobernanza robusta.

De hecho, uno de los rasgos que caracterizan el entorno de turbulencia que se afronta desde la gobernanza robusta es el desarrollo tecnológico que, además de transformaciones en procesos y dinámicas de actuación, también ha propiciado un incremento exponencial tanto de la capacidad de almacenaje como de gestión y explotación de los datos, convirtiéndolos en un nuevo componente crítico (Benfeldt et al., 2019). Ello impacta necesariamente en los procesos de adquisición de datos, almacenaje, distribución y aplicación en la de toma de decisiones en las diferentes estrategias asociadas a la gobernanza robusta. Pero en el entorno de turbulencia, además del cambio vinculado a la tecnología, las transformaciones asociadas a los modelos de gestión y prestación de servicios en base a la colaboración público-privada, y las dinámicas de apertura de los gobiernos y fomento de la transparencia y la participación ciudadana también incrementan notablemente la diversidad de datos y la complejidad de su gestión. En este contexto surge el concepto de gobernanza de los datos (*data governance*). Entre la multiplicidad de acepciones que aporta la literatura, Weber et al. (2009) y Khatri y Brown (2010) definen la gobernanza de datos en términos de marco que establece derechos y responsabilidades en la toma de decisiones en el uso de datos. Otros aportes plantean entender el concepto como la confluencia de varias áreas relacionadas con los datos como la gestión de calidad de datos, los sistemas de gestión de datos, la seguridad de datos y la administración de datos (Begg y Caira, 2012).

Más allá de la multiplicidad de aportes, existe cierto consenso en asociar la gobernanza de datos a las ideas de: (1) poner en valor los datos como un activo de la organización que debe gestionarse, (2) establecer responsabilidades en la toma de decisiones (derechos) y las tareas asociadas (deberes) y (3) establecer pautas y normas para velar por la calidad de los datos y su uso adecuado (Otto, 2011b). Siguiendo este argumento, la gobernanza de datos se asocia a los procesos organizativos que permiten especificar la asignación de responsabilidades y decisiones, alineadas con los objetivos de la organización, para impulsar un comportamiento deseable en el tratamiento de los datos como un activo de la organización (Otto, 2011a). Planteada en estos términos, una de las vertientes de la gobernanza de datos se inscribe en el ámbito interno de las organizaciones públicas. La asignación de derechos y responsabilidades dentro de la organización tiende a plasmarse en diferentes instrumentos como organigramas y diagramas funcionales que asocian posiciones a roles a desarrollar en la estructura. En una sugerente investigación, Otto (2011a) plantea centrar la atención en dos dimensiones organizativas, una referida a los objetivos y otra a la estructura. Sobre los objetivos, se distinguen las metas formales vinculadas a la mejora de los sistemas de obtención y gestión de datos y las metas funcionales asociadas a las decisiones sobre su uso (y asignación de derechos para ello). La segunda dimensión, la referida a la estructura, incluye la designación de la autoridad formal responsable del ámbito, la división del trabajo y las configuraciones organizativas resultantes, y la asignación de tareas a órganos y a puestos de trabajo. Del esquema analítico planteado se derivan cuestiones sobre la organización del ámbito como el papel asignado al área de tecnologías, la cuestión de la centralización o descentralización de procesos y toma de decisiones o la configuración de fórmulas de trabajo que convivan y atenúen tensiones organizativas (como los comités y equipos de trabajo en contraposición a la rigidez o a la jerarquía).

Pero limitarse a esta acepción deja fuera una serie de aspectos críticos para asentar unas nuevas dinámicas de funcionamiento de las organizaciones públicas en relación a la gestión y uso de datos, en especial atendiendo a la creciente complejidad de los entornos de turbulencia que éstas deben afrontar. La revisión de ciertos retos que se plantean a las organizaciones en el campo de la gobernanza de datos permite complementar la acepción organizativa. Un primer reto se refiere al poco reconocimiento del valor de los datos, o planteando que los costes y esfuerzos asociados a su gestión y uso exceden los eventuales beneficios y, en algunos casos, ello se acaba traduciendo en asignar las responsabilidades sobre su gestión al departamento de tecnología (Benfeldt et al., 2019). Una cuestión que se apunta como crítica es el reconocimiento de dicho valor por parte de la máxima dirección y su consiguiente implicación en el impulso y consolidación de la gobernanza de datos (Begg y Caira, 2012).

En una investigación sobre el establecimiento del máximo responsable de los datos (figura que se ha venido a denominar *Chief Data Officer* o CDO) en el sector público se destacaron otro tipo de retos asociados a la gobernanza de datos (Vilminko-Heikkinen et al., 2016). Entre los retos identificados destaca la necesidad de identificar a los actores que generan y disponen de los datos, que suelen ser unidades focalizadas en su ámbito de actividad sin una visión integrada ni, en algunos casos, especialmente implicada en compartirlos. También se destacaba que más allá del reconocimiento formal y genérico de la importancia de la gobernanza de datos, no se desplegaban las actividades en cuanto a asignación de roles y responsabilidades para su desarrollo. Y más allá del reconocimiento de la importancia de la visión estratégica de la gobernanza de datos, buena parte de unidades (e individuos) mantenían visiones a corto plazo asociadas a cuestiones urgentes a resolver. En la misma línea, un informe sobre la misma figura del CDO (Wiseman, 2018) apuntaba como factores de éxito la capacidad para identificar problemas y ofrecer soluciones, el cambio cultural asociado a la denominada "alfabetización de datos" (en su recopilación, tratamiento y utilización) y el desarrollo de proyectos de alto impacto (interno y externo). Para todo ello resulta esencial contar con unas bases sólidas en términos de arquitectura de sistemas de información y calidad de los datos, tanto propios como externos. Por otra parte, también resulta crítico identificar la vinculación política y directiva con la gobernanza de los datos y el uso de sus resultados (Gonzalez-Zapata y Heeks, 2015). De hecho, la implicación efectiva de los máximos niveles de la organización con la cultura del dato, tanto en lo referente a valorar su calidad como a utilizarlos de forma rigurosa para sustentar la toma decisiones, representa el indicador más claro de la apuesta por potenciar esta capacidad institucional.

El desarrollo de la gobernanza de datos plantea, como se apunta a partir de estas referencias previas, retos importantes a nivel interno de las organizaciones públicas, en especial para asentar una capacidad analítica que se pretende estable y continuada para reforzar esta dimensión de la gobernanza robusta. Además de los factores internos propios de cada organización pública, también es importante atender a la dimensión relacional de la capacidad analítica, esto es, a cómo se establecen redes de confianza con actores del entorno, ya sean públicos (relaciones intergubernamentales) o del sector social y del sector privado, para intercambiar datos y generar nuevos resultados a partir de su explotación conjunta (incluyendo los procesos de gobierno abierto y transparencia) (Susha et al., 2017). Considerar la capacidad analítica a partir de la integración e implicación del conjunto de actores con los que se establecen redes de colaboración constituye un paso adelante en el despliegue de la gobernanza robusta que enlaza con la siguiente capacidad considerada, la capacidad colaborativa.

La capacidad colaborativa y los modelos de relación con el entorno

Siguiendo la propia definición del concepto, la vertiente de "gobernanza" de la gobernanza robusta sitúa el énfasis del enfoque en el desarrollo de redes de colaboración entre actores públicos y privados para afrontar los desafíos del entorno de turbulencia. Para desplegar esta estrategia desde la perspectiva de las organizaciones públicas es necesario contar con unas sólidas capacidades relacionales que permitan impulsar y gestionar adecuadamente esta colaboración con los actores del entorno. La capacidad colaborativa se asocia a las habilidades vinculadas al impulso y desarrollo de actividades en red, implicando a actores externos en el desarrollo de la actuación pública. Su despliegue implica crear y distribuir información entre los actores implicados en la red —enlazando con la capacidad analítica anterior—, coordinar actividades y compartir la toma de decisiones para abordar los retos de forma conjunta. La creación de este tipo de alianzas, implicando organizaciones de la sociedad civil pero también a la ciudadanía, compartiendo responsabilidades y generando objetivos comunes, en los que los directivos públicos actúan como "*orquestadores de la interacción en red y del aprendizaje mutuo*", estimulan la innovación, aumentan la capacidad operativa y fortalecen la legitimidad de la actuación pública asociada (Crosby et al. 2017).

El desarrollo de esta capacidad empieza a nivel interno (la colaboración bien entendida empieza en la propia organización) a través de las relaciones entre los niveles políticos, directivos y de gestión. Unas relaciones que deben partir de una adecuada delimitación de ámbitos de actuación de cada uno de estos perfiles para evitar trasvases o confusiones, que incluya la necesaria coordinación y alineación de sus iniciativas, con las indicaciones para dar un sentido u otro a la acción de gobierno en las políticas públicas, así como el diálogo que facilite tanto el acceso como el trasvase de la información estratégica y operativa. En este proceso cobra especial relevancia la labor de la dirección política tanto a nivel sustantivo, definiendo la estrategia de impulso de la red de actores, como a nivel operativo, trasladando la concreción de las medidas asociadas y la comunicación pertinente tanto hacia el resto de su equipo interno en la organización pública que dirigen como hacia el exterior, con los interlocutores del sector privado y social y con la propia ciudadanía. Los profesionales de la Administración, tanto a nivel directivo como técnico, que van a ocuparse del impulso y gestión de la red también deben estar concienciados e implicados con dicha actividad, que tiene un importante componente de valores y de estilo de trabajo, con notables dosis de sensibilidad y empatía para mejorar su actuación. Pero, además, deberían capacitarse en habilidades asociadas a la identificación de necesidades y posiciones de los diferentes actores implicados, así como en la definición y despliegue de la viabilidad política de determinadas iniciativas conjuntas, incluyendo para ello habilidades de comunicación y negociación, entre otras.

Para lograr el despliegue de este modelo de relación resulta conveniente cuidar también —y especialmente— aspectos formales, considerando que la configuración organizativa que se visualice externamente, así como los resultados de las actividades realizadas por la Administración, inciden directamente en su imagen externa, en su prestigio y en su propia legitimidad institucional. En la configuración de esta imagen externa vinculada al impulso de los procesos de colaboración y a la gobernanza pueden ubicarse las políticas de transparencia y rendimiento de cuentas (Cuadrado-Ballesteros et al., 2023; Adeoye y Ran, 2023). Unos factores que condicionarán los modelos de colaboración que se deseen impulsar desde la propia organización pública al desplegar estrategias de gobernanza robusta. En este contexto, la comunicación pública, complementando la transparencia, constituye una función clave de gobiernos y administraciones para fomentar una mejor gobernanza, mejorar las políticas y servicios públicos y generar confianza (OECD, 2021b). Una función que se asocia tanto a "hablar" como a "escuchar", en el sentido de fomentar tanto la presentación de evidencias y datos (*evidence-based* y *data-driven public communication*) como a la generación de diálogo para facilitar la implicación de los diferentes actores y de la propia ciudadanía. Como apuntan Haider et al. (2011), la estrategias e instrumentos para la comunicación bidireccional con el entorno incluyen desde las orientadas a los grupos de interés, a las redes de actores vinculados a políticas hasta las que facilitan la información a la opinión pública. En especial en contextos en que la transformación digital y la multiplicación de canales en los ecosistemas de información crean nuevas exigencias de comunicación. Unos contextos en los que también es importante afrontar la desinformación y las noticias falsas, en especial cuando la información se mueve a velocidad vertiginosa que, en algunas ocasiones, excede las capacidades de las organizaciones públicas. Por ello es importante que los gobiernos amplíen el alcance y la interactividad de la información, implicando a los actores del entorno para generar mensajes rigurosos, pero también accesibles a los diferentes colectivos.

Pero además de la transparencia, el rendimiento de cuentas y la comunicación, desde esta capacidad se plantean también los requerimientos asociados a la participación y a la colaboración efectiva de actores externos en la definición, implementación y valoración de las actuaciones públicas. Una implicación que, más allá de su impacto operativo o de gestión, contribuye a reforzar vínculos y responsabilidades compartidas. Una implicación que también se asocia al nivel de confianza y legitimidad con el que cuenta el gobierno, en especial para afrontar los desafíos que plantea el entorno de turbulencia. Dado el carácter estratégico de esta capacidad en el siguiente capítulo

("Capítulo 4: gobernanza robusta y nuevos modelos de relación") se plantea profundizar en sus rasgos más destacados e implicaciones, en especial como capacidad estable, esto es, con presencia de forma estructural en las organizaciones públicas que impulsan la gobernanza robusta.

La capacidad de gestión organizativa y la transformación interna

Para complementar las competencias descritas, tanto la analítica para gobernar los datos y afinar los diagnósticos y facilitar el seguimiento y evaluación de las actividades realizadas, como la colaborativa para implicar a los actores del entorno en el impulso de la gobernanza robusta, las organizaciones públicas deben contar también con capacidades propias, de carácter interno, para poder desplegar el conjunto de actuaciones previstas. A ello responde esta tercera capacidad. De hecho, la capacidad de gestión organizativa enlaza más directamente con las capacidades del Estado y las administrativas comentadas en el apartado inicial de este capítulo. La capacidad de gestión organizativa se centra en la efectividad para articular los recursos necesarios para el desarrollo de la estrategia y los objetivos que la despliegan (Ramesh et al., 2016), incluyendo el mantenimiento de la gestión de servicios y políticas públicas que se consideran esenciales. Una aproximación en la que, inicialmente, se destacan recursos como el presupuesto o el personal, pero que incorpora también cuestiones como la estructura administrativa, la propia gestión tanto del presupuesto como de los recursos humanos y la gestión de procesos y dinámicas organizativas (tanto internas como con el entorno).

Para concretar esta capacidad estable de las organizaciones públicas para impulsar la gobernanza robusta se requieren profesionales propios con destrezas y experiencia en la gestión estratégica, el liderazgo, la comunicación, la negociación interna y la resolución de conflictos, entre otras. Pero también con conocimientos y habilidades para realizar una adecuada gestión financiera y presupuestaria, una acertada gestión de recursos humanos, además de controlar el funcionamiento de los procesos operativos, con una orientación a su mejora. Además de contar con profesionales con las competencias adecuadas, el desarrollo de la capacidad de gestión también requiere de recursos como los sistemas de coordinación de procesos internos y externos para el impulso y mejora del funcionamiento de la organización, el adecuado financiamiento y la disposición de los profesionales suficientes en las posiciones adecuadas, la transformación tecnológica o los mecanismos de comunicación y consulta tanto intra como inter organizativos (Haug et al., 2023; Kuipers et al., 2014; Peters, 2001). Entre estos sistemas destaca especialmente el referido a la gestión de recursos humanos (Ramió y Salvador, 2018). La configuración de una estrategia en la materia que se despliegue adecuadamente a través de los diferentes subsistemas de la función de personal (desde la estructuración y configuración de puestos o posiciones clave hasta la selección, la promoción, la evaluación, la retribución o el desarrollo) constituyen un elemento esencial para desplegar el modelo de gobernanza (Ramió y Salvador, 2019). En este sentido, además de contar con los perfiles que se apuntaban anteriormente, es necesario poder gestionarlos para que puedan expandir sus potencialidades, de forma alineada con los objetivos de la organización y la estrategia corporativa desarrollada para afrontar los retos del entorno.

Para desplegar la capacidad de gestión organizativa se requiere una arquitectura organizativa que facilite los procesos asociados a la gobernanza robusta, entre los que se destaca la orientación al cambio y a la adaptación para poder afrontar los retos del entorno (Da Ros et al., 2023; Raudla et al. 2023). Un elemento destacado de esta arquitectura organizativa es el equilibrio existente en entre la autonomía y el control que se brinda a las unidades organizativas. Con ello se hace referencia a las dinámicas de centralización, desconcentración (sin dar autonomía a los entes no centrales) y descentralización (con diferentes grados de autonomía a los entes no centrales) y las dinámicas de monitorización y control asociadas. La configuración de diferentes equilibrios entre estas dos variables (autonomía y control) permiten desplegar estrategias diversas para potenciar las capacidades operativas y de gestión de los diferentes componentes internos de la organización. La existencia de entes descentralizados con mayor grado de autonomía podrá favorecer el desarrollo de respuestas diferenciadas y potencialmente más acordes con sus respectivas realidades, mientras que opciones centralizadas o desconcentradas aseguran la réplica de respuestas diseñadas por la unidad central con una mayor regularidad. De los mecanismos y grados de seguimiento y control de las diferentes unidades que conforman la organización dependerá el conocimiento de la actividad desarrollada por parte de la diversidad de actores internos y la propia capacidad para introducir un claro direccionamiento que permita orientar el sistema en conjunto. En todo caso, como se muestra en investigaciones como la presentada por Altamimi et al. (2023) analizando cómo el grado de centralización influye en la implementación de cuatro tipos de cambios organizativos (reorganización, contratación de servicios, adopción de tecnología y uso de información sobre el desempeño), se destaca la idea de gradualidad y contingencia. En otros términos, la conveniencia de plantear la elección entre centralización y descentralización como una gradación y no como una decisión binaria o como una dicotomía excluyente, y la necesidad de ajustar dicha gradación a la realidad y a los equilibrios que permitan hacer viable el resultado para adaptarse a las contingencias ambientales y organizativas.

También dentro de esta capacidad se destaca el diseño organizativo interno que ha de facilitar el desarrollo de la colaboración con el entorno (la capacidad colaborativa). En la colaboración interadministrativa, es decir, con otras administraciones públicas, surgen cuestiones como la delimitación de competencias (o su eventual solapamiento) en un mismo ámbito de política pública, y la necesidad de desarrollar visiones integradas que más allá de las mismas conciban los objetivos en términos de valor público. Las frecuentes tensiones entre diferentes administraciones (e incluso entre departamentos dentro de cada una de ellas) requieren el desarrollo de liderazgos que permitan fomentar el cambio cultural, pero también el desarrollo de visiones y objetivos a través de instrumentos de planificación, gestión y seguimiento y evaluación compartidos. En la colaboración con actores externos vinculados a una red de políticas, el establecimiento de la implicación pasa por establecer unas estrategias y reglas del juego claras y compartidas por los integrantes de la red, tal como se comentó en la capacidad colaborativa comentada anteriormente. Para ello resulta importante contar con una cultura organizativa propicia a este tipo de colaboraciones, en la que los profesionales del sector público conozcan y asuman su rol, contando además con la información y capacitación adecuadas para poder desplegarlo. Resulta importante, por ejemplo, en procesos de colaboración con organizaciones no gubernamentales o asociaciones cívicas, que se clarifiquen posiciones y aportes, con canales de diálogo para favorecer la empatía entre las partes, y un claro apoyo por parte de la dirección política a la labor de los profesionales del sector público implicados. En lo que se refiere al impacto interno —en esta dimensión de gestión organizativa—, la colaboración público-privada dirigida a empresas, desde la externalización hasta los partenariados, también debería partir de una adecuada capacitación de los profesionales que han de gestionarla. En especial para potenciar su conocimiento y sus destrezas para desplegar la colaboración y resolver incidencias, considerando los roles de los diferentes actores implicados. Además de contar con la adecuada preparación e implicación de los profesionales, también debería ajustarse el diseño organizativo, en lo que a estructura, procesos y dinámicas de actuación se refiere, a estos modelos de relación con el entorno. En especial para poner en valor el papel del sector público que más allá de actuar como eventual financiador o aportador de recursos, también debería ejercer un claro liderazgo y controlar y evaluar el desarrollo de la política o servicio en el que se concreta la colaboración.

Dado el carácter estratégico de esta capacidad, se prevé su abordaje con mayor profundidad en el segundo bloque del libro, "II. Administración Inteligente: el diseño de un nuevo modelo de organización en el contexto de la gobernanza robusta", y especialmente en el "Capítulo 6: la gobernanza robusta como una excusa para poder proponer un nuevo modelo organizativo y de gestión".

La interdependencia de las capacidades estables

Las tres competencias presentadas, la analítica, la colaborativa y la de gestión organizativa, inciden en diferentes actividades de la organización, pero son interdependientes, es decir, que el desarrollo de una incide claramente sobre el resto. Por ello deberían contemplarse como un conjunto que, a través de su interacción, permite mejorar la actuación de las administraciones públicas en el desarrollo de la gobernanza robusta. Tal como se ha apuntado en los respectivos apartados, la capacidad analítica presenta un carácter transversal al plantear la revalorización de los datos para mejorar los diagnósticos, que pueden compartirse con las organizaciones con las que se establecen alianzas a través de la capacidad colaborativa, pero dependen de la capacidad de gestión organizativa en lo referente a los sistemas y profesionales que han de utilizarlos. La capacidad colaborativa permite implicar a la ciudadanía, a las organizaciones del tercer sector y a las empresas en el desarrollo de estrategias conjuntas, pero para que la Administración pública pueda impulsarlas es necesario que ésta cuente con una adecuada arquitectura organizativa acorde con el reto. La capacidad organizativa y de transformación requiere, por supuesto, de evidencias como las que puede proveer la capacidad analítica y, al configurar dimensionamiento de recursos para afrontar los desafíos del entorno de turbulencia, puede implicar a actores del entorno desplegando la capacidad colaborativa. En definitiva, las sinergias entre las tres capacidades conducen a considerarlas como un todo que puede potenciarse precisamente a través de la interacción y los aportes complementarios desde cada una de ellas.

Estas capacidades comparten además un cierto carácter de permanencia y estabilidad. Las tres capacidades presentadas se consideran asociadas a la propia esencia de las organizaciones públicas, que deben desplegarlas de manera regular para el desarrollo de políticas y servicios públicos. Para dar respuestas a las necesidades de realizar análisis, de plantear colaboraciones con el entorno y de contar con una adecuada gestión organizativa, las tres capacidades deben desplegarse de forma permanente, como rasgo estructural de la organización pública. Desde el paradigma de la gobernanza robusta se considera que dichas capacidades sientan unas bases estables que permiten asegurar el funcionamiento adecuado de las organizaciones públicas en entornos de turbulencia, propiciando el despliegue de actividades regulares básicas que deben mantenerse a pesar de las eventuales turbulencias. Pero ante determinadas crisis, que exigen respuestas rápidas y replantear coyunturalmente determinadas dinámicas de funcionamiento, resulta conveniente complementar las capacidades estables con las denominadas capacidades dinámicas. Ambas categorías están estrechamente relacionadas ya que es precisamente a partir de las capacidades dinámicas que pueden iniciarse algunos de los procesos de revisión y transformación de las capacidades estables, en el marco de la gobernanza robusta.

LAS CAPACIDADES DINÁMICAS DE LAS ORGANIZACIONES PÚBLICAS: ESTABILIDAD ÁGIL Y GOBERNANZA ROBUSTA

La gobernanza robusta plantea integrar la estabilidad y la flexibilidad, capitalizando las potencialidades que ofrecen los modelos previos, pero introduciendo nuevas estrategias que permitan dar respuesta a un contexto caracterizado por la volatilidad y la complejidad, con consecuencias impredecibles que requieren nuevas lógicas de aprendizaje y adaptación (Ansell et al., 2022; Trondal et al., 2021). Un concepto que enlaza con la idea de estabilidad ágil (*agile stability*) orientada a combinar los procesos de innovación y cambio con la estabilidad en la provisión de servicios y políticas públicas (McBride et al. 2021; Drechsler y Kattel, 2020; Kattel et al., 2019). Con la estabilidad ágil se destaca la combinación de capacidades para desarrollar compromisos a largo plazo (como la prestación de determinados servicios o la creación de infraestructuras) con otras de carácter más dinámico que permitan adaptarse a entornos caracterizados por la turbulencia con las crisis puntuales que la concretan. Se combina así la necesidad de recursos financieros, humanos y tecnológicos asociados a las capacidades para atender a los requerimientos de carácter más continuo con los necesarios para desplegar nuevas capacidades que permitan afrontar los retos de un entorno impredecible.

Las diversas capacidades comentadas en el apartado anterior, la analítica, la colaborativa y la de gestión organizativa, se asocian principalmente a la vertiente de estabilidad, pero asentando una base sólida que resulta imprescindible para desplegar respuestas ante entornos de turbulencia. Pero para afrontar la vertiente de innovación y cambio que permita transformar las capacidades estables, se destacan las capacidades dinámicas. A partir de una notable trayectoria en el sector privado (Wilden et al., 2016; Helfat et al., 2007; Zollo y Winter, 2002), en el ámbito público el concepto de capacidad dinámica está cobrando mayor importancia, en especial por su encaje con el entorno volátil en el que operan muchas organizaciones públicas (Hansen y Ferlie, 2016; Piening, 2013). Las capacidades dinámicas se asocian a patrones regulares de resolución de problemas que permiten cambiar las formas de pensar y de actuar de las organizaciones públicas (Kattel y Takala, 2021; Piening, 2013). Unas capacidades dinámicas concebidas como series de rutinas que se orientan a repensar y reconfigurar recursos y competencias existentes, incorporando otras nuevas (especialmente a partir de las dinámicas con los actores externos), para renovar las capacidades estables y mejorar el desempeño de la organización pública (Luna-Reyes et al., 2020).

Las capacidades dinámicas se asocian, en cuanto a contenidos, a iniciativas vinculadas a la investigación sistemática, a procesos de aprendizaje mediante prueba y error, a trabajo en equipo más allá de los procesos y estructuras habituales de las organizaciones públicas (Mergel et al., 2021). En otros términos, ante crisis que plantean nuevos equilibrios en el entorno, las capacidades dinámicas se ponen en marcha para contribuir a reconfigurar las capacidades existentes en las organizaciones públicas. A modo de ejemplo, ante una catástrofe medioambiental vinculada al calentamiento global y algunas de sus consecuencias como inundaciones o sequías persistentes, las capacidades dinámicas se activan para explorar nuevas estrategias para afrontarlos (como podrían ser la creación de infraestructuras o la promoción de nuevos hábitos de comportamiento y consumo de la población), e incorporar a las capacidades estables (analíticas, de gestión y colaborativas) los ajustes que permitan su desarrollo (en términos de variables a controlar, procesos a desplegar para el diseño y generación de la infraestructura o la campaña de concienciación a la ciudadanía, y la implicación de actores sociales en dichos proyectos). En las dinámicas de aprendizaje para desplegar nuevas respuestas y para promover la transformación de las capacidades estables, las capacidades dinámicas destacan por generar lógicas de aprendizaje y de interacción entre la diversidad de actores tanto públicos como privados y sociales del entorno, incluyendo fórmulas de partenariados público-privados, cooperación con universidades y centros de investigación o intercambio de conocimiento con agentes especializados en determinados ámbitos (Pittaway y Montazemi, 2021). Para ello resulta esencial que las organizaciones públicas cuenten con los perfiles profesionales adecuados —en la línea de la capacidad colaborativa estable—, pero también con liderazgos y una cultura abierta a la innovación (incluyendo la asociada a fuentes externas) (Butler y Ferlie, 2020).

En su concreción, las capacidades dinámicas se basan en dos pilares con lógicas diferenciadas (Teece, 2016). Por un lado, las capacidades organizativas dinámicas, asociadas a los valores, la cultura y a las estructuras y procesos que a nivel corporativo favorecen la generación de respuestas innovadoras ante retos no previstos. En otros términos, se plantea cual es el nivel de propensión al cambio en los ajustes internos de la organización. A modo de ejemplo, aunque con excepciones, las áreas de servicios sociales de un gobierno local o regional, por las características de su ámbito de actuación caracterizado por una alta diversidad, pero también por una evolución muy rápida, con alternaciones significativas a corto plazo, suelen desplegar una cultura acorde, que contempla el cambio como algo esperable y con habilidades para responder al mismo ajustando estructuras y procesos. A ello contribuye, probablemente, un menor nivel de consolidación de sus dinámicas de funcionamiento, que les facilita su eventual revisión y cambio. Frente a dichas áreas, las correspondientes a la gestión económica o a la gestión de personal, con mayor presión por responder a parámetros regulares muy consolidados por normas de referencia establecidas externamente, es posible que se revelen como más estables, con una visión más crítica ante la incorporación de eventuales cambios que no estén suficientemente justificados y testados. Resulta evidente que estas dos últimas áreas, la de gestión económica y la de gestión de personal, deben afrontar alternaciones muy significativas en su entorno, tanto en la disposición de recursos como en la composición del contingente de efectivos de la organización pública. Pero ello no significa necesariamente que den respuesta a dichos desafíos transformando sus dinámicas de funcionamiento. Las transformaciones propugnadas por las capacidades organizativas dinámicas se refieren a los cambios en los modos de proceder, a la cultura y valores, a las transformaciones en las estructuras y procesos, para generar nuevas respuestas a los mismos.

Por otro lado se destacan las capacidades gerenciales dinámicas, asociadas al papel de determinados directivos y equipos de alta dirección en el impulso de nuevas lógicas de actuación (Helfat y Martin, 2015). Resulta habitual encontrar referentes en los estudios de caso que se utilizan en asignaturas de gestión pública identificando liderazgos que, en determinados momentos, facilitaron procesos de transformación importantes en una organización pública. Tanto por su visión como por la estrategia desplegada, los cambios propiciados por determinados equipos directivos o líderes concretos constituyen un referente. Cuestión aparte es la capacidad de consolidación de dichos cambios, en la medida que "*las reformas que dependen (exclusivamente) del apoyo individual de un líder son frágiles; tienden a desintegrase al final del mandado de dicho líder*" (Geddes, 1994: 81). Por ello resulta especialmente importante la implicación de los profesionales de la organización en el cambio propuesto. De hecho, estudios posteriores demuestran que además de los equipos directivos, también los propios empleados y los mandos de niveles inferiores pueden utilizar sus capacidades dinámicas para generar innovaciones que permitan adaptar sus respectivos ámbitos organizativos a los retos del entorno (Gullmark, 2021). Así, por ejemplo, para propiciar el cambio en ámbitos de la Administración caracterizados por el predominio de inercias y procesos muy consolidados (como los ámbitos de gestión económica o gestión de recursos humanos, antes citados), puede resultar relevante incorporar un nuevo perfil de liderazgo al frente de la unidad, pero también cierta renovación —no total ni traumática— del equipo profesional que lo desarrolla. Los procesos de relevo generacional en determinadas administraciones, afrontados con una estrategia clara, pueden sentar las bases para un nuevo equilibrio entre el rigor y la sistematicidad de los procesos vigentes y la incorporación de ajustes y transformaciones que permitan adaptarse mejor a los desafíos del entorno. En otros términos, este segundo pilar se refiere al componente humano, con una visión probablemente más coyuntural pero igualmente crítica para la transformación de las dinámicas de funcionamiento y de capacidad de respuesta de la organización pública.

Estos dos pilares permiten destacar que las capacidades dinámicas vienen condicionadas tanto por factores de carácter estructural de la propia organización pública y de su relación con el entorno, como por eventuales liderazgos individuales (o de grupo) que impulsen su desarrollo y el equipo de profesionales que lo apoya. Atendiendo a la multidimensionalidad que caracteriza las capacidades dinámicas (especialmente las organizativas), se ha tendido a plantear su desagregación en diferentes categorías siguiendo una lógica de proceso, esto es, la secuencia interrelacionada de actividades a desplegar para su desarrollo. La tipología más extendida, aunque con ligeros ajustes en sus denominaciones, diferencia tres procesos (Panagiotopoulos et al., 2023; Kattel, 2022; Trivellato et al., 2021):

a) Análisis y aprendizaje (con términos como *sensing, sense-making routines; capacity to sense and shape opportunities and threats, knowledge creation and absorption* o *learning processes*), en referencia a las actividades asociadas a la analítica, asesoramiento y gestión de la información, además de las rutinas vinculadas a los procesos de aprendizaje, valoración y evaluación de respuestas a partir de datos y evidencias. La idea de asociar datos y procesos de transformación se concibe como *data-driven innovation* o innovación basada en datos (Janssen et al. 2017). Entre los factores que influyen en su desarrollo se destaca la gobernanza de datos coligada al acceso y calidad de los datos, a la posibilidad de su reutilización y a las capacidades para procesarlos y compartirlos. Los procesos de innovación vinculados a la gestión de los datos también vienen condicionados por factores políticos y estratégicos —como marco de referencia para la integración de innovaciones en las dinámicas de actuación—, organizativos y tecnológicos —considerando tanto procesos como aplicativos que los apoyan—, a los que hay que añadir cuestiones de seguridad y privacidad en su uso (Christodoulou et al. 2018). Además de vincularse a la innovación, con esta capacidad se destaca cómo la organización dispone de protocolos y rutinas para activar procesos de aprendizaje que permitan tanto afinar diagnósticos como diseñar y evaluar, de forma ágil, alternativas para afrontar los retos derivados de una crisis coyuntural (en el contexto del entorno de turbulencia). Esta vertiente de la capacidad dinámica de análisis y aprendizaje se relaciona con las dinámicas de aprendizaje organizativo (Blaique et al., 2023; Anand y Brix, 2022). El aprendizaje organizativo asociado a la innovación viene condicionado por factores internos (como la cultura y el propio diseño organizativo de las administraciones públicas) y externos (como el modelo de relación con los actores del entorno). Pero tanto el diseño organizativo como, y especialmente, la cultura y las inercias propias del sector público, conducen a que las administraciones públicas sigan teniendo una dependencia excesiva del sector privado como fuente principal de comprensión teórica e investigación empírica, condicionando los propios procesos de aprendizaje organizativo (Rashman et al., 2009).

El despliegue de esta capacidad dinámica se plantea, en este sentido, como un aporte clave para afrontar crisis, pero también para consolidar la gobernanza robusta equilibrando, por un lado, la flexibilidad que facilite la experimentación y por el otro, el control de resultados y de su viabilidad de cara a integrarse en las dinámicas organizativas (Achdiat et al., 2023). En la segunda parte del libro se prevé abordar la cuestión sobre la adscripción orgánica de la unidad o unidades que pueden impulsar esta capacidad, pero en este apartado se destaca su inclusión como referente dinámico para propiciar la transformación de las dinámicas asociadas, especialmente, a la capacidad analítica —estable— en clave de adquirir conocimientos y aprendizajes que permitan mejorar respuestas.

b) Integración y coordinación (con términos como *seizing, connecting routines, knowledge integration* o *enhance and combine*), en referencia a los procesos orientados a generar consensos e implicación tanto de los actores internos como externos, en especial para compartir información, habilidades y experiencia, pero también incrementar la legitimidad de las propuestas resultantes. Esta capacidad dinámica se vincula a la activación de las redes de actores, que previamente deberían estar configuradas y cuidadas —a través de la capacidad estable colaborativa— para afrontar crisis puntuales. La creación de órganos temporales para implicar a actores internos —en clave de gabinete de crisis— pero también externos —en clave de mesas sectoriales o comisiones con actores privados y del sector social— se enfoca a la generación de respuestas y a la gestión de su puesta en práctica, con el debido seguimiento y evaluación. Pero también se plantea aprovechar dichos eventos críticos para optimizar el propio funcionamiento de las conexiones de la red —la capacidad estable colaborativa— mejorando el modelo de relaciones con el entorno.

En esta capacidad dinámica se relaciona la integración de actores con los aportes de recursos de diversa naturaleza (desde información a financieros, operativos o logísticos) para poder no tan solo generar acuerdos alrededor del diagnóstico para afrontar la crisis puntual sino también desplegar conjuntamente las alternativas seleccionadas. Y en el propio proceso, más allá de su carácter coyuntural para afrontar la crisis, adquirir aprendizajes que permitan mejorar el funcionamiento de la red y, por ende, la capacidad colaborativa de las organizaciones públicas. En el próximo capítulo (capítulo 4), dedicado a los nuevos modelos de relación vinculados a la gobernanza robusta, se prevén abordar las diferentes dimensiones tanto la capacidad colaborativa —estable— como esta capacidad dinámica de integración y coordinación.

c) Reconfiguración y transformación (con términos como *transforming, shaping routines, knowledge reconfiguration* o *reconfiguration and transformation*), en referencia a los procesos de rediseño e implementación de nuevos ajustes y orientaciones en la organización o en las políticas públicas. Si una de las ideas nucleares de las capacidades dinámicas es la transformación de las capacidades estables, con la capacidad de reconfiguración y transformación se destacan los cambios a introducir en las lógicas previas de funcionamiento y de relación con el entorno a partir tanto del análisis y aprendizaje como de la integración de aportes externos y coordinación con actores del entorno (interno y externo). Esta capacidad se vincula a procesos para diagnosticar las necesidades de cambio a nivel interno (del diseño organizativo) y a nivel externo (con la red de actores con las que se colabora) para afrontar a corto plazo la crisis identificada. Pero, además, se avanza en el diseño e implementación de las transformaciones, a través de ajustar estructuras, procesos y perfiles y dotaciones de personal (incidiendo en la capacidad estable de gestión organizativa). Se plantean así cuestiones vinculadas a la oportunidad de la estructura orgánica vigente, a los protocolos de actuación y a las prácticas que faciliten la consecución de los objetivos acordados para afrontar la crisis, y se valora el desarrollo de habilidades y competencias de los profesionales de la organización de acuerdo con los nuevos requerimientos que plantea el entorno. Siguiendo la idea de proceso, con esta tercera capacidad dinámica culmina la secuencia asociada a este tipo de aportes para afrontar situaciones de crisis, pero también para promover la transformación de las capacidades estables.

Estas tres capacidades dinámicas se conciben más como proceso, esto es, como rutinas para desarrollar respuestas a corto plazo y apoyar la transformación de las capacidades estables, que como un resultado que finaliza con una respuesta delimitada. Las capacidades dinámicas también se pueden interpretar, por ejemplo, en clave de absorción del conocimiento (Luna-Reyes et al., 2020), diferenciándose los procesos de adquisición de conocimientos (en clave de reconocer, identificar y reunir la información y los conocimientos necesarios); los de asimilación del conocimiento (como la capacidad organizativas para aprender de nuevas prácticas, combinando la experimentación y la iteración de procesos de mejora continua); y los de explotación y transformación del conocimiento (a partir de su utilización, para implementar cambios orientados a reconfigurar elementos internos y externos). En todo caso resulta evidente, tal como se ha señalado en su presentación, que las capacidades dinámicas muestran claros paralelismos con las capacidades estables, configurando un conjunto articulado, tal como se expone en el siguiente apartado.

INTEGRANDO CAPACIDADES ESTABLES Y DINÁMICAS EN LAS ORGANIZACIONES PÚBLICAS: CONEXIONES Y EQUILIBRIOS

Los diversos aportes desde la gobernanza robusta (Trondal, 2022; Ansell et al., 2022; Trondal et al., 2021) y desde la estabilidad ágil (Drechsler y Kattel, 2020; Kattel et al., 2019) plantean la necesidad de integrar las capacidades estables y dinámicas comentadas en los apartados anteriores para mejorar las capacidades de respuesta de las organizaciones públicas. La interacción entre ambos tipos de capacidades apela, de hecho, a la integración entre la vertiente de estabilidad y a la de transformación, imprescindibles para afrontar retos en un entorno en los que el cambio y las crisis cobran un carácter estructural. Como apuntan Panagiotopoulos et al. (2023), los dos tipos de capacidades evolucionan conjuntamente, y si por un lado las capacidades dinámicas permiten ajustar y mejorar a las capacidades estables, el desarrollo de las primeras requiere de unas bases que ofrecen precisamente la segundas (como los recursos humanos, relacionales y tecnológicos, entre otros).

Las capacidades estables se asocian la implicación y movilización de los profesionales de la organización, vinculándolos a la gestión por objetivos y el rendimiento, a la coordinación interna y a la rendición de cuentas (Shubham et al., 2021), pero también al desarrollo de capacidades analíticas, operacionales y políticas a nivel sistémico, implicando a los actores del entorno (Ares Castro-Conde, 2022), aportando con ello las bases imprescindibles para desplegar las capacidades dinámicas. Gullmark (2021) contrasta modelos de innovación con alta y con baja rutinización, con resultados que se corresponden con diferentes equilibrios entre capacidades dinámicas y estables, con rendimientos equiparables que vienen condicionados por la propia realidad de partida (y antecedentes, en clave de *path dependence*) de cada organización. En la misma línea, McBride et al. (2021) destacan la necesidad de estructuras, estabilidad y regulación para configurar y desarrollar modelos ágiles en las organizaciones públicas.

En la relación de ambos tipos de capacidades también se generan paralelismos que permiten situar el foco en la orientación con la que se plantea cada una. Las capacidades estables (analítica, colaborativa y de gestión organizativa) se conectan con la tipología destacada de capacidades dinámicas (análisis y aprendizaje, integración y coordinación, y reconfiguración y transformación). La capacidad analítica (estable) y la capacidad de análisis y aprendizaje (dinámica) plantean aproximaciones complementarias a los procesos de gobernanza de datos, análisis de la información y generación de conocimiento. Pero la primera con una orientación de apoyo a los procesos y políticas vigentes mientras que la segunda amplia la visión para identificar retos derivados de una crisis y, con carácter prospectivo, plantea escenarios potenciales a afrontar, ofreciendo aportes para mejorar y transformar la capacidad analítica previa. La capacidad colaborativa (estable) y la de integración y coordinación (dinámica) destacan la importancia de replantear los modelos de relación de la organización con su entorno, implicando a los diferentes actores en los procesos de formulación de propuestas, implementación y evaluación, incorporando las sensibilidades políticas clave para hacer viable y legitimar la actuación pública. Sin embargo, la primera se centra en las propuestas de políticas y servicios públicos que se están desplegando de forma habitual mientras que la segunda propone generar nuevas dinámicas de colaboración para compartir información, diagnósticos y propuestas para afrontar crisis puntuales, y aprovechar aprendizajes para mejorar la capacidad estable colaborativa. La capacidad de gestión organizativa (estable) y la de reconfiguración y transformación (dinámica) inciden sobre estructuras, procesos y gestión de personal de las administraciones públicas, es decir, sobre las configuraciones organizativas para afrontar los retos planteados. Pero mientras la primera se centra en la mejora de la eficacia y la eficiencia para desempeñar las actividades que se vienen desarrollando, mejorando procesos estables, la segunda plantea respuestas ante crisis puntuales, pero que sirven como prototipos para afrontar nuevos retos, incluyendo la flexibilidad y la movilización/desmovilización de recursos para ofrecer nuevas respuestas, mejorando también la capacidad estable previa.

El siguiente gráfico (gráfico 5) refleja las interrelaciones entre capacidades estables y dinámicas, destacando las que se apuntan con más intensidad.

Gráfico 5. Las interrelaciones entre las capacidades estables y dinámicas de la gobernanza robusta

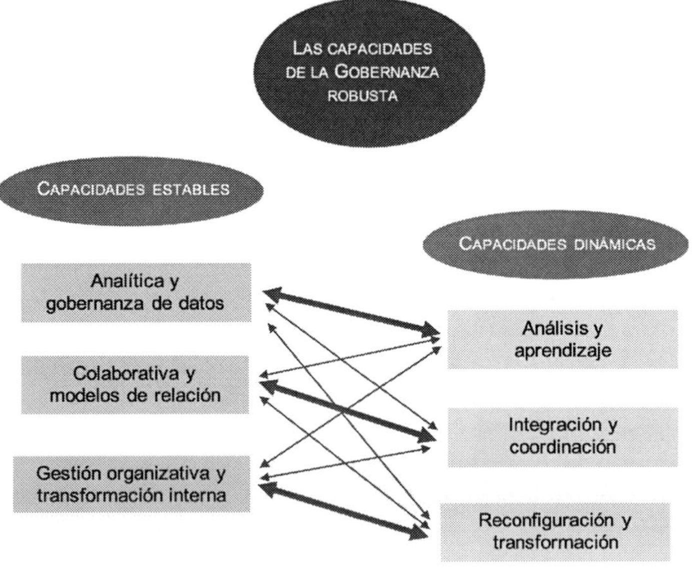

Fuente: Elaboración propia.

Más allá que las interacciones entre capacidades estables y dinámicas resultan evidentes, las fuentes y los recursos para apoyar el desarrollo de ambas deben clarificarse adecuadamente en cada organización para poder desplegar un modelo que las integre. Entre los factores que se apuntan para ello (Kattel, 2022; Gullmark, 2021) destacan el liderazgo político, el liderazgo gerencial y la creación de nuevos arreglos organizativos combinando los componentes de estructuras, procesos y, especialmente, recursos humanos. Precisamente los equipos de empleados públicos que se adaptan a las nuevas capacidades y generan respuestas propias, adaptadas a la realidad y situación concreta de su organización, se revela como un factor crítico de la capacidad del sector público, en especial en lo referente a la vertiente dinámica. Como apunta Panagiotopoulos, "*los recursos humanos son esenciales para desarrollar y fomentar las capacidades dinámicas cuando y según sea necesario. Ello supone que se necesitan recursos humanos en cantidad y calidad suficientes para ejercer capacidades dinámicas además de apoyar las capacidades operativas existentes*" (2023: 13). Para potenciar este recurso crítico resulta esencial incidir sobre la cultura organizativa y los valores que la presiden, pero también sobre los procesos de gestión de recursos humanos y las dinámicas asociadas al desarrollo de la actividad que se impulsa. Y en ese camino surgen de nuevo las interacciones entre las capacidades estables y las dinámicas para potenciar la capacidad de respuesta de la organización pública ante los retos de un entorno cada vez más variable y complejo.

Capítulo 4

GOBERNANZA ROBUSTA Y NUEVOS MODELOS DE RELACIÓN: DE LA TRANSPARENCIA A LA PARTICIPACIÓN CIUDADANA Y LA COLABORACIÓN PÚBLICO-PRIVADA

Las estrategias de respuesta a las sucesivas crisis que caracterizan los entornos de turbulencia, han puesto de manifiesto (más, si cabe) la necesidad de actuar sumando esfuerzos entre el sector público y los diferentes agentes sociales de su entorno. El propio concepto de gobernanza refleja la necesidad de impulsar actuaciones conjuntas con la implicación de actores públicos, privados y sociales, para afrontar los retos que plantea el nuevo escenario. Y no tan solo por las vertientes más prácticas, de movilización de recursos y de desarrollo de actividades combinando aportes de los diferentes agentes sino también por su vertiente de valores, de solidaridad, de legitimidad política en la configuración y despliegue de la estrategia.

La generación de acuerdos entre sectores empresariales y agentes sociales para afrontar medidas complejas y potencialmente conflictivas derivadas de la crisis económica, o la solidaridad entre ciudadanía, entidades y empresas para hacer frente a las diversas dimensiones de la crisis de la pandemia, son ejemplos de este tipo de interacciones que aportan valor en el nuevo escenario. Pero también la necesidad de implicar a la ciudadanía para generar consensos alrededor de los valores que deben presidir la regulación de cuestiones conflictivas como el aborto o el cambio climático. Por ello el concepto de gobernanza va más allá de las meras interacciones sociales con carácter voluntario o improvisado. Y especialmente ante un entorno de turbulencia, en el que las crisis cobran un carácter estructural, se hace más necesario consolidar respuestas flexibles y adaptativas que integren al conjunto de actores. En este entorno de turbulencia es imprescindible la colaboración de las empresas, del tercer sector, de los movimientos sociales, de las redes de ciudadanos empoderados y colaborativos gracias a las redes sociales con una base tecnológica, etc. Todo ello para conseguir que el conjunto permita defender mejor el interés general. Sin embargo, esta voluntad y este modelo plural, horizontal, democrático y participativo no dejan de tener un cierto aire inconsciente desde los puntos de vista conceptual y operativo. Concretamente no parece que las empresas sean las organizaciones más adecuadas para defender el bien común y el interés general, ni tampoco el tercer sector, los movimientos sociales, los ciudadanos empoderados en redes sociales y sistemas colaborativos, pues suelen concentrarse en ámbitos sectoriales sin un enfoque transversal y pueden generar externalidades negativas al interés general. Es obvio que los diferentes actores persiguen sus propios objetivos y que éstos raramente coinciden plenamente con el bien común. Desde una óptica operativa resulta complicado que la pluralidad y la horizontalidad puedan acreditar un desempeño eficaz y eficiente. La defensa del interés general no puede ser soportada mucho más tiempo por un único músico (la Administración pública), sino que será necesaria toda una orquesta. La orquesta puede pactar de manera democrática o no el hecho de componer e interpretar una determinada partitura pero, para su buen desempeño, tendría que contar con un director que interprete la partitura en caso de desacuerdos entre los músicos y que dirija el buen hacer de la orquesta. De ahí la necesidad de un actor que ejerza el papel de metagobernador, de director de orquesta. Se considera que esta función la tendría que ejercer la Administración pública bajo el Gobierno político legitimado por la democracia representativa (Ramió y Salvador, 2019). Para ello resulta fundamental determinar el contenido y alcance del concepto de gobernanza que se plantea.

La literatura sobre gobernanza es extensa y combina una amplia diversidad de acepciones. En una más amplia, se asocia la gobernanza a la participación de múltiples actores e instituciones (desde los gobiernos a las entidades del sector privado y del sector social y los propios ciudadanos) en el proceso de toma de decisiones públicas (Wu y Thomann, 2023). Un proceso de dirección de las respuestas a los problemas públicos en el que se destaca la importancia de la colaboración, la participación y la flexibilidad (Pierre y Peters, 2020). Esta definición contrasta con otra que se ciñe al papel de los actores no públicos en la toma de decisiones y la implementación de políticas públicas, siguiendo la lógica de gobernanza en red y sistemas de coordinación no jerárquicos que se comentó en un capítulo anterior. En todo caso, existe cierto consenso en asociar el concepto a la idea de que la acción de gobierno es necesaria pero insuficiente, por lo que se requieren nuevas dinámicas para gobernar o dirigir la sociedad que impliquen a los actores del entorno (Aguilar, 2015). Una reflexión que deriva de las limitaciones de los recursos (normativos, financieros, informativos, organizativos) de que disponen los gobiernos para desplegar su acción frente a las nuevas exigencias del entorno de turbulencia. Pero a la que habría de incorporar cuestiones como los valores o la propia legitimidad para el impulso de actuaciones en contextos de tensión como los propios de la turbulencia. Precisamente para afrontar los retos del nuevo entorno el gobierno requiere de los recursos de otros gobiernos (tanto del país como internacionales) y de los recursos de las entidades tanto del sector privado como del sector social. El surgimiento de términos como la cocreación, la coordinación, el acuerdo o la concertación, con lógicas más horizontales que jerárquicas, vienen a caracterizar estas nuevas maneras de proceder que implica la gobernanza (Brugué, 2022). Un incremento de las interdependencias que exige también nuevas maneras de hacer y nuevas capacidades en las propias organizaciones públicas, en un marco que establezca reglas del juego claras entre los diferentes participantes implicados.

La importancia de las reglas de interacción, con sus diferentes niveles de concreción, formalización y ajuste a diferentes realidades, deben dejar claro el rol de liderazgo del gobierno en relación a la defensa interés público. Una posición que no cambia pero que sí puede —y debe— ajustarse en cuanto a las dinámicas para su despliegue. Tal como se comentó al presentar el paradigma de la gobernanza robusta, una de sus dimensiones definitorias se vincula al liderazgo del gobierno. Un liderazgo capaz de implicar tanto a agentes internos como a externos, distribuido e integrador para movilizar actores públicos y privados y convertirlos en agentes de cambio (Bolden, 2011; Crosby y Bryson, 2010). Todo ello con una orientación flexible que permita adaptarse al cambio sin que ello implique pérdida de credibilidad. Para ello resulta conveniente que este liderazgo cuente con diferentes fuentes de legitimación. Los niveles de confianza, satisfacción con los servicios y políticas públicas o la propia reputación del gobierno son elementos que pueden informar parcialmente de la legitimidad del gobierno. En relación a los entornos de turbulencia y cómo se afrontan los retos que éstos plantean se puede distinguir la legitimidad vinculada a los insumos (*input legitimacy*), asociada a la política, la calidad participativa y el apoyo al sistema de partidos, la legitimidad vinculada a las dinámicas (*throughput letigimacy*) o a los procesos dentro del propio aparato administrativo y su operativa, y la legitimidad de los resultados (*output legitimacy*) referida a las políticas y servicios generados para afrontar los nuevos retos (Christensen et al., 2016; Schmidt, 2013). La integración de estas diferentes legitimidades viene a destacar la importancia de contar no tan solo con lo qué hace el Gobierno ante entornos de crisis sino también cómo lo hace y, en especial, si integra o no a los actores y a la ciudadanía en el proceso. Porque cuando las capacidades y las actuaciones del Gobierno frente a la crisis se corresponden con las expectativas de la ciudadanía, mejoran los resultados del conjunto. Unas expectativas que tienen que ver con la percepción de la ciudadanía sobre si las acciones del Gobierno y la Administración son deseables o apropiadas dentro de ciertos sistemas de normas, valores y creencias construidos socialmente.

Así, la legitimidad de la gobernanza incluye, además de las actuaciones del Gobierno y sus resultados, la evaluación de la participación y la capacidad de respuesta de los procesos políticos, y cómo se perciben en términos de justicia, imparcialidad y apertura a la ciudadanía para facilitar su integración e implicación. Y, por ende, las actitudes de la ciudadanía en relación a la acción de gobierno en momentos de crisis acaban condicionando las propias decisiones de las organizaciones públicas, así como su valoración del éxito conseguido ante el entorno de turbulencia. Con estas premisas, el Gobierno plantea, de forma abierta, el direccionamiento estratégico para hacer frente a la crisis a través del diálogo y el acuerdo, mediando en eventuales conflictos y promoviendo consensos, siempre en el marco del interés público y las normas vigentes.

Para el impulso de dicho direccionamiento estratégico en el marco de las interdependencias comentadas, un primer referente a considerar son las relaciones internas, esto es, entender que cada organización pública no puede considerarse necesariamente como un actor único. Entre estas interdependencias a gestionar destacan las que se establecen entre la dirección política y los niveles directivos y técnicos de la Administración. Los diferentes grados de politización del sistema, la claridad de las orientaciones políticas en su concreción y traslado al cuerpo profesional y las debilidades en los niveles de confianza y diálogo entre estos niveles son algunas de las cuestiones clave a revisar. También debe atenderse al modelo de relaciones entre los puestos directivos —dirección pública profesional si la hubiese— y el cuerpo profesional de técnicos y gestores públicos, que pueden presentar lógicas diferenciadas. Y en clave más organizativa, deben contemplarse, además, las relaciones entre diferentes departamentos, tanto en el contraste entre áreas de apoyo interno y áreas sectoriales como entre éstas últimas entre sí.

Entre las dinámicas a ajustar para avanzar en el modelo de gobernanza robusta se destacan el fortalecimiento de las relaciones entre los diferentes poderes públicos y entre los diferentes niveles de Gobierno y Administración. La existencia de entidades que con mayor o menor grado de formalización faciliten el encuentro y las relaciones intergubernamentales resulta un factor clave para consolidar la interacción entre actores públicos. Más allá de las diferencias en las formaciones políticas al frente de los diferentes gobiernos, la generación de dinámicas de cooperación a partir del establecimiento de metas compartidas resulta esencial, y requiere no tan solo de un componente técnico sino también de sintonía y responsabilidad política. Los proyectos que afrontan retos con una clara referencia territorial —como la protección de un espacio natural— en la que intervienen diferentes niveles de Gobierno y Administración, o los retos asociados a determinados colectivos sociales —como la población de edad avanzada— que exigen la intervención de diferentes ministerios y entidades regionales o locales para afrontarlos, pueden ser ejemplos a considerar para ilustrar este condicionante de la gobernanza robusta. La cuestión clave en estos casos pasa por el liderazgo público de estos procesos, que deberá aunar esfuerzos e implicación de la diversidad de actores públicos con la imprescindible implicación de actores privados y sociales para su desarrollo. Todas estas relaciones que se vinculan a la gobernanza interna de las organizaciones públicas o a la gobernanza interadministrativa se prevén abordar en la segunda parte del libro a través de la concreción del desarrollo organizativo de la gobernanza robusta en las administraciones públicas.

Pero en este capítulo se plantea centrar la atención en la gobernanza asociada a los modelos de relación e implicación de los actores de su contexto para generar respuestas compartidas ante los retos del entorno de turbulencia. Para ello se toma como referencia la perspectiva del Gobierno y la Administración, atendiendo a su rol asociado en el modelo de la gobernanza robusta. Desde esta perspectiva relacional externa, el Gobierno debe desplegar un rol activo movilizando capacidades sociales para facilitar la implementación las actuaciones previstas, además de realizar su seguimiento y evaluación con la implicación de los actores del entorno, a partir de una política de transparencia y rendición de cuentas que informe adecuadamente del proceso y resultados.

GOBERNANZA ROBUSTA Y RELACIONES ENTRE ACTORES

La gobernanza robusta requiere contar unas adecuadas relaciones entre el Gobierno y la ciudadanía, en términos de confianza y legitimidad, pero también de espacios de comunicación y de interacción para impulsar actuaciones que exigen la participación y complicidad ciudadana, así como de la sociedad civil organizada y las entidades del sector privado. Estas relaciones vienen marcadas, en buena medida, por la cultura política del país, configurada a través de la trayectoria del sistema político y los eventuales altibajos en cuanto a proximidad y alejamiento de la ciudadanía. De la multiplicidad de factores que inciden en la conformación de las actitudes políticas y la cultura política de la ciudadanía (Iglesias, 2022; Weiss, 2020; Inglehart, 1988; Jasanoff, 1986), en entornos de turbulencia resulta importante poner el foco en la vertiente de apertura, transparencia, información, comunicación, participación e interacción que se ofrece desde los gobiernos. Siguiendo el planteamiento de la obra, se plantean abordar las relaciones entre actores desde la perspectiva del Gobierno que impulsa determinadas vías para promover la interacción.

La importancia de las políticas de transparencia efectivas

La puesta a disposición de la ciudadanía de información en posesión del conjunto de organizaciones del sector público, como acepción concreta de las políticas de transparencia, ha constituido una de las líneas de avance en la mejora del Gobierno y la Administración. Estas políticas de transparencia, que cuentan ya con una notable trayectoria (Cuadrado-Ballesteros et al., 2023; Cucciniello et al., 2017), presentan diferentes aproximaciones que, a su vez, reflejan maneras diversas de entender la relación entre Gobierno y ciudadanía (y diferentes niveles de compromiso e implicación). Desde las instituciones que se plantean cumplir formalmente con el compromiso, publicando información y datos sin plantearse ni su relevancia ni su accesibilidad por parte de la ciudadanía, a las que realmente plantean una apertura de la información con mecanismos flexibles que se adaptan a una verdadera rendición de cuentas.

Una definición apropiada de transparencia, desde su eventual aporte a la gobernanza robusta, se entiende como la capacidad de monitorizar un determinado funcionamiento institucional mediante un intercambio de información entre dos entes (instituciones y ciudadanía), que relaciona el funcionamiento institucional y su medición, de forma que se permite a actores externos e internos juzgar su funcionamiento (Grimmelikhuijsen y Meijer, 2014; Meijer, 2014). Una monitorización que se plantea vinculada a la implicación ciudadana en el desarrollo de políticas para afrontar el entorno de turbulencia. En esta línea, desde la gobernanza robusta se sostiene que los avances en términos de transparencia y rendimiento de cuentas pueden favorecer el empoderamiento de la ciudadanía para auditar la acción de gobierno y sentar las bases para una mayor implicación. Pero según se concreten estas actuaciones y su desarrollo, atendiendo al nivel institucional (macro), el nivel organizativo (meso) interactuará con el nivel individual (micro), con efectos que pueden variar de forma significativa —y no siempre en positivo— (Porumbescu et al., 2022; Grimmelikhuijsen et al., 2013). Al valorar impactos, las investigaciones desarrolladas en esta línea (da Cruz et al., 2016) permiten destacar la importancia del contexto y de la presión de las normas para explicar mayores niveles de apertura de la información, es decir, donde existe una legislación más desarrollada y detallada, los gobiernos y administraciones tienden a registrar mayor nivel de transparencia. Aunque puede darse, como se apuntaba anteriormente, que este cumplimento de la norma ser meramente a nivel formal, sin generar cambios ni en las dinámicas internas ni, especialmente, en el modelo de relación con la ciudadanía. Publicar datos en formatos no accesibles, documentos muy extensos en lenguaje poco amigable o listados de datos en archivos de difícil lectura y explotación puede permitir cumplir formalmente con la norma, pero a nivel real no tiene un impacto significativo en las percepciones de la ciudadanía informada.

Por otro lado, y en la línea de relacionar transparencia y confianza de la ciudadanía, la literatura académica apunta a la ausencia de resultados concluyentes y que, en algunos casos, pueden llegar a ser contradictorios (Adeoye y Ran, 2023; Magre et al., 2021; De Fine Licht et al, 2014). Por ejemplo, atendiendo entre otras al tipo de política pública sobre la que se informe, la transparencia registra resultados positivos en términos de aceptación de las decisiones políticas en ámbitos rutinarios o no conflictivos (como políticas culturales o de ocio), y parece tener efectos menos claros en ámbitos de política donde hay más valores contrapuestos (como las políticas de seguridad, por ejemplo). Al comparar diferentes realidades nacionales, Bauhr y Grimes (2014) destacan cómo países con mayores niveles de transparencia tienen sociedades menos interesadas por la política y que en países con altos niveles de corrupción, recibir información adicional sobre asuntos gubernamentales puede incluso generar desilusión y apatía política. Una cuestión que debe contextualizarse con los niveles de confianza previos de la ciudadanía en relación al Gobierno. Como apuntan Mabillard y Pasquier (2016), el nivel de confianza previo que tiene la ciudadanía de su gobierno afecta de manera muy significativa a su percepción sobre la transparencia del mismo. En la misma línea, Villoria (2021) destaca cómo, en general, las sociedades con confianza institucional previa, con políticas sectoriales (como la educativa o la sanitaria) de calidad y con una Administración pública meritocrática son claramente más proclives a tener una transparencia efectiva y, con ello, una mejor gobernanza. En otros términos, se apunta la idea de que la transparencia, para que produzca efectos, requiere de una base previa de confianza. De hecho, al explorar los orígenes de las demandas de transparencia, en general parecen ir asociadas a situaciones en que las percepciones sobre el mal funcionamiento del Gobierno han provocado demandas de cambios (Roberts 2015). Unos momentos que podrían asociarse, realizando la extrapolación, a entornos de turbulencia, en los que la información y la comunicación resultan especialmente valiosas.

Por ello resulta conveniente que desde el Gobierno se aporten evidencias sobre la situación para fomentar un debate público informado y se expongan las razones que justifican las decisiones a tomar. La idea es contribuir a reducir la incertidumbre y, potencialmente, generar confianza entre la ciudadanía, favoreciendo un apoyo social especialmente necesario en momentos de crisis propios del entorno de turbulencia (Schmidthuber et al, 2023; Cicuéndez, 2023). Con esta mayor apertura estructural por parte de los gobiernos, a través de la transparencia, se busca conseguir una mayor implicación de la ciudadanía en la identificación de los retos y en la formulación de alternativas para superarlos. Pero esta implicación, vinculada a la confianza, viene parcialmente mediada por la percepción de la ciudadanía de sus oportunidades para la participación política (Schmidthuber et al., 2020). Porque ciertos instrumentos pueden ser eficientes en términos de los recursos que utilizan y la agilidad con la que permiten obtener resultados, pero insatisfactorios desde la perspectiva de la inclusión y legitimidad de los actores del entorno y de la propia ciudadanía.

El impulso de estas políticas ha sido propiciado, también, desde la normativa promulgada tanto a nivel del Estado (con la Ley 19/2013, de 9 de diciembre, de Transparencia, Acceso a la Información Pública y Buen Gobierno) como a nivel autonómico (existe una sugerente recopilación en https://www.consejodetransparencia.es/ct_Home/transparencia/transparencia-en-espanya.html). Pero además de normas, desde las diferentes administraciones públicas —incluyendo las locales, por supuesto— también se han generalizado los portales de transparencia, como espacios desde donde concretar las iniciativas en este campo. A modo de ilustración de este tipo de instrumentos, el Portal de la Transparencia de la Administración General del Estado (https://transparencia.gob.es/transparencia/transparencia_Home/index.html), dependiente del Ministerio de Hacienda y Función Pública y con el impulso de la Dirección General de Gobernanza Pública, publica información de las organizaciones administrativas vinculadas a la Administración General del Estado, información relativa al Gobierno Abierto, la información que la Ley de Transparencia obliga a hacer pública y, además, permite el ejercicio del derecho de acceso a información no disponible en el portal. De forma mensual se publica un Boletín Estadístico del Portal (https://transparencia.gob.es/transparencia/transparencia_Home/index/MasInformacion/Portal-en-cifras.html) con datos tanto de acceso al mismo como relativos al ejercicio del derecho de acceso a la información pública.

En el análisis comparado de este tipo de iniciativas destaca el proyecto Infoparticipa (https://www.infoparticipa.com/index/home/4), que ha logrado generar una base de referencia para evaluar los portales de transparencia. Mediante unas guías que incluyen hasta 52 indicadores (en su edición de 2023), con especificidades para diferentes niveles de administración, plantean dar cuenta tanto de la transparencia vinculada a la lucha contra la corrupción, de la gestión de recursos públicos, de la información que se proporciona sobre el municipio, o de las herramientas para la participación ciudadana, entre otros. La extensión de dicha metodología a una multiplicidad de entidades públicas ha conducido a que dicho referente constituya un referente reconocido en el ámbito de la transparencia.

La importancia de las políticas de participación

La creación de espacios de deliberación vinculados al desarrollo de procesos participativos puede ser una de las concreciones que contribuya a mejorar la confianza de la ciudadanía, aunque condicionada tanto a su visibilidad por el conjunto de la población y también, por supuesto, a su funcionamiento y resultados. En especial en contextos de turbulencia, la participación ciudadana puede contribuir a mejorar las políticas públicas a partir del aporte de conocimientos, en concreto desde diferentes perspectivas —que no siempre se pueden recoger con los aportes de expertos—. Pero también puede aportar legitimidad a las decisiones, dando voz a los diferentes intereses y visiones sobre la materia. La realización de procesos deliberativos también permite dar respuestas complejas a problemas complicados, facilitando consensos o encuentros que de otra forma serían muy difíciles de conseguir.

Para canalizar esta participación resulta conveniente disponer de espacios de deliberación. Unos espacios que pueden tener un carácter estable, como los consejos de participación, con ejemplos como el Consejo Consultivo de Pacientes, el Consejo Asesor de Políticas de Juventud, la Mesa Sectorial Agraria de los Cereales o la Mesa Intersectorial Forestal, entre otros. Su composición suele combinar diferentes perfiles atendiendo al ámbito sectorial y nivel de complejidad, pero debería velarse para mantener cierta representatividad —en términos cualitativos, es de decir, de reflejo de la pluralidad de preferencias y valores—.

Pero también pueden crearse espacios temporales, como procesos participativos organizados ad hoc para promover la participación en relación a cuestiones puntuales, en la definición de estrategias y planes o en la propia elaboración de normas. A modo de ejemplos, podrían citarse desde el proceso asociado a la Estrategia para la Conciliación y la Corresponsabilidad de las Familias en Aragón, o el proceso Participativo para la Garantía y Promoción de los Derechos Sociales en Cataluña. También en esta categoría han destacado los procesos vinculados a los presupuestos participativos impulsados por diferentes administraciones. A modo de ilustración de los mismos, el Ayuntamiento de Cartagena cuenta con una notable trayectoria en el impulso de presupuestos participativos, destacando los dirigidos a Centros Educativos que buscan incidir especialmente en la población joven promoviendo le educación en participación ciudadana (https://presupuestosparticipativos.cartagena.es/que_son.asp). Cabe destacar en esta línea la publicación de estudios de evaluación de dichas experiencias (https://presupuestosparticipativos.cartagena.es/estudios.asp) combinando las valoraciones realizadas tanto por alumnos como por padres y profesores, además de una recopilación de buenas prácticas al respecto. En la línea de potenciar la educación en este ámbito con actividades dirigidas no tan solo a la ciudadanía individualmente considerada sino también a diferentes colectivos y a asociaciones, desde el Ayuntamiento de Córdoba se creó una Escuela de Participación Ciudadana (https://participa.cordoba.es/actividades/actividades-escuela-de-participacion-ciudadana/). Desde dicha Escuela se ofrecen diferentes actividades como cursos, talleres, jornadas y encuentros encaminados a potenciar la sensibilización y la capacitación en participación ciudadana. Una labor que se combina con la existencia de diversos órganos de participación (https://participa.cordoba.es/organos-de-participacion-ciudadana-2/) articulados en clave territorial (a nivel de ciudad y a nivel de distritos) y sectorial (cubriendo desde servicios sociales, juventud o mayores hasta medio ambiente o cooperación) para acercar este tipo de dinámicas a la ciudadanía.

En todos estos casos se busca tanto facilitar el derecho a la participación y mejorar la calidad democrática como incidir —que no suplantar— en las decisiones políticas a partir de la construcción de visiones compartidas, aportando conocimientos y aprendizajes, además de implicar a la sociedad civil en objetivos compartidos (Pacheco, 2010). Para ello resulta fundamental contar con las estructuras adecuadas que faciliten la deliberación a partir de un método que garantice la calidad del proceso.

Para garantizar la calidad de esta modalidad de participación es importante que estos espacios tomen como punto de partida una clara definición tanto del contenido como del objeto y objetivos del debate que se plantea, clarificando expectativas. Pero también que cuenten con unas reglas del juego claras para facilitar el intercambio de aportes, que garanticen la voz de los diferentes actores implicados y faciliten su interacción. Y con un mecanismo de retorno de los resultados y de su impacto en la toma de decisiones, en especial para responder a las expectativas de los participantes que se han involucrado. El desarrollo de estos espacios de deliberación en el contexto de la gobernanza robusta requiere de un liderazgo flexible por parte del sector público, en la línea apuntada anteriormente, que sea facilitador y dialogante, y especialmente abierto y permeable a los cambios y transformaciones derivadas del proceso de interacción con la ciudadanía.

Una alternativa que permite concretar cómo la participación ciudadana puede contribuir a generar respuestas ante los problemas complejos propios de los entornos de turbulencia son los denominados “mini-públicos”. Aunque su conceptualización se remonta a un autor clásico de Ciencia Política (Dahl, 1989), su potencial para abordar cuestiones complejas que implican valores en conflicto ha propiciado su revitalización (OCDE, 2020). Una revitalización que se ha concretado en una diversidad de modalidades como las asambleas ciudadanas, los jurados ciudadanos, las conferencias de consenso o las encuestas deliberativas (Escobar, 2022; Escobar y Elstub, 2017). Estas tipologías de proyectos de participación presentan ciertas particularidades que los diferencian de los procesos participativos de corte más tradicional.

Los procesos participativos más clásicos se caracterizan por ser abiertos, haciendo una llamada a amplios sectores de la población, buscando la mayor diversidad de perfiles, pero confiando en la autoselección de los propios participantes que deseen involucrarse en el proceso. En cambio, los "mini públicos" destacan por incorporar, como rasgo diferencial, el sorteo con criterios de estratificación social como mecanismo de selección de la ciudadanía que va a participar. Con ello también se busca la diversidad, pero no involucrar al mayor número posible de participantes sino a través de una muestra representativa de la población. El sorteo es el que determina la selección, asegurando la igualdad, la diversidad y la representatividad, con una monitorización que permite asegurar el resultado —que no se deja a la espontaneidad de un eventual voluntarismo—. Las personas seleccionadas son llamadas a participar de forma regular durante todo el proceso, con un sistema de incentivos que permite superar ciertas barreras de acceso para determinados colectivos. La inclusión de ciertas remuneraciones o servicios de apoyo (como los de canguros para cuidar a los niños) facilita el acceso y seguimiento a colectivos que en otras circunstancias no podrían mantener su vinculación a las dinámicas propuestas. Pero, además, estas fórmulas apuestan por profundizar en la calidad de la deliberación. Para ello el proceso suele contar con diferentes sesiones que incluyen una fase de aprendizaje y contraste de evidencias y argumentos previa a la fase de discusión, con la voluntad de lograr una deliberación de calidad y alcanzar conclusiones —que pueden ser consensuadas o no por el grupo— bien informadas. Con este proceso no se pretende que los participantes sean expertos en la materia, pero sí que escuchen e interactúen con expertos y testimonios de la cuestión a abordar, para contrastar perspectivas y profundizar en las reflexiones y propuestas que puedan surgir.

Un elemento esencial de este tipo de iniciativas es la transparencia. Tanto en la fase previa (al presentar la iniciativa y los mecanismos de selección de participantes), como en la fase de desarrollo de la actividad (para garantizar la presencia de la diversidad de aportes externos para acompañar la reflexión de los participantes), como en la fase final, para reflejar y comunicar adecuadamente los resultados del proceso deliberativo, en clave de propuestas y recomendaciones, así como su recepción por parte de la dirección política que impulsó la dinámica. Entre los ejemplos que concretan estas dinámicas cabe destacar:

- La asamblea ciudadana vinculada al proceso de reforma de la Constitución en Irlanda para desbloquear cuestiones que el Parlamento no conseguía legislar como el matrimonio homosexual o el aborto (Farrell et al., 2019),
- Diversos paneles ciudadanos para generar propuestas sobre el futuro de la atención primaria para el Comité de Salud y Deporte del Parlamento Escocés (Elstub et al., 2021).
- Un jurado ciudadano para aportar reflexiones sobre cuestiones éticas, pero también de priorizaciones en la Cumbre Internacional sobre el Uso Clínico de la Edición del Genoma Humano (Scheinerman, 2022).
- Un panel ciudadano para acompañar el proyecto de movilidad urbana "*Make your Brussels Mobility*" (Vrydagh y Didier, 2023).
- Las asambleas ciudadanas sobre el cambio climático, que se han extendido a diferentes países (King y Wilson, 2023; Boswell et al., 2022).

Un caso concreto de asamblea ciudadana permite ilustrar el enfoque y alcance de esta fórmula, así como su eventual traslación a ámbitos propios de los retos que se plantean en el entorno de turbulencia. El Departamento de Acción Climática, Alimentación y Agenda Rural, con el apoyo de la Dirección General de Participación y Procesos Electorales, de la Generalitat de Cataluña, impulsaron la Asamblea Ciudadana del Clima, a partir de su plasmación en un acuerdo de Gobierno en septiembre de 2022 (https://canviclimatic.gencat.cat/ca/actualitat/noticies/Noticia/Creacio-de-lAssemblea-Ciutadana-pel-Clima-de-Catalunya). El proyecto planteó retos a diferentes niveles, en especial por su carácter incipiente y la ausencia de antecedentes en el sistema político administrativo. La Asamblea se estructuró en diferentes fases, desde la planificación y definición del ámbito de deliberación, la definición de la muestra de participantes y su selección por sorteo, la fase de aprendizaje, la de deliberación y elaboración de recomendaciones y la de retorno —especialmente importante— donde el Gobierno debería rendir cuentas de los resultados facilitados por este espacio de participación. Resulta interesante valorar cómo, a partir de experiencias en otros países, se reenfocaron algunas cuestiones clave (https://eapc.blog.gencat.cat/2023/03/29/ciutadans-escollits-per-sorteig-fent-politica-amb-la-generalitat-pablo-garcia-arcos/). La primera, la propia definición de las problemáticas y preguntas a resolver. Atendiendo a los precedentes, y priorizando la deliberación de calidad y la consecución de resultados en términos de propuestas propias, se aplicó una perspectiva de dilemas basados en valores, evitando dejar el debate exclusivamente en cuestiones técnicas. Con ello se propiciaba la deliberación sobre problemáticas concretas, con diferentes contrapartidas, con soluciones que ofrecen ventajas pero que también implican impactos negativos en otros ámbitos y, probablemente, de forma desigual en diferentes colectivos. Para superar así el marco de diálogo exclusivamente técnico, en el que el perfil de los participantes seleccionados por sorteo probablemente tan solo podría ratificar argumentos previos, se planteó ofrecerles información y perspectivas diferenciadas para que pudiesen tener criterio para deliberar y posicionarse, ofreciendo recomendaciones desde este punto de vista. No se pretendía, por supuesto, convertir a los ciudadanos seleccionados en expertos sobre la materia sino en personas con criterio para ayudar a tomar decisiones sobre problemas complejos. Con ello se intentaba también superar experiencias previas que acababan con listados inabordables de recomendaciones generalistas, con poca capacidad de impacto en políticas concretas o que simplemente reproducían las exposiciones de los expertos.

Para ofrecer garantías de la calidad e integridad del proyecto, claves para la legitimación tanto de la experiencia como de sus resultados, se configuró un modelo de gobernanza en el que destacaba el grupo motor. Este grupo, formado por expertos independientes y actores destacados en los ámbitos tanto de la participación ciudadana como del medio ambiente, acompañaba y supervisaba el proceso, respondiendo consultas y recibiendo el rendimiento de cuentas de las decisiones claves que habían tomado las unidades administrativas en cada fase. A otro nivel, la iniciativa también planteaba retos en el plano jurídico y de gestión administrativa que se plasmaban, por ejemplo, en la necesidad de buscar las fórmulas para poder compensar económicamente a los participantes, para acceder a los datos de población, o los requerimientos de contratación para los diferentes aspectos operativos tanto para facilitar la participación de las personas seleccionadas como para realizar las propias sesiones. Se trataba, en todo caso, de un ejemplo en constante evolución pero que reflejaba aprendizajes previos y ofrece una imagen del potencial de este espacio deliberativo.

Estas dinámicas participativas no están exentas de críticas, como su coste y dilatación en el tiempo, además del riesgo que entre los participantes seleccionados no estén algunos actores relevantes según el tema a discutir. Por ello debería plantearse adecuadamente en qué ámbitos y cuándo deben ser aplicadas, además de complementarlas con otros mecanismos de participación que permitan cubrir sus carencias. Atendiendo a estos rasgos, la utilización de los "mini públicos" debería plantearse en términos proactivos, es decir, en clave aprovechar su potencial para generar reflexiones y propuestas alrededor de retos clave como los que se plantean en entornos de turbulencia. Un potencial para disponer de respuestas, pero también para facilitar consensos que refuercen, en términos de reconocimiento y legitimidad del proceso, las acciones a emprender para desplegar la gobernanza robusta.

En todo caso estas diferentes modalidades de participación ciudadana se enmarcan en una variedad más amplia de espacios de relación e interacción entre el Gobierno, la Administración y la sociedad civil. Otros ámbitos de relación pueden ser la creación de órganos de negociación y concertación social dirigida a agentes sociales o a sectores productivos, los órganos de asesoramiento y seguimiento, habitualmente dirigidos a expertos, la delegación de funciones públicas como las dirigidas a colegios profesionales, hasta los contactos informales, con negociaciones particulares con diferentes actores. Estos diferentes órganos constituyen ejemplos de espacios y mecanismos a través de los cuales la gobernanza robusta puede plantear también el refuerzo estratégico de las relaciones entre Gobierno y la sociedad civil organizada. En este campo resulta clave la identificación de los interlocutores adecuados, considerando la diversidad de entidades sociales por ámbitos temáticos y alcances, atendiendo a los retos a afrontar y cuestiones a debatir. También resulta crítico el mecanismo seleccionado para habilitar esta interacción. La creación de órganos estables de representación social como espacios para favorecer el debate y apoyar la toma de decisiones es un recurso habitual, pero no exento de críticas. Críticas y cuestionamientos que se deben tanto a la selección de las entidades llamadas a participar (y los eventuales sesgos que pueden generarse) como a cierta rutinización de estos espacios que pueden acabar siendo órganos meramente formales y burocráticos sin trascendencia alguna. Para optimizar el potencial que ofrecen estos espacios de diálogo —y legitimación—, resulta esencial tanto seleccionar con criterios abiertos y representativos a las entidades a implicar como asegurar el correcto funcionamiento de estos órganos en términos de contenidos, de procesos y de resultados. En términos de contenidos, abordando cuestiones relevantes en relación al ámbito o reto a afrontar alrededor del cual se configura el órgano, y aportando datos y evidencias que permitan contrastar argumentos. En términos de proceso atendiendo a cuestiones como el respeto a la calendarización y periodicidad de los encuentros, acordes también con la evolución y eventuales urgencias del ámbito temático o reto. En términos de resultados en referencia a la toma en consideración tanto de la información generada como de las propuestas formuladas, rindiendo cuentas de cómo desde el Gobierno se incluyen o no en las decisiones finales con una adecuada argumentación.

Incorporando la participación para afrontar retos de transformación interna de la Administración

El desarrollo del nuevo modelo relacional de la gobernanza robusta, con la participación de los actores externos a diferentes niveles, puede también ser muy útil para transformar elementos internos de gestión de la propia Administración. Especialmente aquellos en los que hay un consenso sobre su falta de vigencia y necesidad de renovación, o que no funcionan de manera correcta, pero, en cambio, son muy difíciles de poder reemplazar y modernizar. Todas las organizaciones suelen ser, a nivel interno, conservadoras y las administraciones públicas todavía más. Una situación que refleja una manifiesta incapacidad de superar capturas sindicales y corporativas, de pensar fuera de la caja institucional tradicional, de salirse del sendero de dependencia, y en las que la participación y la implicación de agentes externos podría actuar como mecanismo de activación de procesos de cambio. Vamos a poner tres ejemplos.

El primer ejemplo es la enorme dificultad de transformar el actual y anticuado modelo de función pública (organización de recursos humanos) en sus múltiples dimensiones: renovación de los sistemas de selección, incorporación de la carrera horizontal y de la evaluación del desempeño, derechos y deberes laborales, entre otros. Durante las dos últimas décadas se han producido diversos intentos para reformar el modelo de función pública pero el resultado ha sido, cuanto menos, muy modesto o prácticamente nulo. Uno de los problemas de fondo de este inmovilismo es que el debate se ha circunscrito entre "empleados": funcionarios conservadores y empleados públicos sindicalizados que se oponen a cualquier reforma frente a funcionarios renovadores y expertos académicos (en su gran mayoría también funcionarios) que promueven las reformas. El resultado se traduce, por tanto, en debates muy endogámicos que han resultado manifiestamente incapaces de diseñar e implantar un nuevo modelo de función pública. Además, el carácter corporativo de estos debates ha dificultado que los políticos se sientan involucrados y predispuestos para impulsar esta reforma ya que la perciben como un tema muy técnico, en el que no hay una visión mayoritaria sobre el nuevo diseño y, por tanto, tratarlo políticamente puede ser una fuente de conflictos. Este escenario es ideal para que los dirigentes políticos de la Administración pública se inhiban en esta materia. En cambio, la situación podría ser muy distinta si se abriera este debate a la sociedad: a la ciudadanía, a los empresarios y a las entidades sociales. La propuesta seria abrir un espacio de participación, debidamente sistematizado y reforzado para facilitar un debate constructivo, que permitiese definir las reglas del juego de la futura función pública en un proceso libre de capturas y de dependencias institucionales. Un debate entre "propietarios de la Administración" (ciudadanos y organizaciones socioeconómicas) y no entre "empleados" (públicos). Es evidente que la dinámica del debate sería mucho más abierta, creativa y también sensata y ponderada a nivel de equilibrar derechos y obligaciones laborales de los empleados públicos, facilitando el diseño de un modelo moderno de función pública. El resultado del proceso de debates y reflexión con la participación efectiva de la ciudadanía y los actores sociales y económicos sobre este ámbito temático despertaría inmediatamente el interés de los dirigentes políticos que, además, se sentirían socialmente legitimados para implantar transformaciones, algunas de las cuales podrían llegar a ser dolorosas y conflictivas en clave sindical y corporativa.

Un segundo ejemplo sería la renovación de la contratación pública de la Administración. Se trata de un ámbito complejo en el que hay que articular, por una parte, la seguridad jurídica para evitar distorsiones heterodoxas y corruptas y, por otra parte, lograr un modelo eficaz y eficiente que fomente la calidad de la contratación pública. Tradicionalmente suele ponderarse el primer ingrediente y queda en una situación marginal el segundo. Otro problema es que el modelo es tan garantista y complejo que deja fuera de la contratación pública a las pequeñas empresas (muy mayoritarias en el país) y solo tienen capacidad de presentarse las grandes empresas con escala suficiente para disponer de buenos gabinetes técnicos y jurídicos. La propuesta sería impulsar un proceso participativo sobre la reforma y mejora de la contratación pública implicando a una audiencia abierta conformada por ciudadanos, por pequeños y grandes empresarios, por la sociedad civil organizada y por expertos. Se puede especular que no serían nada desdeñables las propuestas que pudieran surgir en este foro para lograr un nuevo modelo de contratación pública mucho más fluido, más permeable a un amplio espectro de actores socioeconómicos y sin perder sus capacidades de seguridad jurídica. Por supuesto debería velarse por la calidad del mecanismo participativo utilizado y el proceso que lo concreta, atendiendo a cuestiones como la formulación de las cuestiones a debatir, la información facilitada a los diferentes agentes para propiciar el debate, la gestión adecuada de la reflexión compartida y la sistematización de sus resultados. Pero de nuevo el resultado podría servir de acicate para desbloquear una transformación que se revela complicada y que se pospone sin perspectivas claras de resolución.

Un tercer ejemplo sería el vinculado a retos emergentes cómo, por ejemplo, la gobernanza de datos y el diseño de potentes sistemas internos de información o la introducción de la inteligencia artificial en la gestión pública. Se trata de temas en los que también se combina un importante componente técnico (que por la su evolución reciente se revela complicado de afrontar) con un componente de valores en su uso y aplicación en las diferentes áreas de intervención del sector público. En este sentido sería conveniente tanto incrementar la interacción con actores especializados del entorno para compartir conocimiento, como incorporar al debate y la reflexión a la sociedad civil y la propia ciudadanía para contar con visiones que pueden enriquecer el proceso de toma de decisiones al respecto. Desde las políticas de participación e interacción con actores del entorno propiciadas desde la gobernanza robusta se plantea, en esta línea, potenciar el diálogo alrededor tanto sobre la gestión y uso de datos como sobre la configuración de los desarrollos asociados a las aplicaciones de inteligencia artificial vinculadas a la prestación de servicios públicos y al desarrollo de políticas públicas.

El desarrollo de la gobernanza robusta pasa, por lo tanto, por el fomento de la participación y la interacción entre los gobiernos y su entorno, ya sea dirigiéndose a la ciudadanía o a la sociedad civil organizada. Pero, además de fomentar la participación a los diferentes niveles comentados, también resulta esencial implicar a los diferentes actores del entorno en la generación e implementación de políticas y servicios públicos. Un espacio que se vincula a los procesos de co-creación y co-producción de respuestas colectivas, con liderazgo abierto por parte de las organizaciones públicas, para afrontar los entornos de turbulencia.

La importancia de las políticas de colaboración

Tal como se apuntaba al comentar la estrategia de escalabilidad, una de las claves de la gobernanza robusta para redimensionar recursos para afrontar una situación de turbulencia pasa por los modelos de colaboración con los actores del entorno. Al concretar esta colaboración con actores externos, en este apartado se diferencia la planteada con actores de la sociedad civil organizada o la propia ciudadanía, mediante fórmulas como la gestión colaborativa, de la planteada con actores del sector privado y empresarial, con fórmulas como la colaboración público-privada.

La colaboración con la ciudadanía y las entidades de la sociedad civil

Los modelos de colaboración entre la Administración pública y la ciudadanía y la sociedad civil organizada parten de la premisa que, especialmente en entornos de turbulencia, la implicación del conjunto en el desarrollo y gestión de políticas y servicios públicos puede tanto aportar nuevas visiones como sumar capacidades complementarias (Haustein y Lorson, 2023). Una colaboración que permite afrontar retos de complejidad creciente y, además, aportar confianza entre las partes a partir del trabajo conjunto a nivel concreto y aplicado, por ejemplo, participando en la gestión de equipamientos o servicios públicos. Un ejemplo de este tipo de colaboraciones se encuentra en la denominada gestión colaborativa, gestión cívica o gestión ciudadana, y que integra diferentes modalidades de colaboración y cogestión entre la Administración y la sociedad civil organizada (organizaciones no gubernamentales, entidades del tercer sector, plataformas cívicas, entre otras) y que permite a la ciudadanía implicarse en la gestión de espacios y equipamientos públicos.

Estas modalidades se contraponen a la gestión pública desarrollada directamente por las administraciones con sus propios medios y personal. Pero también a la contratación externa o gestión externalizada, que supone incorporar nuevos recursos mediante el contrato con un agente externo, sin implicarlo necesariamente en la definición del servicio o política, con roles próximos a la lógica del mercado (quien realiza el encargo y lo financia, la Administración, y quien realiza la prestación y es retribuido por ello, la empresa). La gestión colaborativa se distingue, precisamente, por un cambio de roles entre las partes, con la idea apuntada anteriormente de implicar a entidades sociales y a la ciudadanía en la propia gestión de servicios y políticas públicas.

Aunque la concreción jurídica y económica de estas modalidades de colaboración entre Administración y entidades sociales puede seguir diferentes fórmulas, adecuadas a distintas realidades, la base compartida es el acuerdo entre las partes para compartir responsabilidades en el impulso de un equipamiento o política pública. A modo de ejemplo, la Casa de las Mujeres de San Sebastián (https://www.donostiakoemakumeenetxea.com/cast/lacasa) ilustra un modelo de colaboración que concreta el impulso de una política pública con su concreción en un equipamiento que se gestiona mediante la colaboración con agentes sociales. De hecho, la propia ideación y diseño de la iniciativa fue el fruto de un proceso de participación canalizado a través de diferentes instrumentos de interlocución municipal (como el Foro de Mujeres y Ciudad o el Consejo Sectorial para la

Igualdad de San Sebastián). La Casa de las Mujeres de San Sebastián es un espacio para apoyar la acción de colectivos implicados en la lucha contra la desigualdad entre mujeres y hombres, facilitando la confluencia de iniciativas y la generación de sinergias, incluyendo la propia gestión del equipamiento. La iniciativa se sustenta en un modelo pionero de gestión basado en la participación y la colaboración entre las asociaciones implicadas (articuladas a su vez en la "Asociación Casa de las Mujeres") con dos entidades públicas (el Área de Igualdad del Ayuntamiento de San Sebastián y la Diputación Foral de Gipuzkoa). A través de esta colaboración entre el sector público y las entidades sociales articuladas se propicia la participación activa en la toma de decisiones y en la gestión del equipamiento, además de diseñar y realizar actividades como talleres y grupos de trabajo alineados con la política pública que se impulsa. Un modelo de cogestión que se ha convertido en un referente por sus resultados en cuanto al empoderamiento de los colectivos sociales implicados.

En la línea de generar conocimiento alrededor de este tipo de colaboraciones entre el sector público y las entidades de la sociedad civil destaca la iniciativa Bherria (https://bherria.eus/es/). Se trata de un espacio de interacción, dirigido a personas con responsabilidad política y técnica de la administración vasca, para explorar y promover nuevas formas de colaboración público-social. La iniciativa ha sido impulsada, ya desde 2017, por la Dirección de Servicios Sociales del Departamento de Igualdad, Justicia y Políticas Sociales del Gobierno Vasco, junto con el Consejo Vasco del Voluntariado. En clave de generar conocimiento alrededor de este tipo de colaboración, se promovió el Decálogo Bherria (https://bherria.eus/wp-content/uploads/2018/01/bherria_es.pdf) como referente para inspirar y sistematizar la colaboración entre el sector público y las entidades sociales, promoviendo la ciudadanía activa. También se creó el BherriLab (https://bherria.eus/es/bherrilab/) como laboratorio ciudadano para abordar el reto de la gestión comunitaria de espacios públicos, abriendo el "código burocrático" de la administración pública, para poner el procedimiento al servicio de la experimentación, manteniendo las garantías (Amezaga et al., 2022). Desde estos espacios se promueve tanto las actividades de capacitación y reflexión para abordar diferentes temáticas como la configuración de una comunidad de aprendizaje para generar conocimiento práctico para el desarrollo de proyectos a nivel local.

Otro ejemplo, en este caso referido a un entorno urbano, es el programa de Patrimonio Ciudadano con el que el Ayuntamiento de Barcelona promueve iniciativas ciudadanas de uso y gestión comunitaria del patrimonio público municipal, incluyendo la cesión de uso de locales y solares municipales (https://ajuntament.barcelona.cat/participaciociutadana/es/patrimonio-ciudadano/presentacion). Desde el programa se ofrece acompañamiento a las entidades que gestionan espacios municipales, facilitando asesoramiento y recursos, así como el impulso de la gestión cívica antes citada. Cuenta con una Mesa de Patrimonio Ciudadano como órgano administrativo que coordina las cesiones y adjudicaciones de proyectos, una Oficina de Patrimonio Ciudadano con carácter técnico desde la que se realiza el acompañamiento a entidades y un Espacio de Gobernanza Participada en el que Ayuntamiento y colectivos y entidades de gestión realizan el seguimiento y evaluación del Programa. A modo de antecedente del programa actual, en 2012 se impulsó el Plan Vacíos Urbanos con Implicación Territorial y Social (BUITS, por sus siglas en catalán) con el que se planteaba la cesión a entidades sin ánimo de lucro de solares en desuso para que los dedicasen a usos sociales, agrícolas, ambientales, educativos, lúdicos o culturales (Baiges, 2016). Esta línea de actuación, compartida por diferentes equipos de gobierno de la ciudad de Barcelona, ha evolucionado con ciertos sesgos, pero manteniendo la apuesta por la implicación de entidades y ciudadanía con fórmulas como las comentadas. La revaloración de este tipo de programas en clave de gobernanza robusta pretende:

- ✓ Generar respuestas más flexibles a las necesidades derivadas de la situación de turbulencia, en la medida que se suman conocimientos e información sobre la realidad concreta de la población o política pública desde diferentes perspectivas, así como su aplicación concreta mediante la gestión de las actuaciones emprendidas.
- ✓ Mejorar el uso de recursos a partir de la interacción orientada a afrontar retos compartidos, en especial considerando su complementariedad. Si desde la Administración se aporta conocimiento, recursos financieros, infraestructuras y personal, además de organización y direccionamiento, desde la sociedad

civil organizada se aporta conocimiento aplicado, recursos de personal flexible y adaptativo, y nuevas propuestas que pueden ir más allá de las asumibles directamente por las organizaciones públicas, entre otros.

- ✓ Reforzar la cohesión social, empoderando a asociaciones y a la propia ciudadanía a través de su vinculación en la gestión de los servicios o las políticas seleccionadas. Una coresponsabilización que permite reforzar también su sentimiento de pertenencia e involucración en los asuntos públicos.
- ✓ Contribuir al aprendizaje social y organizativo de las partes implicadas (Administración y entidades sociales) en la medida que la propia interacción para gestionar un equipamiento o un servicio permite desplegar nuevos conocimientos o la revisión de los consolidados.

Pero también deben atenderse ciertos riesgos como, por ejemplo, el distanciamiento o despreocupación de la Administración en relación a los equipamientos o servicios que se gestionan por estas fórmulas. Aunque se enfatiza que dicha opción implica una colaboración intensa, factores como la cultura administrativa del sector público, la ausencia de referentes o las propias limitaciones de recursos —y capacidad de atención— pueden provocar que desde el sector público se baje la intensidad en cuanto a implicación en la política o servicio público. De hecho, se trata de un riesgo también presente en otras fórmulas como la externalización de servicios, en las que en algunas ocasiones se pierde de vista que la responsabilidad sigue siendo íntegramente del sector público. Se corre el riesgo, además, y especialmente en entornos de turbulencia, de perder agilidad al poner en marcha el modelo de gestión colaborativa. Un riesgo que se asocia tanto a la necesaria adaptación de procesos administrativos y de contar con una adecuada normativa de apoyo como a la necesidad de ajustar lógicas diferenciales —y a veces contrapuestas— entre los equipos técnicos de la Administración y los profesionales o voluntarios de las entidades implicadas. En este marco de colaboración entre una organización estable y profesionalizada como es la Administración pública, y unas entidades sociales con diversidad de grados de estabilidad y capacitación, resulta importante afianzar la confianza entre las dos partes.

En una sugerente investigación sobre la colaboración entre los profesionales vinculados a los servicios de emergencia y diferentes entidades integradas principalmente por voluntarios, Krogh y Lo (2022) identifican diferentes fuentes de confianza. Entre estas se destaca: (1) la formalización y funcionamiento adecuado de una plataforma colaborativa como espacio de encuentro estable pero ágil sobre la que generar los intercambios y la colaboración, (2) la certificación de competencias y capacitación de los voluntarios a modo de referencia sobre su adecuación para participar en las diferentes actividades en las que se colabora, (3) la existencia de estándares y rutinas comunes y compartidas que generen fiabilidad en las respuestas, (4) la disponibilidad de voluntarios de forma ágil y eficiente, (5) el establecimiento de cadenas de mando reconocidas y respetadas, y (6) la disponibilidad de equipamiento actualizado e integrado a disposición de las partes. Cabe destacar que estas diferentes fuentes de confianza combinan un carácter intra-organizativo —tanto en la propia Administración como entre las entidades externas— como inter-organizativo —de modelos y protocolos de relación entre los diferentes actores—. Unos esquemas que, en clave de gobernanza robusta, deberían estabilizarse e integrarse para potenciar la capacidad de respuesta del conjunto de actores —con el liderazgo del sector público— ante entornos de turbulencia.

La colaboración público-privada con entidades empresariales

Otro tipo de colaboración que presenta rasgos diferenciados a los comentados en el apartado anterior es la que, bajo la denominación genérica de colaboración público-privada, se plantea entre el Gobierno y la Administración pública y diversas entidades privadas, habitualmente empresas que operan en condiciones de mercado. A pesar de centrarse en empresas privadas, esta modalidad de colaboración se diferencia de la contratación externa o externalización. Al igual que en la modalidad anterior, la diferencia recae de nuevo en los roles y el modelo de relación entre las partes, con posiciones de diálogo entre iguales y mayor nivel de implicación en el caso de la colaboración público-privada. Una de las concreciones destacadas de esta colaboración han sido los denominados Partenariados Público-Privados o Alianzas Público-Privadas, definidos como fórmulas de colaboración donde dos o más organizaciones públicas y privadas independientes, que colaboran de forma voluntaria desarrollando conjuntamente productos y/o servicios, comparten riesgos, costes y beneficios (Alsina, 2017; Hodge y Greve, 2017). Un modelo de relación estratégica basado en la discrecionalidad colaborativa con la que se comparten decisiones en relación tanto al diseño como a la implementación y al seguimiento y evaluación de las actuaciones emprendidas. Cabe destacar, sin embargo, que los objetivos de partida suelen definirse desde el sector público, aunque de forma abierta con los actores privados con los que se establece el partenariado.

Aunque existe una amplia variedad de fórmulas para concretar este marco de colaboración, una de sus plasmaciones son los contratos de concesión de obras o servicios mediante un procedimiento de diálogo competitivo o negociado en los que, a partir de la expresión de una necesidad a cubrir por parte del sector público, los actores privados llamados a participar presentan diferentes soluciones que sirven de base para generar diálogo y consenso, y presentar una propuesta concreta. También pueden formalizarse mediante un convenio en el que se establezcan tanto el objeto y objetivos como las condiciones concretas de colaboración y su alcance. O mediante la creación de una nueva entidad conjunta, con aportes tanto de la Administración como de los actores privados, como sería el caso de un consorcio, una sociedad mercantil o una fundación, todos de capital mixto. La apuesta desde los gobiernos para implicar al sector privado mediante este tipo de colaboraciones se ha centrado especialmente en el desarrollo de infraestructuras y transporte, pero también se ha extendido a otros ámbitos de política pública de carácter más prestacional, como sanidad o educación (Fu et al, 2023).

A modo de ejemplo de este tipo de colaboraciones, el Foro de Empresas por Madrid o Madrid Foro Empresa (https://forodeempresaspormadrid.es/) es un proyecto promovido por el Ayuntamiento de Madrid desde 2013 como plataforma colaborativa de planificación y desarrollo de proyectos que permite al tejido empresarial contribuir y aportar sus conocimientos, experiencias y tecnologías para crear nuevas relaciones con la ciudad y sus habitantes que faciliten la mejora de los entornos urbanos. A nivel de distribución de roles, el Ayuntamiento de Madrid juega un papel de estratega, estableciendo prioridades y objetivos, facilita recursos (humanos, espacios, autorizaciones) para impulsar los proyectos que surgen del foro y actúa como supervisor de los mismos. El rol de las empresas vinculadas se aproxima al de socio, en la medida que comparte riesgos y responsabilidades con el Ayuntamiento, propone y vota los proyectos a impulsar por el Foro, y aporta recursos para su desarrollo. A modo de ilustración de proyectos impulsados por el Foro en 2023, destacar "Villaverde Futfem" como programa de promoción de la actividad y el deporte femenino como motor del cambio social dentro del distrito madrileño, o el programa "Fomento de la Movilidad Sostenible y la Energía Renovable" que plantea potenciar el consumo de energías renovables vinculando la gestión de los residuos de la ciudad con la flota de vehículos del Ayuntamiento de Madrid (https://forodeempresaspormadrid.es/proyectos-foro/proyectos-en-curso/). El modelo de gobernanza del Foro se formaliza a través de un convenio de colaboración entre los diferentes actores involucrados y cuenta con un Pleno (de composición mixta, público-privada), en el que se aprueban los programas de actuación, una Presidencia del Foro —que corresponde al Alcalde del Ayuntamiento de Madrid— y una Secretaría Técnica encargada de realizar el seguimiento de los proyectos acordados y de coordinar los recursos que se aportan por las partes. El modelo resultante permite introducir de manera innovadora los mecanismos de producción de las políticas con la participación empresarial, facilitando que este sector privado las haga suyas y se implique en su desarrollo (Alsina y González, 2019).

Otro ejemplo de este tipo de colaboración es "*Habitatge Metròpolis Barcelona* S.A. (HMB)" —Vivienda Metrópolis Barcelona, SA— (https://www.metropolishabitatge.cat/es/homepage-espanol/), en este caso una sociedad de economía mixta con participación público-privada, que persigue aumentar el parque de vivienda de protección oficial de alquiler y mantener la titularidad pública de los suelos. Esta entidad, impulsada inicialmente por el Área Metropolitana de Barcelona (AMB) y el Ayuntamiento de Barcelona en 2020, abrió un concurso dirigido a empresas constructoras que desease formar parte del operador mixto de vivienda. La sociedad mixta resultante del proceso está conformada por la AMB (con un 25%), el Ayuntamiento de Barcelona (25%) y la sociedad NICRENT Residencial (50%) —que integra las dos empresas seleccionadas, Neinor Homes, S.A. y CEVASA—. De acuerdo con su planteamiento, se buscó un equilibrio entre los socios públicos y privados, en relación de igualdad, corresponsabilidad y confianza a largo plazo, para compartir inversión, riesgos, costes y beneficios. Con esta fórmula se pretenden garantizar tanto las finalidades sociales del proyecto como su viabilidad económica, considerando las capacidades técnicas y solvencia de los socios participantes. La programación de construcción se orienta a viviendas que se destinarán a alquiler protegido con precios por debajo de los de mercado y que serán siempre de titularidad pública. Con respecto a la construcción, el operador tiene que garantizar la calidad ambiental y la sostenibilidad con criterios de ahorro energético y fomentar la accesibilidad y la calidad arquitectónica. La experiencia es pionera en España, como apuesta innovadora con un modelo semejante al implantado en otras ciudades europeas como Viena, París, Ámsterdam, Berlín, Estocolmo o Londres.

Los dos ejemplos presentados correspondían a ayuntamientos con gobiernos de ideología contrapuesta (de orientación centro derecha, con el *Partido Popular* en Madrid, y de orientación de izquierdas con *En Comú Podem* y *Partido Socialista de Catalunya* en Barcelona) que plantearon la colaboración e integración de actores del sector privado en el impulso de políticas públicas para generar nuevas respuestas a retos que plantean los entornos de turbulencia.

En la prolífica literatura académica en este ámbito (Fu et al., 2023; Koppenjan et al., 2022; Alsina y González, 2019; Hodge y Greve, 2017; Osei-Kyei y Chan, 2015; Esteve et al., 2013; Ysa et al, 2013) se destaca la complejidad de este tipo de fórmulas de colaboración y se centra la atención en elementos como la gestión del riesgo, las cuestiones financieras y de gestión de rendimientos y los factores críticos para dar cuenta tanto del éxito como del fracaso de su desarrollo. Desde la perspectiva de la gobernanza robusta se destacan algunos de los factores críticos del resultado de esta modalidad de colaboración como la selección adecuada de los socios y la labor de construcción de confianza y compromiso entre las partes, atendiendo a la compatibilidad entre las diferentes culturas organizativas. Pero también resulta importante clarificar las reglas del juego y negociar adecuadamente el acuerdo, con sistemas de incentivos para las partes, pero también con objetivos medibles y mecanismos de evaluación que faciliten su seguimiento y valoración.

Desde la misma perspectiva también se destaca la importancia de la transparencia tanto del proceso como de sus resultados. Enlazando de nuevo con lo que se comentó al inicio de este capítulo, la transparencia y el rendimiento de cuentas también constituyen un pilar fundamental para reforzar la legitimidad de las colaboraciones entre Gobierno y Administración y los actores del entorno, especialmente en este caso. Resulta fundamental que se publicite el seguimiento de los acuerdos que concretan la colaboración, de los intercambios que se producen y también de los resultados y logros alcanzados con la colaboración planteada, en especial para evitar casos de corrupción que se han generado en este tipo de colaboraciones y que han originado no pocos prejuicios al respecto. Utilizar estas fórmulas atendiendo a sus aportes, pero velando por su adecuado desarrollo resulta fundamental para incorporar su potencial a la estrategia de gobernanza robusta.

GOBERNANZA ROBUSTA, GOBIERNO ABIERTO Y GOBIERNO CONJUNTO

En este capítulo se han presentado unas reflexiones sobre cómo la gobernanza robusta platea un nuevo modelo de relación entre el Gobierno y la Administración pública con los actores de su entorno, incluyendo a la ciudadanía, para afrontar los retos que plantea el entorno de turbulencia. Un nuevo modelo de relación que, tal como se comentaba al inicio del capítulo, parte del propio concepto de gobernanza, en referencia a la implicación de múltiples actores e instituciones (incluyendo a la propia ciudadanía) en el proceso de desarrollo de respuestas a los retos públicos compartidos (Wu y Thomann, 2023). El enfoque propuesto parte de la visión desde el Gobierno, esto es, sobre cómo desde este actor clave se promueven determinadas actuaciones en términos de transparencia, participación y colaboración (tanto con la ciudadanía y entidades de la sociedad civil como con entidades empresariales) para promover la interacción con el resto de actores para afrontar los retos asociados al entorno de turbulencia. Así, complementando los aportes realizados al inicio sobre el propio concepto de gobernanza, al adoptar la perspectiva del Gobierno en el impulso de las relaciones con los actores del entorno, la gobernanza robusta se conecta con conceptos como el gobierno abierto (*open government*) y el gobierno conjunto (*join-up government*).

Gobernanza robusta y gobierno abierto (open government)

Un nuevo modelo de relación que se puede conectar con el concepto de gobierno abierto, en la medida que tanto los actores a los que implica como los pilares en los que se sustenta, muestran claros paralelismos. Un gobierno abierto definido como un paradigma de relación entre el Gobierno y la sociedad, que plantea la implicación de la ciudadanía y de los actores sociales a partir del acceso e intercambio de información, y la participación en el proceso de toma de decisiones de las instituciones públicas y en el desarrollo de las políticas públicas (Ramírez Alujas, 2022; Meijer et al., 2012). Los pilares o principios en los que se sustenta el referente del gobierno abierto, con ligeras variaciones, incluyen la transparencia y el rendimiento de cuentas, la participación ciudadana, la colaboración y, adicionalmente, la tecnología y la innovación y la integridad pública (OECD, 2017 y 2016; OGP, 2021; CLAD, 2016). La integración de estos pilares mediante diferentes planes desarrollados tanto a nivel nacional como regional y local en diferentes países, con el apoyo de alianzas internacionales (como la Alianza para el Gobierno Abierto (https://www.opengovpartnership.org/es/) constituyen evidencias de los avances realizados. Pero, tal como apuntan diversos autores (Ramírez Alujas, 2022; Criado, 2021), para que el gobierno abierto constituya un modelo de gobernanza eficaz, receptiva e inclusiva es necesario profundizar en cuestiones clave como la generación de visiones integradas de los tres pilares y sus interacciones, o reforzar la apropiación e implicación por parte tanto de las organizaciones públicas como de la propia sociedad en su conjunto. Con una importante impronta vinculada a la regeneración democrática, el gobierno abierto pone el acento precisamente en el empoderamiento ciudadano para mejorar los procesos políticos y sus resultados, facilitando una nueva cultura de gobernanza.

Desde la gobernanza robusta, las políticas comentadas en el apartado anterior en relación a la transparencia, la participación y la colaboración, se corresponden con los pilares del gobierno abierto. Pero además cabe destacar la coincidencia entre ambos enfoques en la necesidad tanto de integrar los aportes de las tres políticas / pilares como, y especialmente, de poner en valor su potencial para transformar las organizaciones del sector público. Precisamente uno de los rasgos distintivos que se han comentado de la gobernanza robusta a través tanto de las estrategias que la despliegan como de las capacidades institucionales necesarias para ello, es la reconfiguración de las organizaciones públicas para que interioricen los nuevos referentes. Y el nuevo modelo de relación —coincidente con el planteado por el gobierno abierto— es precisamente uno de los referentes a incorporar en las dinámicas de funcionamiento de gobiernos y administraciones públicas.

Pero también hay diferencias entre la gobernanza robusta y el gobierno abierto. De entrada, en la propia aproximación inicial, centrada en la red de actores —propio de los enfoques de gobernanza— como sería el primer caso o en el Gobierno y la Administración, como sería el caso del gobierno abierto. Aunque en esta obra se plantea poner el foco en la perspectiva del Gobierno y la Administración pública para abordar la gobernanza robusta, su enfoque de partida tiende a ser más amplio y abastar el conjunto de actores implicados. Pero ambas visiones también se distinguen por el factor clave en el que centran su atención. Si en el caso de la gobernanza robusta se pone el énfasis —desde la perspectiva desarrollada en esta obra— en cómo desde el Gobierno se pueden desplegar políticas que faciliten la implicación del conjunto de actores sociales para afrontar retos asociados al entorno de turbulencia, esto es, con una clara intencionalidad, en el caso del gobierno abierto se suele centrar la atención en la transformación del sector público para mejorar la democracia, el funcionamiento del sistema político y su propia legitimidad. Obviamente desde la gobernanza robusta también se atiende y se pone en valor esta dimensión, tal como se ha comentado anteriormente para afrontar entornos de crisis, pero sin llegar a situarla en el nivel de prioridad que posee en el otro enfoque. En todo caso, más allá de fronteras conceptuales, lo importante es la generación de sinergias entre ambas perspectivas para conseguir fortalecer las capacidades de respuesta de las organizaciones públicas ante los retos que plantean los nuevos entornos de turbulencia.

Gobernanza robusta y gobierno conjunto (joined-up-government)

La gobernanza robusta, enfocada desde la perspectiva del Gobierno como agente impulsor de la misma, también enlaza con otro concepto que cuenta con una notable trayectoria: el gobierno conjunto (*joined-up government*). El concepto se ha relacionado con el de globalidad del gobierno (*whole-of-government*) para referirse a las estrategias del sector público para afrontar desafíos de política pública que se caracterizan por ser interdependientes y por superar los límites competenciales entre organizaciones (Bentzen y Torging, 2022). Un tipo de retos que se asocian claramente a los entornos de turbulencia, en especial por incluir, además de un alto nivel de incertidumbre con respecto a las relaciones entre medios y fines para afrontarlos, la ambigüedad con respecto a metas y valores, y que pueden asociarse a otros problemas interconectados en varias esferas de los sistemas políticos y sociales. Ante dichos retos, tal y como se comentó también desde la gobernanza robusta, las respuestas planteadas desde el modelo burocrático, el de la nueva gestión pública y el de la gobernanza en red plantean limitaciones. En especial, según se destaca desde la literatura vinculada al concepto del gobierno conjunto, por las dificultades para generar sinergias y desarrollar una actuación integral que permita afrontar la complejidad del contexto. Aunque inicialmente las aproximaciones de gobierno conjunto se centraban exclusivamente en entidades del sector público, posteriormente se ha ampliado la acepción para incorporar a agentes del sector privado. En una línea que se relaciona con los diferentes tipos de coordinación: la coordinación interna-horizontal, entre organismos de una misma Administración, la coordinación externa-horizontal, que incorpora organizaciones de la sociedad civil y el sector privado; la coordinación interna-vertical, entre unidades del mismo departamento o ministerio —incluyendo agencias vinculadas— y la coordinación externa-vertical, en referencia a diferentes niveles de gobierno —incluyendo desde los organismos internacionales a las entidades estatales, regionales y locales— (Molenveld et al., 2020; Christensen et al., 2016; Christensen y Lægreid, 2008).

En una sugerente revisión de la literatura académica vinculada al concepto de gobierno conjunto, Aoki et al. plantean una definición de consenso en términos de "*arreglo o reforma de gobernanza que involucra (i) un órgano del Gobierno y (ii) más de una entidad grupal, como un departamento u organización (…) que puede abarcar a las partes interesadas externas al Gobierno"* (2023: 4). Una acepción que se asocia a la referencia a conceptos como la *joined-up governance*, para enfatizar la colaboración inter organizativa —incluyendo actores no gubernamentales— (Lægreid y Rykkja, 2022) o la *collaborative governance* para destacar la implicación de actores sociales —especialmente para afrontar crisis como la pandemia— (Hsieh et al., 2021). Las evidentes conexiones de estos conceptos asociados al gobierno conjunto con el de la gobernanza robusta, en la dimensión de relaciones con el entorno, se concretan especialmente en el rol otorgado al Gobierno en el liderazgo del proceso. Partiendo de estas conexiones, resulta sugerente destacar qué factores se han destacado desde las investigaciones asociadas al gobierno conjunto para dar cuenta de los éxitos alcanzados y que, en cierta medida, podrían extrapolarse a esta dimensión relacional de la gobernanza robusta.

Desde diferentes aportes propios del gobierno conjunto (Holt et al., 2018; Carey et al., 2015) se destaca la importancia del liderazgo ejercido desde el máximo nivel político hasta el compromiso de los diferentes actores implicados en el proceso de colaboración. También se destaca el fomento de la comunicación entre los diferentes actores y el intercambio de información, en especial para desarrollar visiones compartidas y alinear objetivos. Visiones compartidas que se asocian a una cultura proclive al intercambio, basada en la confianza que favorezca el compromiso a largo plazo. En un nivel más concreto, vinculado a la propia arquitectura en que se plasma la colaboración entre actores, se destaca la importancia de establecer mecanismos de responsabilidad e incentivos para promover actividades compartidas, a partir de indicadores de desempeño y evaluaciones de resultados, además de garantizar el compromiso de aporte de recursos. En esta misma línea se destacan factores asociados a los roles y perfiles profesionales a promover, especialmente en el seno de las organizaciones públicas, para que puedan adoptar un rol de promoción, para impulsar la interacción tanto a nivel interno como con su entorno. Se trata de "emprendedores de redes" o "traductores de la complejidad" (Aoki et al., 2023; Carey et al., 2017; Eppel y Lips, 2016), con capacidades para trabajar en diferentes departamentos o sectores para provocar la transformación de las dinámicas de interdependencia, involucrando a actores para avanzar en el resultado compartido. El desarrollo de estas capacidades debería también propiciarse en el sector público, pero adicionalmente desde éste hacia el resto de agentes sociales, como parte de la promoción de la propia arquitectura de la gobernanza. Como apunta Aguilar (2014), consolidar la nueva gobernanza pública requiere tanto facilitar el desarrollo y reconocimiento de las capacidades de la sociedad civil como las condiciones que posibiliten las formas de asociación público-privada y gubernamental-social. Pero siempre desde un enfoque ético y responsable que promueva la confianza mutua entre las partes, una confianza institucional orientada a fortalecer la propia gobernanza (Krogh y Lo, 2022) como referente para afrontar entornos de turbulencia.

EL ROL DEL GOBIERNO EN LA GOBERNANZA ROBUSTA: ESTRATEGIAS PARA DESPLEGARLO

Con estos conceptos, evidencias y reflexiones culmina este capítulo focalizado en la dimensión de "gobernanza" del paradigma de gobernanza robusta. Un paradigma que plantea superar los eventuales riesgos de la denominada gobernanza incremental o inercial (Ramió y Salvador, 2019), y en la que la articulación de la red de instituciones públicas y privadas del ámbito social y económico vaya ganando más espacios y relevancia, no tan solo en determinadas políticas públicas o servicios públicos sino también en la propia dirección del conjunto. Más allá de sus supuestos potenciales, esta deriva entraña importantes riesgos de captura y alteración del propio sentido del interés general, que relegaría a la Administración a ser una mera plataforma sin dirección propia, en la que los actores del sector privado y social operarían y marcarían el rumbo. En esta distopia, las organizaciones públicas podrían acabar perdiendo su arquitectura institucional y mantener tan solo ámbitos de gestión que despiertan poco entusiasmo entre los actores económicos y sociales. El resultado sería una Administración pública muy básica y carente de inteligencia institucional. Un contexto en el que ningún actor podría asumir un rol claro de dirección o de metagobernador de la red que, de facto, estaría en manos del sector privado, diluyendo el peso efectivo del poder político. Especialmente en entornos de turbulencia, este modelo de gobernanza inercial llevaría a una situación en la que las frecuentes disputas y conflictos entre actores privados y sociales serían dirimidas por un poder público (Gobierno y Administración) que actuarían poco menos como como árbitros, pero sometidos a importantes tensiones. Una situación en la que las capacidades de respuesta del sector público estarían mediatizadas por la influencia de los agentes externos, tanto directamente como a través de comunidades epistémicas y redes de profesionales. El resultado sería un sector público muy debilitado, con un poder político con perfil bajo en el liderazgo de políticas públicas pero intrusivo a nivel institucional con presiones clientelares de los diferentes actores del entorno, con importantes injerencias del sector privado en las decisiones y dinámicas de funcionamiento del conjunto. Un escenario en el que la ciudadanía quedaría relegada a un papel pasivo ante la influencia de actores altamente organizados tanto de la sociedad civil como, especialmente, del sector privado.

Frente a este modelo, desde la gobernanza robusta se plantea desplegar un rol activo por parte del Gobierno y de la Administración en el desarrollo de las estrategias para afrontar los entornos de turbulencia. Pero no hacerlo de forma aislada sino, como se ha planteado en el capítulo, implicando e integrando a los actores del entorno. Tomando la perspectiva del Gobierno como referente, se han presentado los modelos de relación de éste con los diferentes actores del entorno a través de las políticas de transparencia y rendición de cuentas que contribuyan no tan solo a informar sino también a comunicar y a generar confianza y legitimidad. Pero también a través de políticas de participación, responsables, eficaces y eficientes que pongan en valor los aportes de la ciudadanía, pero también su reconocimiento por parte de las propias estructuras y de los profesionales del sector público para integrar dichas contribuciones en la mejora de las políticas públicas (Young and Tanner, 2023). Y las políticas de colaboración, orientadas tanto a facilitar la involucración de la ciudadanía y las entidades de la sociedad civil en la implementación de políticas y gestión de servicios públicos como la colaboración público-privada con entidades empresariales para desplegar nuevos potenciales de actuación.

La conexión de estos modelos con referentes como el gobierno abierto y el gobierno conjunto permiten enmarcar los aportes y establecer paralelismos, en la línea de consolidar el paradigma de la gobernanza robusta. Un paradigma que plantea desplegar nuevas capacidades en las organizaciones del sector público para afrontar los retos que plantea un contexto en el que las crisis se convierten en un rasgo estructural, pero partiendo de la necesidad de implicar y colaborar con los actores del entorno para ofrecer respuestas conjuntas. En relación con los rasgos destacados previamente de la gobernanza robusta, la dimensión relacional abordada en este capítulo se vincula con las diferentes capacidades estables para su impulso, pero, en especial, con la capacidad colaborativa asociada a las habilidades de impulso y desarrollo de actividades en red, implicando a actores externos en el desarrollo de la actuación pública. Tal como se ha podido comentar, su despliegue pasa por generar y distribuir información tanto a la ciudadanía como a los diferentes actores implicados (con las políticas de transparencia) pero también por generar diálogo e interacción, tanto con las políticas de participación como con las políticas de colaboración. Todo ello partiendo de que el Gobierno juega un rol de meta-gobernador o director de orquesta en las interacciones de la red y el aprendizaje mutuo (Crosby et al. 2017). Pero también se relaciona con la capacidad dinámica de integración y coordinación, referida a los procesos orientados a generar consensos e implicación tanto de los actores internos como externos, en especial para compartir información, habilidades y experiencia, pero también incrementar la legitimidad de las propuestas resultantes para afrontar las crisis.

La integración de las diferentes dinámicas para configurar los nuevos modelos de relación con el entorno que plantea la gobernanza robusta requieren de una visión integrada y de unas estrategias que las permitan desplegar. El gráfico (gráfico 6) presenta las estrategias que se proponen al respecto y que se desarrollan en el siguiente apartado.

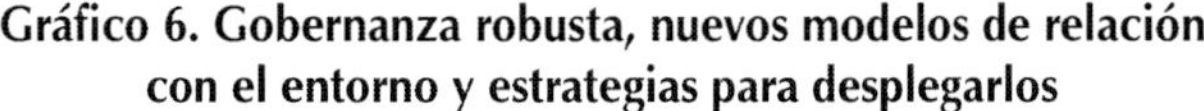

Gráfico 6. Gobernanza robusta, nuevos modelos de relación con el entorno y estrategias para desplegarlos

Fuente: Elaboración propia.

Estrategias para impulsar los nuevos modelos de relación

Además de la aproximación conceptual que destaca el rol del gobierno en esta dimensión de la gobernanza robusta, la plasmación más operativa del nuevo modelo de relación con el entorno debería desplegarse a través de diferentes estrategias.

En primer lugar, resulta conveniente contar con una estrategia integral, a nivel corporativo, en lo referente al modelo de relaciones con el entorno. Los ejemplos ofrecidos para ilustrar diferentes dimensiones del modelo de relaciones, en términos de transparencia, participación y colaboración, provienen de diversas organizaciones públicas, pero desde cada una de ellas debería plantearse la reflexión y la estrategia de relación de forma integrada, para asegurar su coherencia. No resulta extraño encontrar ejemplos de áreas internas que establecen contratos o colaboraciones con un agente que, previamente, ha generado conflictos con otra área. O encontrar casos en que se desconoce el mapa de actores externos con los que se relaciona cada área. O la paradoja que algún agente externo conoce más a cada una de las áreas internas que el conocimiento que comparten entre ellas a nivel interno. Precisamente desde la gobernanza robusta se propugna potenciar la colaboración —interna y externa— para ofrecer respuestas integradas y robustas a entornos de turbulencia. En otros términos, para favorecer que los vínculos que se establecen desde unas áreas no se contrapongan, en cuanto a estilo y contenidos, a los propugnados por otras, respondiendo así a una unidad de visión en este campo. La cuestión no está exenta de complejidad, en especial por la diversidad interna de muchas organizaciones públicas. Para configurar dicha estrategia integrada de relación con el entorno debería implicarse a las diferentes áreas, compartiendo enfoques e instrumentos, pero también los valores guía que orientan la interacción con los actores externos. Establecer así tanto los principios básicos que, a nivel corporativo, han de orientar el modelo de relación con los agentes del entorno, como los canales e instrumentos que permiten concretarlos, generando de nuevo sinergias internas para su mejora, asegurando la coherencia del resultado.

En segundo lugar, y tanto para la configuración de la estrategia corporativa mencionada como, y especialmente, para su posterior desarrollo, debería potenciarse el diálogo y el trabajo conjunto entre los niveles político y directivo profesional, abastando, según el tipo de organización, a los mandos de línea. Con ello se pretende destacar la imprescindible alineación de actuaciones, consolidando la posición conjunta a nivel corporativo. El establecimiento de esta línea en lo referente al modelo de relación con el entorno no debería plantearse como una imposición desde la política sino integrar la deliberación con los responsables de su posterior despliegue que, además, es más que probable que dispongan de evidencias y experiencias contrastadas en dinámicas de interacción previas con agentes externos. Se trata de una labor compleja en la medida que incide en una de las aristas más sensibles de la actividad política, la relación con la ciudadanía y con el entorno, por lo que el respeto al direccionamiento estratégico establecido desde este nivel debe atenderse de forma prioritaria. Pero es importante, crítico, que el diseño de este direccionamiento político atienda a la realidad de la organización en lo que a relaciones con el entorno se refiere, reconociendo tanto los precedentes como las particularidades de las diferentes opciones desde el sector público, sin perder de vista el interés general. Para concretar estas dinámicas se pueden plantear sesiones de trabajo conjuntas para compartir criterios e información, pero sobre todo generar pautas de interacción, basadas en la confianza y la generación de sinergias, desde los diferentes aportes, para consolidar la línea compartida a nivel corporativo.

En tercer lugar, y como una de las líneas clave de la estrategia apuntada, resulta conveniente extender y consolidar una cultura adecuada al modelo de relación con el entorno que se despliegue. La transparencia, una de las políticas comentadas en el capítulo, puede afrontarse como el mero cumplimiento de unas obligaciones legales ofreciendo públicamente datos y evidencias que reflejen sólo cierta información y en formatos y periodicidad poco adecuadas para facilitar su interpretación, o bien interiorizarse como una manera de trabajar y tomando conciencia de la importancia de rendir cuentas de las actividades realizadas y los resultados obtenidos. Las políticas de participación también pueden cubrirse formalmente, abriendo espacios virtuales de pocas visitas o nula interacción, o generando procesos participativos para redundar en decisiones previamente tomadas sin un retorno del resultado, o bien adoptarse como una manera de entender la implicación de la ciudadanía en los asuntos públicos, planteando dinámicas deliberativas que aporten valor tanto en términos de proceso como enriqueciendo el resultado que se asuma por parte del gobierno. Las políticas de colaboración también pueden interpretarse en términos meramente instrumentales, como vía para resolver carencias puntuales apelando a determinados agentes externos, con o sin ánimo de lucro, o bien interpretarse como un modelo de despliegue de potenciales conjuntos que, a través de las sinergias, permiten multiplicar la capacidad de respuesta, especialmente ante entornos de turbulencia. Más allá de las prácticas e instrumentos que permiten desplegar las acepciones más vinculadas a la gobernanza robusta, lo que se plantea en esta tercera estrategia es la importancia de generar una cultura institucional proclive a asentar este enfoque relacional. Una cultura que debería trascender de las unidades y colectivos directamente implicados a nivel operativo en el desarrollo de dichas interacciones concretas para lograr un cambio global en el conjunto de la organización, de orientación clara hacia al nuevo modelo de relaciones con el entorno. El desarrollo de actividades de sensibilización al respecto, como conferencias y jornadas con especialistas, con la máxima presencia de la dirección política para apoyar el mensaje, así como la realización de talleres para compartir buenas prácticas a nivel interno, o talleres con agentes externos para compartir perspectivas, son algunas de las actuaciones a emprender para sentar las bases de un cambio en la cultura organizativa vinculado al nuevo modelo relacional.

En cuarto lugar, deberían priorizarse determinadas áreas de actividad en las que el modelo de relación con el entorno cobra especial importancia y, además, cuentan con ciertas particularidades. Los ámbitos vinculados al impulso de políticas de promoción económica o industrial desarrollarán un tipo de relaciones claramente diferenciadas de las que puedan generarse desde ámbitos como el educativo, el de servicios sociales o el sanitario. En otros términos, aunque la necesidad de generar una estrategia y una cultura organizativa común en relación al modelo de relaciones con el entorno que incluya desde los servicios internos (gestión económica, gestión de recursos humanos o asesoría jurídica) hasta los finalistas (como los vinculados a políticas sectoriales con mayor o menor incidencia en diferentes colectivos), la priorización de determinados ámbitos de contenido más proclives a la interacción con actores externos obedece a la necesidad práctica de particularizar dinámicas e instrumentos que la faciliten. En esta línea, además de las actividades señaladas en los puntos anteriores de carácter general para el conjunto de la corporación, para las áreas más expuestas a la interacción deberían desplegarse actividades de formación y sensibilización que particularizasen su realidad. En esta línea se plantea la conveniencia de generar, atendiendo a las dimensiones de la propia organización o en clave interorganizativa, comunidades de práctica entre profesionales de áreas próximas en cuanto a la red externa con la que se establecen interacciones. Estas comunidades de práctica permitirían compartir estrategias, datos y evidencias, recursos de información y conocimiento y, además generar ciertas sinergias informales entre los profesionales implicados para ayudar al desarrollo de su actividad —de nuevo sin perder de vista la estrategia corporativa global—.

En quinto lugar, e incidiendo en cuestiones más operativas, pero no por ello menos importantes —sino al contrario—, deberían reforzarse los perfiles profesionales vinculados al desarrollo efectivo del nuevo modelo de relación con el entorno. Los perfiles actuales vinculados tanto a las políticas de transparencia como de participación y de colaboración presentan singularidades adecuadas a sus diferentes realidades, aunque en el último caso, la colaboración, la diversidad interna suele ser mucho mayor. Por supuesto no debería perderse esta cierta especialización, pero sí revisar sus parámetros de funcionamiento para confirmar su adecuación al nuevo modelo de relación. También reforzar especialmente los perfiles vinculados a las políticas de colaboración (tanto con la ciudadanía y las entidades de la sociedad civil como la público-privada con entidades empresariales) para asegurar el adecuado equilibrio entre visiones confrontadas y la preservación del interés público. Para ello sería conveniente incidir, desde la gestión de recursos humanos, en la definición de competencias específicas a integrar no tan solo en los perfiles profesionales vinculados a las áreas centrales que impulsan las políticas de transparencia, de participación y de colaboración (o de gobierno abierto, en su conjunto) sino también en los perfiles profesionales vinculados a diferentes áreas sectoriales que a nivel concreto trabajan en este tipo de actuaciones —especialmente en las de participación y colaboración—. Una definición de competencias adecuadas al modelo relacional que deberían reforzarse tanto a través de acciones formativas como mediante su integración en las eventuales valoraciones de dichos perfiles de cara a su evaluación y promoción profesional. La generación de comunidades de práctica entre estos colectivos profesionales también permite generar sinergias y procesos de aprendizaje colaborativo, apoyándose en el nuevo modelo de relaciones con el entorno que se plantea.

En sexto lugar debería atenderse, tal como muestran experiencias internacionales referidas a los procesos de colaboración con entidades del tercer sector, a la necesidad de sensibilizar y capacitar a la propia ciudadanía y a las entidades sociales. Se trata, en esta estrategia, de desplegar servicios y actividades orientadas a fomentar una cultura democrática responsable, que exige transparencia, implicación pero que también supone involucración en la generación de respuestas ante crisis y la colaboración en el desarrollo de actividades para afrontarlas. Mediante campañas informativas, jornadas y conferencias, utilizando una dinámica multicanal para llegar a los diferentes colectivos diana —población en general, colectivos ciudadanos, asociaciones o empresas—, se puede facilitar esta sensibilización. Pero debería irse más allá en la promoción de la cultura y valores asociados al modelo de relación para generar capacidades efectivas de interlocución, tanto desde la vertiente de la participación ciudadana de personas de diferentes perfiles (evitando los habituales sesgos en cuanto a formación, género o nivel de renta), hasta la vertiente de la colaboración dirigida a asociaciones ciudadanas y a empresas (especialmente medianas y pequeñas) para facilitar su implicación en el desarrollo de políticas públicas concretas. Ello exige incorporar nuevos servicios de formación y capacitación diseñados en esa línea, por supuesto, con la imprescindible implicación de los colectivos externos. Pero, ello especialmente en la vertiente de participación y colaboración, exige generar cierta trayectoria de interacciones que permitan generar confianza y consolidar los espacios de la red abierta de actores externos con los que se configura el nuevo modelo de relación.

En séptimo lugar debería plantearse una visión integrada de los mecanismos e instrumentos asociados al despliegue del nuevo modelo de relación. Aunque obviamente la operativa que concreta las políticas de transparencia, de participación y de colaboración (tanto con la ciudadanía y las entidades de la sociedad civil como la público-privada con entidades empresariales) tienen rasgos diferenciados, con esta estrategia se pretende alinear las acciones vinculadas al nuevo modelo de relación con el entorno también a nivel instrumental. En esta línea, que los procesos y canales a través de los cuales se trabaja la transparencia y el rendimiento de cuenta estén conectados con los mecanismos de participación, permite generar sinergias tanto para ofrecer argumentos y evidencias de la acción de gobierno como para implicar a los diferentes actores en procesos deliberativos. Estas interacciones permiten, además, validar el funcionamiento de los diferentes mecanismos ya que la interacción entre transparencia y, por ejemplo, las dinámicas de los órganos estables de participación permiten informar de si éstos están funcionando adecuadamente tanto en términos de su composición, de la periodicidad de sus convocatorias, de los debates realizados o de los resultados que han ofrecido. También los aportes derivados de las dinámicas asociadas a la transparencia permiten enriquecer los debates y la interacción en los diferentes espacios en los que se concreta la participación (tanto a través de órganos estables como de procesos participativos), generando una base sólida sobre la que desplegar argumentos y sustentar posiciones, además de contribuir a generar confianza entre las partes. La operativa vinculada a la transparencia (desde los procesos de recopilación de datos y argumentos a su presentación tanto a través del canal web como de redes sociales u otras opciones) también pueden conectarse con los protocolos establecidos para sustentar la colaboración con agentes externos, especialmente si están vinculados a la prestación de servicios o al desarrollo de políticas públicas, estableciendo compromisos en cuanto a la provisión de evidencias de cara a rendir cuentas de las actividades desarrolladas y los resultados obtenidos. Al mismo tiempo, los procesos de recopilación y generación de datos y evidencias asociados a la transparencia también pueden aportar información relevante para revisar, conjuntamente con los actores externos implicados en las dinámicas de colaboración, el desarrollo de las actividades previstas en relación a las políticas públicas que se despliegan. Por otro lado, los mecanismos planteados para las actividades vinculadas a los espacios de participación, tanto de carácter estable como puntual, también pueden establecer conexiones con los mecanismos vinculados a las dinámicas de colaboración con agentes externos. Por ejemplo, incluir a las entidades de la sociedad civil con las que se establecen colaboraciones para el impulso de servicios y políticas públicas en procesos participativos puede tanto enriquecer las dinámicas como reforzar vínculos e implicación por parte de todas las partes. En definitiva, se trata de trasladar la estrategia integrada del modelo de relación con el entorno a su concreción operativa, propiciando una mayor coordinación también a nivel operativo y la generación de sinergias entre las diferentes dimensiones que lo configuran.

Para poder desplegar dicho modelo de relaciones con el entorno como vertiente de la gobernanza robusta es necesario revisar los modelos organizativos y de gestión de las administraciones públicas, como parte de las bases del liderazgo político e institucional a desplegar para afrontar los desafíos del nuevo contexto.

Los capítulos incluidos en el bloque de contenidos que se presenta a continuación versan precisamente sobre el modelo de gestión y el desarrollo organizativo de la gobernanza robusta.

II ADMINISTRACIÓN INTELIGENTE: EL DISEÑO DE UN NUEVO MODELO DE ORGANIZACIÓN EN EL CONTEXTO DE LA GOBERNANZA ROBUSTA

Capítulo 5

UNA GESTIÓN PÚBLICA OBSOLETA EN EL CONTEXTO DE UN ENTORNO TURBULENTO Y LA EXIGENCIA DE UNA GESTIÓN PÚBLICA CONTINGENTE E INTELIGENTE

La mayoría de la ciudadanía siente que nos encontramos en una encrucijada, en unos momentos de cambio de paradigma a todos los niveles: climático, medioambiental, de salud pública, tecnológico, económico, social y político. Vivimos en la más absoluta de las incertidumbres, entre miedosos y expectantes. Desde la segunda guerra mundial del siglo pasado la mayoría de las sociedades avanzadas se acomodaron a un contexto de crecimiento incremental del bienestar en todas sus dimensiones. Con el inicio del actual siglo esta sensación se fue evaporado y se ha extendido socialmente la convicción de que todo va a peor y que los grandes anclajes económicos, sociales e institucionales están en decadencia. Algunos filósofos y economistas afirman que la combinación de democracias débiles, capitalismo desnortado e inteligencia artificial representan una mezcla peligrosa. Tienen toda la razón, aunque olvidan que en esta fórmula también están presentes y son muy relevantes las instituciones, las administraciones públicas Si a esta situación de incertidumbre e incluso de zozobra añadimos instituciones públicas cada vez más débiles y con peor calidad cerramos un círculo infernal del que es muy difícil escapar.

Las instituciones públicas son cada vez más débiles por la anemia de los sistemas democráticos que no logran asegurar el bienestar a la ciudadanía y que coquetean con tendencias políticas demagógicas y con relatos perversos de carácter populista. Pero las instituciones públicas también son débiles por el agotamiento y falta de modernización de las administraciones públicas en la provisión de servicios y en ofrecer respuestas a nuevas necesidades de seguridad jurídica e institucional hacia los ciudadanos. Actualmente, la efectividad de la gestión pública está muy cuestionada socialmente. Lleva un tiempo que se ha estado gestando esta negativa sensación y la crisis de la Covid-19 supuso un punto de inflexión, quizás de no retorno, de esta decepción con la manera de operar de nuestras administraciones públicas. Una parte de la ciudadanía se siente abandonada por las administraciones y esta crispada y con actitudes beligerantes. Consideran, con razón o sin razón, que las administraciones públicas están caducas, que están ensimismadas y que carecen de las competencias y de la motivación para poder enfrentarse a los nuevos retos. La ciudadanía no puede evitar comparar, aunque no sea consistente, en cómo funcionan y se renuevan empresas de referencia como Google, Amazon o Inditex con unas administraciones escleróticas y con tendencias autistas. La literatura académica en gestión pública también está preocupada por la falta de sintonía entre un entorno complejo y turbulento y unas administraciones públicas diseñadas para gestionar básicamente la certidumbre. Unas administraciones públicas con unos diseños mecánicos que van a ser incapaces de absorber la complejidad socioeconómica y tecnológica del presente y del futuro.

Forma parte de la tradición administrativa que los gestores públicos se quejen de que para lograr sus objetivos tienen que enfrentarse a un muro burocrático casi impenetrable. Deben abandonar sus funciones como gestores para dedicar un precioso tiempo a combatir, con escaso éxito, estos obstáculos. Aunque a veces este argumento se utiliza como una impostura a modo de excusa es cierto que la gestión pública se encuentra lastrada por inercias y dinámicas obsoletas y socialmente incomprensibles. El muro impenetrable suele tener, en la mayoría de las ocasiones, poco que ver con el modelo burocrático y sí, en cambio, con comportamientos arraigados en una cultura feudal en la que predomina el celo por la defensa de obsoletas jurisdicciones administrativas y de los distintos y también anticuados roles profesionales. Las lógicas corporativas, en su peor acepción del término, están muy arraigadas, y entre unos y otros edificamos el odioso muro burocrático. Es una paradoja observar a un empleado público que se queja del muro burocrático y que, en paralelo, lo está reforzando con entusiasmo. El nuevo modelo organizativo propuesto en este libro, a partir del referente de la gobernanza robusta, tiene como objetivo derribar este muro o, al menos, hacerlo mucho más poroso y permeable.

Otro ingrediente de resistencia al cambio que genera muy diversas externalidades negativas es el complejo y denso entramado legislativo y, muy en especial, su interpretación restrictiva y conservadora por parte de la judicatura. Es obvio que la Administración pública debe ejercer sus funciones en el marco de una plena seguridad jurídica garantizando todo tipo de derechos, pero también es cierto que el marco normativo es difícil de transformar, que la garantía de derechos debe hacerse de manera tan minuciosa que hace muy difícil aportar respuestas imaginativas e innovadoras por parte de las administraciones públicas. Es descorazonador certificar que algunas administraciones públicas con empleados dinámicos e innovadores encuentran siempre la puerta cerrada a sus iniciativas por un excesivo celo conservador por parte de los gabinetes jurídicos internos. Aunque es totalmente comprensible esta cautela si somos conscientes que hay centenares de miles de abogados trabajando para empresas privadas y para ciudadanos pudientes que tienen como único objetivo analizar potenciales contradicciones jurídicas del derecho administrativo para que sus clientes salgan bien librados de situaciones moralmente reprobables pero que adolecen de una protección jurídica débil formalmente. La cultura empresarial y, parcialmente, social de litigar con la Administración pública es un problema sistémico muy difícil de resolver y el origen de muchas de las disfunciones que detectamos en el funcionamiento de las administraciones y en su aparente incapacidad de imaginar nuevas respuestas a problemas imprevistos. Esta barrera es mucho más difícil y delicada de resolver por más que, en este texto, presentemos algunas propuestas.

En este ambiente de depresión social, administrativa y académica ha surgido tímidamente el nuevo paradigma denominado de gobernanza robusta que intenta dar respuesta a estos retos. Su planteamiento de que los modelos de gestión pública deben agrupar dinámicas de estabilidad y dinámicas de cambio y de transformación nos parece una visión muy acertada. Es ineludible introducir en la gestión pública tensores o motores de renovación, de transformación mediante el incremento de las capacidades de aprendizaje organizativo.

El nuevo modelo de gobernanza robusta está todavía en un estadio seminal: sus bases teóricas son convincentes pero sus planteamientos normativos son todavía excesivamente genéricos e incluso confusos. Tal como se apuntó en los capítulos precedentes, su concreción en términos de estrategias y capacidades (estables y dinámicas) permite establecer un primer nivel de concreción pero que requiere, sin duda, de una adecuada plasmación organizativa. El objetivo de este capítulo es intentar aterrizar y concretar estos planteamientos generales en respuestas y propuestas concretas tanto de estrategia como de un nuevo modelo organizativo. Es evidente que esta tarea es hercúlea y que las reflexiones, análisis y propuestas que planteamos son solo tentativas y siempre desde la modestia intelectual. Aunque aparentemente proponemos un modelo integrado y muy concreto somos conscientes que para lograr este objetivo hace falta mucho más análisis, reflexión y debate entre los teóricos y los prácticos especialistas en la materia. Nuestra intención es únicamente abrir la discusión y poner sobre la mesa algunas propuestas para ejercer de catalizador de este necesario debate. Somos conscientes que algunos de nuestros planteamientos serán considerados como conservadores, otros como disruptivos en exceso y otros directamente ilusos. Es un riesgo que estamos dispuestos a asumir ya que es mucho peor insistir en debates teóricos descontextualizados de la realidad administrativa o quedarnos bloqueados e inertes ante la amplitud y profundidad de los retos que se avecinan a la gestión pública, a la defensa del bien común y del interés general.

Los que nos dedicamos a la gestión pública siempre tenemos que colocar en el frontispicio de nuestra labor académica y profesional la sentencia "los que no poseen nada solo tienen a la Administración pública". No podemos fallar a la sociedad y, en especial, a su parte más vulnerable. Por ejemplo, es inadmisible, en el caso de España, que el gobierno impulse unas determinadas políticas públicas para contribuir, según su criterio, al bienestar social y los ciudadanos destinatarios no puedan beneficiarse por el colapso organizativo de las administraciones públicas. Es lo que sucede ahora con los trámites para acceder al programa del Mínimo de Ingreso Vital o con las gestiones para poder percibir la pensión de jubilación. Son ahora estos, en el momento de escribir estas líneas, los servicios públicos candentes y críticos, pero antes lo fueron la tramitación de documentos de identidad, las ayudas a las empresas durante la pandemia, los certificados de familia numerosa, etc. y dentro de un tiempo serán otros los servicios en situación de vahído. En el caso que surja cualquier crisis imprevista el desmayo de los ámbitos administrativos afectados se puede considerar, lamentablemente, asegurado. Por estos y otros motivos es ahora más necesario que nunca repensar el modelo de organización y de gestión pública.

En este proceso hay que hacer una mención especial a la vinculación entre el paradigma de la gobernanza robusta comentado en la primera parte de la obra y el modelo de Administración pública inteligente. Consideramos que son dos planteamientos complementarios: para lograr una efectiva gobernanza robusta es imprescindible potenciar la inteligencia institucional. Las administraciones públicas se han convertido fundamentalmente en organizaciones que manejan cantidades ingentes de información tanto a nivel interno como externo. Pero manejar información no implica necesariamente saber gestionar y dominar la información en su selección estratégica, en las técnicas de extracción y en los mecanismos de catalogación y sistematización; todo ello vinculado a la necesidad de incrementar las capacidades institucionales en la gobernanza de datos. Toda esta información, bien gestionada por especialistas en la materia, ofrece unas posibilidades exponenciales de mejora y transformación de las políticas y servicios públicos y, también, debería fomentar una constante evolución del modelo de gestión. La información aporta tanto estabilidad como, en especial, la apertura hacia nuevos escenarios de cambio bien fundamentados en datos y evidencias empíricas. Para que ello sea posible es necesario que las administraciones públicas también refuercen, extiendan y profundicen sus capacidades analíticas (ya contempladas en el referente de la gobernanza robusta). La información sólida bien analizada representa inteligencia institucional. Llevamos tiempo proponiendo estrategias, tanto de carácter conceptual como más concretas, para fomentar la inteligencia institucional (Ramió, 2022; Salvador y Ramió, 2020) y consideramos que la implantación del modelo de gobernanza robusta puede ejercer de importante catalizador para consolidar de manera más focalizada y resolutiva estas nuevas destrezas organizativas.

Por último, hay que puntualizar que este segundo apartado del libro se encuadra dentro del marco general que propone el paradigma de gobernanza robusta pero que su objetivo no reside en mejorar la gobernanza propiamente dicha sino en transformar positivamente el gobierno de las instituciones mediante la mejora de las dimensiones organizativas. El objetivo, por tanto, es contribuir a la mejora de la gestión pública en el contexto de la gobernanza robusta. Si las administraciones públicas no son robustas (cambiantes en un marco estable) es imposible que puede aspirarse a una gobernanza en red solvente.

ENTORNO COMPLEJO Y LA CUADRATURA DEL CÍRCULO INSTITUCIONAL

Los actuales modelos de organización de las administraciones públicas han quedado obsoletos. La visión clásica de la organización administrativa sigue vigente por inercias que solo admiten ligeras transformaciones incrementales que, con el tiempo, generan modelos forzados y caóticos. Las nuevas funciones que deben desarrollar las administraciones públicas no encuentran un fácil acomodo en el modelo tradicional. La literatura académica va proponiendo de manera tímida y desordenada un nuevo modelo de gestión como es el caso del nuevo paradigma de gobernanza robusta o los esbozos del modelo de Administración inteligente, de burocracia inteligente o burocracia disruptiva (Brugué, 2022; Ramió, 2022; Velázquez, 2021, entre otros). El presente y el futuro exigen crear un nuevo ámbito organizativo en las administraciones públicas que atienda al reto de diseñar organizaciones públicas inteligentes.

Las presiones que aconsejan diseñar un nuevo modelo de organización y gestión inteligente son tanto endógenas como exógenas. Pongamos algunos ejemplos:

- El incremento exponencial de la información por la vía de los datos tanto internos como externos. Hay que considerar que la función profunda de la Administración pública reside en gestionar la información. La extracción, clasificación y homogenización de los datos es un elemento esencial de cara a la buena gestión, la planificación y avaluación de políticas y servicios públicos. Los déficits en este ámbito en las administraciones públicas son enormes y la capacidad de gestionar la información es muy precaria. Hay, por tanto, que incrementar las capacidades institucionales para la gobernanza de datos.
- La información y los datos por si mismos no aportan valor sino existen capacidades institucionales de análisis de la informa-

ción. Las capacidades analíticas de las administraciones públicas son todavía muy precarias. Hay que diseñar, por tanto, un sistema más robusto de capacidades analíticas.

- El entorno público es y será turbulento: los sucesos imprevistos, sobrevenidos y excepcionales van a formar parte de la normalidad. La combinación de cambios derivados de la crisis climática y medioambiental, de un contexto económico cada vez más imprevisible y caótico, del incremento de la inestabilidad social y, finalmente, de unas dinámicas políticas erráticas y extraordinariamente cortoplacistas. Este entorno requiere capacidad de visión estratégica por parte de las administraciones públicas. Por tanto, hay que incrementar también las capacidades dinámicas mediante técnicas de prospectiva para poder detectar o anticipar nuevos problemas y demandas para poder tener una cierta capacidad de reacción rápida.
- La gestión de las políticas y de los servicios públicos es cada vez más compleja al incorporarse nuevas exigencias derivadas de unas nuevas sensibilidades sociales y valores. Los principios de igualdad por razón de género (extrapolable a otras dimensiones de la igualdad), la sostenibilidad medioambiental, la participación ciudadana, y la censura estricta de conductas internas de acoso laboral son nuevos ingredientes que hay que celebrar pero que generan una sobrevenida complejidad en las dinámicas tradicionales de la gestión pública. En muchos casos, estas nuevas tensiones producen un bloqueo de las capacidades institucionales para el desarrollo de las políticas y los servicios públicos. Hay que encajar estas nuevas sensibilidades en el modelo de gestión pública evitando el bloqueo en los procesos de toma de decisiones.
- Desde hace tiempo existe la convicción que la Administración pública no tiene capacidad por sí misma para resolver los problemas sociales y de la ciudadanía. Una Administración omnipresente y con sueños de autarquía es, y ha sido siempre, una utopía. La colaboración pública-privada es una necesidad y una exigencia desde hace mucho tiempo y, paulatinamente, se ha ido edificando un modelo de gobernanza en red. Las capacidades del sector privado con ánimo de lucro y las capacidades del sector social sin ánimo de lucro son imprescindi-

bles tanto para la toma de decisiones como para la gestión e implementación de las políticas públicas. La gobernanza en red es un modelo atractivo, pero con una tendencia natural al desorden si las administraciones públicas no mejoran sus capacidades de liderazgo, planificación, coordinación y control de las diversas redes que se van conformando.

- La digitalización de la Administración pública y los nuevos mecanismos de organización del trabajo público (por ejemplo, el teletrabajo) están alterando los mecanismos de relación entre la Administración y la ciudadanía. Se detecta en el ambiente un excesivo optimismo con estos nuevos ingredientes que aparentemente permiten cuadrar el círculo: lograr una mayor calidad y confort en la atención a la ciudadanía y, en paralelo, mejorar las condiciones de trabajo de los empleados públicos. Aunque el momento actual puede considerase como de transición, los indicios provisionales es que la atención ciudadana no ha mejorado, sino que ha empeorado. No deja de ser curioso que una cultura pública arraigada en dinámicas muy conservadoras manifieste de manera sobrevenida pulsiones disruptivas de carácter organizativo que casualmente incrementa el bienestar de los empleados públicos y genera un inesperado malestar en la ciudadanía. Es una evidencia, muy reciente, que algo falla en esta ecuación.

La moderna gestión pública debe lograr un difícil equilibrio entre la estabilidad y el cambio que representan los dos ingredientes de la gobernanza robusta. El nuevo modelo de gestión pública transita por el tortuoso camino de un oxímoron. La estabilidad es imprescindible para aportar seguridad jurídica como ingrediente que fomenta el desarrollo económico y social. La estabilidad es, además, necesaria para asegurar la provisión con eficacia y eficiencia de servicios públicos. Cuando la Administración improvisa cambios acelerados se resienten los cimientos de lo que entendemos como servicio público. Pero, por otra parte, para la Administración contemporánea el cambio es una exigencia ineludible para atender las novedosas crisis y las nuevas demandas ciudadanas. Las administraciones públicas deben desplegar una resiliencia dinámica mediante un proceso de aprendizaje que vaya incorporando cambios en sus modelos de organización y gestión. La combinación de estabilidad y cambio es muy difícil: si una Administración es excesivamente estable no es capaz de atender las nuevas demandas, pero si una Administración es excesivamente cambiante puede perder algunas de sus capacidades consolidadas que son imprescindibles para la gestión del día a día y para aportar seguridad a la dimensión económica y social.

El punto anterior altera de manera sutil el concepto de institucionalidad que suele correlacionar, en la práctica, con la rigidez y la inamovilidad. Las administraciones con una densa y muy trabada institucionalidad suelen ser poco contingentes y permeables al cambio. En contraposición, las administraciones con baja institucionalidad son mucho más adaptables y contingentes, pero carecen de solidez, de continuidad y de perseverancia, y son organizaciones inseguras tanto a nivel interno como externo. Todo parece indicar que ahora hay que estimular y practicar dos tensiones contradictorias: por una parte, fomentar la desinstitucionalización de algunas dimensiones y, en paralelo, incrementar la institucionalidad en otras dimensiones. Realmente se trata de otro intento complejo de cuadratura del círculo institucional.

EL ACTUAL MODELO REACCIONARIO DE ORGANIZACIÓN Y GESTIÓN PÚBLICA

Partimos de la convicción que el actual modelo organizativo y de gestión en el ámbito público ha quedado radicalmente obsoleto. Ya hace tiempo que representa un modelo organizativo anticuado pero las nuevas dinámicas y exigencias explicitadas en el apartado anterior implican una obsolescencia absoluta. El proceso de diseño de las organizaciones mediante una constante sucesión de cambios incrementales tiene como resultado un modelo caótico que aglutina un compuesto de capas conceptualmente muy diversas y contradictorias. Los ingredientes antiguos sufren con el paso del tiempo un estrés similar al de los materiales: se van erosionando y fracturando. Por otra parte, los ingredientes novedosos no suelen ser capaces de acomodarse en el modelo organizativo tradicional y suelen perder rápidamente el fuelle esperado.

Para identificar algunas de las disfunciones organizativas resulta interesante recuperar el modelo conceptual de H. Mintzberg (1995).

A continuación, se recuperan algunos de sus rasgos básicos para dar paso a la caracterización de las disfunciones en las administraciones públicas.

Una manera clásica de representar las estructuras administrativas de las organizaciones públicas es mediante su diferenciación en base a las macrofunciones, tal y como propone Mintzberg en su conocida obra *La Estructuración de las Organizaciones* (1995). Este autor detecta seis macrofunciones y, en consonancia, identifica seis grandes áreas de gestión en las organizaciones: ápice estratégico, núcleo de operaciones, línea media o intermedia, tecnoestructura, staff de apoyo y, posteriormente, introdujo un nuevo ámbito: investigación y desarrollo (Ramió, 1999b).

1. El ápice estratégico es el que dirige la organización como un todo, sus funciones son el conocimiento del entorno, la fijación de los objetivos de la institución, la creación y desarrollo de su estructura y la representación de la organización ante su entorno. En la Administración pública el núcleo estratégico se corresponde con la dimensión política (altos cargos). Su tensión característica es la centralización o tendencia a concentrar en su seno la toma de todas las decisiones de la organización.
2. El núcleo operativo representa el ámbito que implementa las tareas necesarias para la consecución de los objetivos de la organización. Capta unas entradas, unos recursos (inputs), y las transforma en productos o servicios (outputs). El núcleo operativo está compuesto por profesionales (administrativos, ingenieros, médicos, profesores, etc.) que ejecutan las tareas siguiendo las directrices, más o menos detalladas, del núcleo estratégico y transmitidas por la línea media. La tensión organizativa de este componente es la profesionalización, es decir, la tendencia a fundamentar la toma de decisiones en base a criterios técnicos y profesionales. En la Administración los ámbitos más operativos se suelen concentrar en las secciones de los ámbitos de gestión sectoriales.
3. La línea media (o línea intermedia) es la que permite la comunicación entre las diferentes unidades especializadas y operativas con el núcleo estratégico confeccionando una "pirámide articulada". Los órganos que se encuentran en esta posición

intermedia tienen como principales funciones verticales la de transmitir órdenes y la de transformar planes de orden superior en programas operativos, y como función horizontal la de coordinar las diferentes unidades operativas que dirigen. La tensión de este componente es la de fragmentar el poder de decisión en parcelas delimitadas por las unidades de nivel medio con capacidad de mando. En la mayoría de las administraciones públicas el órgano de comunicación fundamental es el servicio, pudiéndose ampliar en el plano superior con la subdirección general, y en un plano inferior con la sección.

El núcleo estratégico, la línea media y el núcleo operativo configuran el desarrollo vertical o jerárquico de la Administración que va de las tareas más políticas y directivas a las tareas más ejecutivas y operativas.

4. La tecnoestructura es el área que se encarga del diseño y de la normalización de la estructura administrativa, humana, material y procedimental de la Administración. Una visión amplia de la tecnoestructura se correspondería a aquella parte de la organización que presta ciertos servicios internos (servicios comunes) que afectan y transforman los mecanismos de trabajo de los receptores de sus servicios (el núcleo estratégico, la línea intermedia y, fundamentalmente, el núcleo de operaciones). De esta forma destacan materias tales como la gestión y administración de personal, la elaboración del presupuesto, el control formal del gasto, la normalización de procedimientos, la homogeneización de los servicios informáticos, etc. Su tensión característica es la normalización o tendencia a reducir la incertidumbre de los procesos mediante la introducción de procedimientos muy detallados. En la Administración pública la tecnoestructura se corresponde con la mayor parte de los servicios comunes, internos o transversales.
5. El staff de apoyo es el ámbito de la organización que agrupa un conjunto de actividades operativas que no forman parte de las actuaciones básicas de la organización pero que son imprescindibles de cara a su buen funcionamiento. Se trata de servicios de apoyo como reprografía, correos, archivo, etc.; o servicios orientados a satisfacer demandas de la estructura humana y física de la organización: mantenimiento, restauración, lim-

pieza. Por ejemplo, en una universidad las actividades de limpieza, restaurante, mantenimiento, etc. son imprescindibles, pero no forman parte de sus actividades centrales como son la docencia y la investigación. Su tensión característica es la colaboración con lo que consiguen una influencia en el devenir de la organización. En las organizaciones públicas estos servicios suelen estar externalizados, es decir, gestionados por organizaciones privadas mediante sistemas de concesión u otros tipos de contratos.

6. Finalmente, el ámbito de la investigación y desarrollo agrupa las actividades de estudio de mercados, la planificación de productos y el diseño y desarrollo de nuevos servicios y de las unidades o grupos de innovación pública. Su tensión más característica es la innovación en la prestación de servicios y en los procesos de trabajo. Se trata de un área bastante inédita en buena parte de las administraciones públicas pero muy necesaria ya que afecta a la capacidad anticipatoria de la Administración a la hora de diseñar e implantar programas. Actualmente esta actividad la asumen por su cuenta las propias unidades operativas, ámbitos especializados en innovación y algunos gabinetes de carácter político y técnico pero su capacidad de análisis, planificación y diseño anticipatorio es muy limitada.

Veamos, las disfunciones de las organizaciones públicas actuales en relación a este modelo clásico formulado por Mintzberg:

- El núcleo de operaciones en el que reside la prestación de servicios públicos y la implementación de las políticas oscila de manera desordenada entre la gestión directa, la gestión instrumental y la gestión indirecta. Por una parte, la gestión directa de la propia Administración nuclear, por otra parte, la gestión mediante entes instrumentales públicos de carácter autónomo (agencias, organismos autónomos, empresas públicas, fundaciones o consorcios) que suelen carecer de su teórica flexibilidad y discrecionalidad al imponerse las mismas reglas del juego que en la Administración nuclear (por ejemplo, la normativa en contratación pública o un sistema uniforme en la gestión de recursos humanos). Finalmente, hay que señalar la gestión indirecta mediante la externalización (mayoritaria) o los partenariados público-privados (minoritaria). No existe ningún orden conceptual a la hora de escoger uno de estos tres modelos de gestión ya que suelen ser seleccionados y utilizados mediante inercias, modas o caprichos del momento y mediante unos filtros subjetivos de los decisores políticos dominados por erráticas filias y fobias. Creamos o suprimimos organismos públicos instrumentales, externalizamos o reinternalizamos sin ningún criterio conceptualmente sólido ni basado en evidencias empíricas. Usualmente migramos de un modelo de gestión hacia otro para escapar de las deficiencias del antiguo sin plantearnos su mejora y sin analizar las potenciales ventajas del nuevo modelo.

- También en el núcleo de operaciones combinamos de manera desorganizada el modelo y la cultura burocrática, muy arraigada en el cuerpo administrativo, con el modelo y la cultura gerencial. Ambos modelos conviven de manera beligerante y poco ordenada. Se apuesta por un modelo u otro en función de los perfiles profesionales o de formación técnica (por ejemplo, derecho versus ciencias empresariales) de los actores políticos y profesionales. El resultado es un desbarajuste generalizado y no es difícil encontrar, desafortunadamente, ámbitos de prestación de servicios con modelos burocráticos que priorizan los procesos por encima de los resultados y ámbitos administrativos vinculados a la seguridad jurídica (licencias, autorizaciones o disciplina pública) que apuestan por la flexibilidad gerencial y pierden su esencia neutral e igualitaria degenerando en una manifiesta inseguridad jurídica.
- La línea intermedia de la Administración encarnada por las jefaturas medias suele ser excesivamente densa y extensa. Hay una profusión de jerarquía y de fragmentación intermedia que suele lograr justo lo contrario de lo que en teoría pretende: falta de control y de coordinación. Se impone un modelo feudal que carece de visión transversal y de capacidad para gestionar proyectos mediante equipos multidisciplinares. Además, la mayoría de estas jefaturas intermedias no ejercen como tales ya que encarnan a señores feudales tan raquíticos y con tan pocas capacidades directivas que suelen ejercer más como parte de una tropa privilegiada que como auténticos mandos. Es decir: se trata de jefaturas intermedias que no aportan valor a nivel

de inteligencia institucional y que, en cambio, participan con entusiasmo en diversas y dinámicas arquitecturas de bloqueo organizativo. El motivo de esta disfunción reside en el propio proceso de selección de estas posiciones de mando, que no suelen cubrirse atendiendo a las necesidades organizativas sino como respuesta a las debilidades en la gestión de personal en el ámbito de la carrera profesional y la evaluación del desempeño. Ante la usencia de una verdadera carrera horizontal, se canalizan expectativas de mejora profesional generando una inflación artificial en la estructura administrativa que suele generar una línea intermedia excesivamente extensa y disfuncional.

- El ápice estratégico de las organizaciones públicas es mucho más complejo que en las organizaciones privadas debido al ingrediente político que aporta legitimidad democrática a la Administración pública. El resultado es una ineludible esquizofrenia en la dimensión estratégica: una parte del cerebro piensa con lógica política y otra parte del cerebro piensa de forma tecnocrática. Se trata de un rasgo totalmente inevitable en las instituciones públicas con la que hay que aprender a convivir. Los conflictos entre los dos hemisferios del cerebro público son inevitables ya que ambos aspiran a dominar el cuerpo administrativo. Establecer unas reglas claras mediante una Dirección Pública Profesional no resuelve el problema, pero amortigua claramente algunas de sus externalidades negativas. En todo caso, el principal problema del ápice estratégico que se suele obviar es que no suele poseer la capacidad de pensar, de tomar decisiones robustas, en buena medida por no contar con unas mínimas capacidades de análisis de prospectiva. La parte política del ápice estratégico suele dedicar su tiempo a conciliar dinámicas políticas cada vez más complejas derivadas de un nuevo orden político más demagógico y corrosivo que tensiona y distrae a los altos cargos políticos con una agenda profesional, social y comunicativa absolutamente estresante. La parte profesional del ápice estratégico se mueve entre el desconcierto y el temor que les genera la dimensión política y suelen refugiarse en la gestión de carácter operativo abandonando cualquier tipo de ambición estratégica. Este refugio en tareas ordinarias y de naturaleza no directiva es, paradójicamente, necesario ante el escaso aporte de valor, en muchos ámbitos, de la línea intermedia. En muchos casos el ápice estratégico profesional suple los déficits manifiestos de la línea intermedia. El resultado final de estas dinámicas es que en la práctica en la Administración pública no existe el ámbito estratégico y se carece de capacidades institucionales para el pensamiento estratégico y la correcta toma de decisiones. Muchas organizaciones públicas deambulan literalmente como pollos sin cabeza.

– Cuando no hay fortaleza estratégica ni directiva, cuando los cuadros intermedios apenas aportan valor y cuando el núcleo de operaciones oscila de manera confusa por distintos modelos de gestión, el ámbito que toma el mando en la Administración es la denominada tecnoestructura. Es cierto que la organización pública tradicional responde al modelo que Mintzberg conceptualiza como burocracia maquinal en el que domina de manera natural la tecnoestructura clásica (gestión económica y contratación, gestión de personal, gestión tecnológica y el ámbito legal). Esta lógica organizativa genera como principales problemas una normalización asfixiante de los procesos y una pérdida de los objetivos organizativos siendo los procesos internos lo relevante y los objetivos finalistas lo irrelevante. Pero la tecnoestructura acaba dominando todo el sistema también de manera artificial debido a la inhibición y debilidad del núcleo de operaciones, de la línea intermedia y, especialmente, del ámbito estratégico. Por otra parte, la tecnoestructura clásica se ha visto acompañada por una tecnoestructura de nueva generación encarnada por unidades de igualdad, de Administración digital, de participación ciudadana, de organización (modelos de calidad y diversidad de normas ISO), de calidad normativa, de *compliance*, etc. En este sentido, la burocracia clásica está acompañada de una potente neoburocracia. El modelo teórico consiste en que la tecnoestructura trabaja y está al servicio del resto de la organización (con las inevitables o evitables externalidades negativas vinculadas a una lógica uniformista) pero en la práctica sucede que la mayor parte de la organización trabaja fundamentalmente para alimentar el infinito apetito burocrático de la tecnoestructura clásica y de la de nueva generación. La única inteligencia institucional de las organizaciones públicas suele emanar de la tecnoestructura, pero se trata de una inteligencia de baja intensidad vinculada a operaciones y procesos. En consecuencia, el único ámbito organizativo capaz de tomar decisiones suele ser la tecnoestructura, pero se trata de un proceso de decisional solo enfocado intramuros de la Administración y totalmente descontextualizado del entorno y de sus exigencias.

NADA NUEVO BAJO EL SOL: DRUCKER, NEOWEBERIANOS Y AUTORES RECIENTES

Los postulados sobre los que se asienta este libro no suponen una novedad disruptiva en la tradición académica en la materia de *management* tanto privado como público. Un autor clásico (Druker) y otros más modernos y contemporáneos llevan tiempo, en nuestra opinión, anticipando los ingredientes característicos de la denominada gobernanza robusta. Peter Druker suele ser una referencia obligada ante cualquier novedad en materia de gestión ya que sus antiguos tratados de carácter holístico, que desbordaban los parámetros del *management* tradicional, abrieron nuevos horizontes a esta disciplina. En este sentido destacan: *La era de la discontinuidad* (1969), *Gestionar en tiempos de turbulencia* (1980), *Innovación y emprendimiento* (1985), *El* management *del futuro* (1992b) y a nuestro entender su obra cumbre a nivel de análisis de prospectiva y de anticipación de potenciales escenarios: *La sociedad postcapitalista* (1993). Estamos hablando, nada menos, de aportaciones alumbradas hace más de 30 años (algunas hasta más de 50 años).

En este sentido y desde nuestro punto de vista después de la producción madura de Drucker (1993) con una ambición que va mucho más allá del *management* y la más enfocada y ordenada de Mintzberg (1995) y sus secuelas, la teoría de la organización entró en un punto de inflexión hacia la decadencia y, en algunos casos, hacia una extraordinaria degradación en la mayoría de su literatura. Con anterioridad teníamos serias dudas sobre la calidad de las aportaciones de autores clásicos como McKinsey o el aclamado Porter, pero a partir del protagonismo de autores heterodoxos, superficiales y oportunistas como Peters (Tom) y Waterman junto con los planteamientos normativos vinculados al sistema de producción japonés, (*just in time*), a los postulados de la calidad y de las ISO's, etc. la decadencia de la disciplina es indiscutible hasta el momento actual. Las críticas elaboradas y expuestas por John Micklethwait y Adrián Wooldridge en su impactante obra *La hora de los gurús. Profetas y visionarios de la gestión empresarial* (1996) nos parecen totalmente pertinentes quizás con la única discrepancia de ubicar a Drucker en el mismo grupo tóxico y oportunista. Las aportaciones de Druker, como se ha hecho mención, van mucho más allá de simples planteamientos normativos orientados a mejorar la gestión y sus reflexiones y análisis visionarios y holísticos merecen respeto intelectual y ser tenidos en cuenta todavía en la actualidad. Lamentablemente los autores más aclamados en materia de gestión pública se han inspirado fundamentalmente de las aportaciones más heterodoxas y desordenadas vinculadas a la gestión privada generando visiones que alumbraron en su momento grandes expectativas que rápidamente se fueron diluyendo: Gaebler, Osborne, Barzelay, Gore, Pollit, Peters (Guy) y Hood que edificaron con entusiasmo la denominada Nueva Gestión Pública (NPG). Solo Peters, Barzelay, Pollit y Hood lograron escapar del dogmatismo oportunista de la NGP y fueron capaces de trabajar otros pastos organizativos que aportaron mayor valor conceptual.

En la literatura organizativa contemporánea, muy condicionada por la decadencia puesta de manifiesto durante las últimas décadas, hay pocas aportaciones y autores que se salven. A nivel de gestión empresarial siempre son interesantes las aportaciones de los *druckanianos* organizados en conferencias internacionales y nacionales (*Global Peter Drucker Forums*) siendo una figura destacada Marcet (2021). Los *druckanianos* están inmersos actualmente en dos interesantes y atractivos debates: por una parte, las características de las organizaciones complejas en el contexto de la teoría del caos (se denomina teoría de los sistemas complejos adaptativos) (Lasagna, 2021) y una visión más humana o humanística de la gestión empresarial (Marcet, 2021). Los planteamientos de las organizaciones complejas en el marco de un entorno caótico también tienen una presencia relevante en el nuevo modelo de gobernanza robusta que asienta su argumentación en base al nuevo entorno turbulento y caótico.

En la dimensión de gestión pública los autores más interesantes, a los efectos de nuestro objeto de análisis, son los adscritos a la denominada corriente neoweberiana. A principios del siglo XX aparecieron las primeras críticas a la NGP (Ramió, 1999 y Ramió, 2001) presentando una tímida alternativa denominado modelo neopúblico en contraposición con las bases excesivamente inspiradas en duros valores empresariales formuladas por la NGP. Este primer testigo alcanzó más recorrido de la mano de la corriente neoweberiana, arraigada con anterioridad en la literatura desde los años 60 en Europa, pero con escaso éxito internacional. La versión contemporánea de la concepción neoweberiana o neopública suele asociarse a los trabajos de Bouckaert y Pollitt (2004: 97-100) que, de hecho, proponen atribuir este calificativo a ciertos países europeos que siempre acordaron para el Estado un puesto singular en el paisaje social, económico y cultural de la nación. "*Fueron los casos de Francia, Bélgica, Finlandia, Países Bajos, Suecia o Alemania. Según la tipología de Bouckaert y Pollitt, al compartir una visión más Estado-centrista estos países son calificados de reformistas continentales (*Continental European modernizers*) por oposición a los países pro-mercado anglosajones (*NPM marketizers*). Cuando se trató de reformar sus administraciones públicas en la segunda mitad de los años noventa, los países de Europa continental conservaron unos atributos heredados de sus burocracias de tipo weberiana: el apego a los procedimientos legales, la lógica de funcionamiento jerárquico, así como la valorización del ethos del servicio público (gratuidad, universalidad, perennidad). De igual modo, buscaron abrirse a los principios del NGP entre los cuales destacan la eficacia (importancia de los resultados), la efectividad (enfoque a la evaluación de la acción pública), la eficiencia (cálculo costo/beneficio), la flexibilidad (racionalización de los trámites burocráticos) y la neutralidad (lógica apolítica)*" (Larrouqué, 2018: 3). Estos postulados fueron incorporados por la literatura anglosajona de la mano de Guy Peters y de Cristopher Hood. Por tanto, el paradigma neoweberiano tiene características propias del modelo clásico burocrático, pero compaginando el paradigma contemporáneo neogerencial (Evans, 2003). Otras aportaciones mucho más recientes han insistido en esta senda de intentar dibujar el modelo neoweberiano aunando los ingredientes salvables de la burocracia positiva (rechazando los excesos de la burocracia perniciosa y paralizante) ponderando su aporte de estabilidad y, en paralelo, incorporando la flexibilidad, contingencia y dinamismo de los postulados gerenciales (ingredientes asociados al cambio) pero escapando de visiones meramente empresariales para formular un modelo gerencial con una orientación hacia el valor público. En esta misma línea de trabajo destacan las aportaciones de Luís Aguilar Villanueva que presenta de manera sistemática y ortodoxa un modelo de gobernanza no exento a nivel institucional de ingredientes burocráticos o el más modesto paradigma de gobernanza social e inteligente formulado por Ramió y Salvador (2021) también conceptualizado como burocracia inteligente (Ramió, 2022). Por tanto, el nuevo paradigma de gobernanza robusta puede considerarse como una nueva vuelta de tuerca a estos intentos, más imprecisos que precisos, para proponer un modelo post moderno de carácter neopúblico o neoweberiano.

ALGUNAS POTENCIALES CRÍTICAS AL PARADIGMA DE LA GOBERNANZA ROBUSTA

Nos podemos formular la pregunta: ¿hasta qué punto es sólido el paradigma de la gobernanza robusta? La respuesta es que no es del todo compacto pero que no debería sorprendernos si lo planteamos en el marco de una pregunta más amplia: ¿Es sólido el *managment*, en general, y el *management* público en particular? La respuesta, lamentablemente, es que no. Podemos encontrar todo tipo de excusas justificadas para explicar esta falta de solidez de la teoría de gestión, en general, y de la gestión pública en particular. Primero, las debilidades de las ciencias sociales en su dimensión estrictamente científica. Segundo, la dificultad del objeto de estudio que posee un carácter social: la compleja agregación de comportamientos individuales que se canalizan mediante sus roles profesionales y personales, sus expectativas, sus roles políticos, sus sentimientos, sus perfiles psicológicos, el impacto de sus desarrollos vitales, etc. Las organizaciones son fundamentalmente unos agregados de colectivos humanos y de personas, y la gestión se ve atravesada y condicionada por la sociología, la política (en su sentido más básico de roles políticos y lucha por el poder), la psicología organizativa, la piscología convencional, etc. En las realidades sociales y políticas no participan un número controlable de variables sino un volumen elevadísimo de variables que pueden generar casi infinitas combinaciones. Sin perder de vista que muchas de estas variables están ocultas y que representa una proeza académica lograr identificarlas y conceptualizarlas.

Pueden darse todos los argumentos y muchos más de carácter epistémico y metodológico que justifican que la teoría de la gestión tiene la pretensión de ser científica, pero en realidad posee un recorrido entre una interpretación aproximada, en el mejor de los casos y, en el peor, una mera especulación sin apenas base empírica. En este sentido, hay que reconocer que la gestión pública transita entre la aproximación y la especulación. Por tanto, cada paso que se da a nivel académico debería estar muy medido: el diagnóstico elaborado mediante una potente base empírica y las propuestas (los planteamientos normativos) deberían ser realistas, coherentes y testados de manera amplia para poder ser definidos como categorías.

El paradigma de la gobernanza robusta, tal y como se ha presentado tanto en la primera parte de esta obra como en los apartados anteriores de este mismo capítulo, no escapa de estos déficits y situación de vulnerabilidad de la gestión pública. En este sentido, presenta varios problemas o debilidades, como, por ejemplo:

- Utiliza unos conceptos que pueden llegar a considerarse poco precisos y que, además, vienen prestados de otras disciplinas más consolidadas como, por ejemplo, la biología, la ecología, la ingeniería o la psicología. En este sentido, el uso de términos como la robustez o la resiliencia pueden generar cierta confusión o ambivalencia.
- La gestión pública toma prestados conceptos analizados desde hace años por la gestión privada. Lo que es una novedad en la primera no lo es en la segunda que, en ocasiones, se encuentra en un estadio más avanzado. Pongamos un ejemplo extraído de nuestras conversaciones con un autor de referencia en materia organizativa como es Amalio Rey.
    - La gobernanza robusta utiliza el concepto de resiliencia de manera correcta si atendemos a la Real Academia de la Lengua Española: "la capacidad (de una organización) de recuperar su estado inicial cuando ha cesado la perturbación a la que había estado sometida". Coincide, por tanto, con el concepto aquí manejado de resiliencia clásica o pasiva. Pero resulta que la Teoría de la Organización entiende desde

hace mucho tiempo, desde la teoría de las contingencias, que la resiliencia en las organizaciones es un proceso de anticipación, respuesta y adaptación continua a los cambios del entorno. Por tanto, esta literatura considera que la resiliencia organizativa siempre es dinámica. Para la visión privada los modelos mecanicistas como el fordista o el burocrático no eran resilientes, una vez superados estos viejos sistemas todos los modelos posteriores atesoran resiliencia dinámica o aspiran a poseerla. No estamos, en cambio, en la misma situación conceptual en la Administración pública que no ha logrado mudar, para bien o para mal, de un modelo mecánico a un modelo orgánico, sino que su avance ha residido en incorporar elementos de diversos modelos, generando un sistema híbrido, que ha manteniendo la base del modelo burocrático de naturaleza esencialmente mecánica.

- Otro ejemplo es la complejidad de diferenciar dos conceptos tan interrelacionados como robustez y resiliencia. En este sentido, un sistema robusto puede ayudar a mejorar la resiliencia al reducir la frecuencia o impacto de las perturbaciones, mientras que la resiliencia pude implicar la implementación de estrategias para fortalecer la robustez del sistema. En este caso más allá del juego de palabras y de si primero es el huevo o la gallina (robustez o resiliencia) puede interpretarse que la utilización del concepto robustez que hace la gobernanza robusta es bastante acertado. Pero es evidente que se trata de conceptos que se mueven en unas arenas movedizas.
- Otra crítica que puede hacerse es que el descubrimiento de que el entorno de la Administración pública es turbulento (cambios rápidos, profundos, imprevisibles e inéditos) representa la enésima reinvención teórica de la rueda. Que el entorno público es turbulento casi siempre ha sido así, al menos durante las últimas décadas, pero también es cierto que desde hace poco tiempo detectamos que el entorno público es todavía mucho más turbulento que antes. Por tanto, quizás no sea una novedad afirmar que ahora el entorno público es turbulento y complejo, pero sí, en cambio,

considerar que a partir de ahora el entorno será todavía más turbulento y complejo que antes. Hace tiempo que todos los actores vinculados a la Administración pública tenemos presente que su capacidad de transformación era insuficiente para poder atender con solvencia los nuevos retos de la ciudanía. El sector público era como una tortuga que intentaba atrapar la libre que, aunque nunca lo lograba, siempre la tenía en su campo de visión y había la sensación de mantener un cierto control más o menos precario (no alcanzo a la "liebre entorno" pero se dónde está y, por tanto, puedo definir una estrategia para ello). Ahora la novedad es que ya no se avista la libre que representa el entorno por ningún lado de tanto que ha corrido y no sabemos si, a la vuelta de la esquina, sigue siendo una liebre o bien a transmutado en un temible tigre. La incertidumbre en la que transita la gestión pública es mucho más extrema en los últimos tiempos. La pandemia de la Covid-19 ha constituido un punto de inflexión simbólico en el en que las administraciones públicas se han dado cuenta, definitivamente, que no están preparadas para hacer frente a los nuevos retos. No deja de ser una paradoja ya que la pandemia fue un acontecimiento sobrevenido al que ninguna organización (ni pública ni privada) supo prever, ni anticiparse ni enfrentarse con una cierta soltura. La pandemia descolocó a todo tipo de actores, pero su impacto, al menos y en el plano positivo, ha puesto en situación de alarma organizativa a la Administración.

- Finalmente, otra crítica que podría hacerse es sobre la idoneidad o no de las estrategias y capacidades que propone la gobernanza robusta (comentadas en los capítulos anteriores) y de la asimetría que hay a nivel de profundidad e impacto de cada una de ellas. Es cierto, que en el plano más normativo la gobernanza robusta propone ingredientes relativamente especulativos, basados en experiencias exitosas previas pero que no es evidente que estén suficientemente testadas para poder aportar realmente el valor que le asigna esta literatura. En buena parte de sus postulados, diversos conceptos asociados a la gobernanza robusta, desde su propia definición a las estrategias que se han descrito para ilustrar su concreción, adolecen de cierta ambigüedad que permite interpretaciones diversas y no exentas de contradicciones y solapamientos.

Pero el nuevo paradigma de gobernanza robusta también posee unos elementos que consideramos que merecen una valoración positiva:

- Aunque sea la enésima advertencia se insiste de manera especialmente rotunda en que el entorno que se espera en el futuro inmediato vinculado a las administraciones públicas será distinto, más complejo y más sorprendente que el vigente hasta el momento. O las administraciones se transforman de manera profunda o van a perder definitivamente el tren y su papel como uno de los grandes motores del bienestar social.
- Aunque la literatura organizativa considera que desde hace tiempo la resiliencia o es dinámica o no es auténtica resiliencia (poco útil o claramente insuficiente) esto no era en absoluto evidente en el caso de las organizaciones públicas. Por tanto, supone un avance significativo.
- En su dimensión de gobernanza este paradigma posee un enfoque de ecosistema en que inserta a las administraciones públicas en la necesaria cultura de la interdependencia. Carece de sentido que cada organización pública opere de manera autista sin lógicas de interdependencia, colaboración y equilibrio dentro del sistema administrativo (en su propia Administración y entre administraciones). La visión interadministrativa e intergubernamental es ineludible. Pero las organizaciones públicas operan también con lógicas de interdependencia en un ecosistema más global que abraza los diversos actores socioeconómicos que conforman la sociedad con la que interactúan. La lógica de gobernanza permite desplegar estrategias (comentadas en el capítulo 2) como la escalabilidad de recursos —incluyendo datos y conocimiento—, la autonomía coordinada y la policentricidad, o la combinación flexible de ideas, herramientas y recursos para la creación de módulos organizativos, de políticas o de programas, a través de la implicación de entidades externas a

la Administración, del sector privado o social, con o sin ánimo de lucro, con nuevas lógicas de colaboración para afrontar retos compartidos en entornos de turbulencia (tal como se ha comentado en el capítulo 4).

- La gestión pública debe pivotar sobre un delicado equilibrio entre la estabilidad y el cambio. Tampoco supone una aportación novedosa, pero sí que es significativa la coincidencia de la literatura más reciente tanto en gestión privada como pública en ponderar esta dicotomía: organizaciones ambidiestras u organizaciones que saben versus organizaciones que aprenden.
- En cuanto a las capacidades institucionales, la combinación de las estables —que ya se habían planteado desde enfoques como el análisis de políticas públicas— y las dinámicas, ofrece una visión renovada sobre cómo se integra la estabilidad y el cambio también en el despliegue de la actividad de las administraciones públicas. Tal como se comentó en el capítulo 3, la integración de la capacidad analítica —estable— con la de análisis y aprendizaje —dinámica—, permite compatibilizar unas bases permanentes vinculadas a la gobernanza de datos como una alternativa a activar y potenciar en momentos de crisis que permite integrar mejoras a la parte más estable. De igual manera la combinación de la capacidad colaborativa —estable— con la integración y coordinación —dinámica—, para facilitar nuevos modelos de relación con el entorno y la implicación de los actores para afrontar desafíos compartidos. Y la capacidad de gestión organizativa —estable— con la de reconfiguración y transformación —dinámica— permiten incorporar la lógica a los procesos de cambio en la dimensión organizativa interna.
- También es interesante la propuesta del modelo de gobernanza robusta de reflexionar y proponer alternativas "fuera de la caja", es decir, pensar soluciones innovadoras ajenas al marco conceptual específico de la Administración pública. Es necesario que las organizaciones públicas puedan proponer innovaciones de carácter disruptivo libres de las capturas vinculadas al pensamiento meramente administrativista.
- La aportación más relevante de la gobernanza robusta es que ofrece un marco conceptual de carácter integrador que per-

mite superar los típicos sectarismos, conflictos entre modelos y una cierta fascinación por las modas de última generación. El enfoque es inclusivo y busca la difícil conciliación entre dinámicas y modelos poco contingentes (burocracia) con ingredientes transformadores y abiertos al aprendizaje constante.

- En definitiva, la literatura en materia de gobernanza y gestión pública suele carecer de un marco conceptual holístico que permita renovar viejos modelos y prácticas administrativas y conciliarlas con nuevos enfoques y dinámicas que suelen emerger de manera poco articulada. En este sentido, la gobernanza robusta representa una buena fuente de inspiración para poder poner un cierto orden a la hora de diseñar nuevos modelos de gestión que aseguren la atención de las actividades fundamentales de la Administración y su capacidad para renovarse con el objetivo de poder atender con mayor solvencia los nuevos retos públicos. Este, desde nuestro punto de vista, es el gran valor añadido del paradigma de la gobernanza robusta.

Como conclusión la gobernanza robusta representa un nuevo enfoque novedoso y, por lo tanto, inmaduro y todavía tiene pendiente el desarrollo de sus aspectos más básicos. No es un paradigma radical y disruptivo en el sentido que no presenta novedades inéditas ya que la mayoría de sus elementos ya han sido analizados y propuestos por la literatura, aunque este nuevo paradigma tiene la virtud de articular dimensiones e ingredientes, hasta ahora, bastante dispersos. Por otra parte, posee un marco conceptual que es discutible por su ambigüedad y falta de desarrollo concreto y práctico. Pero, en cambio, posee el valor de aportar un análisis y unas propuestas enfocadas a los retos de presente y de futuro de las organizaciones públicas con una visión holística que puede ejercer de catalizador para que puedan formularse nuevas propuestas en materia de organización y de gestión pública. En nuestro caso el valor de este paradigma es que permite ordenar el análisis y la formulación de propuestas hasta ahora dispersas y desarticuladas para intentar proponer un marco conceptual y práctico mucho más focalizado y articulado.

ADMINISTRACIÓN PÚBLICA Y CAPACIDADES DE RESILIENCIA

En el modelo de gestión que se va diseñando a partir de las aportaciones de la literatura de la denominada gobernanza robusta es muy relevante el concepto de la resiliencia organizativa en la Administración pública, tal y como se comentó en el apartado "*De la resiliencia a la robustez*" del Capítulo 1. Complementado esa primera aproximación, en el presente apartado se propone concretar dicho concepto y enlazarlo con las reflexiones previas sobre la gestión pública.

Los estudios sobre la resiliencia y la robustez de las instituciones públicas se han desplegado con mayor intensidad a partir de las crisis sanitaria, económica y social derivadas del fenómeno de la Covid-19. Buena parte de las experiencias analizadas provienen de administraciones públicas vinculadas a los modelos anglosajones y nórdicos, pero también destacan aportes de administraciones del sur de Europa, como el caso italiano (que por su carácter descentralizado fue prolífico en el desarrollo de diferentes estrategias, configurándose como un gran laboratorio de prueba-error y de comparación de distintas tácticas).

Reflexionar sobre la capacidad de resiliencia de las organizaciones no es un tema novedoso sino una preocupación de la literatura organizativa desde hace muchas décadas. Las principales críticas, a mediados del siglo pasado, hacia las organizaciones fordistas y hacia las organizaciones burocráticas residían en su nula capacidad de resiliencia debido a sus bases conceptuales de carácter mecanicista. La teoría de las contingencias, vinculada a la teoría general de sistemas, supuso un cambio de enfoque para dar respuesta a un entorno cambiante e incluso turbulento, facilitando el desarrollo de modelos de gestión de carácter orgánico capaces de adaptarse a las nuevas condiciones. La capacidad de resiliencia organizativa se planteaba como el único modo para sobrevivir en entornos en constante proceso de cambio. En este marco las organizaciones públicas tenían unas carencias evidentes ya que sus bases conceptuales derivadas de un modelo burocrático y de un modelo fordista en la provisión de los grandes servicios públicos las hacían especialmente rígidas y vulnerables ante los cambios del entorno. Pero ello no supuso un grave inconveniente ya que durante la segunda mitad del siglo pasado las transformaciones del entorno público eran incrementales y el desarrollo del Estado de bienestar en la mayoría de los países europeos, por ejemplo, favoreció la capacidad de adaptarse mediante la expansión de los servicios públicos acompañado del incremento de recursos públicos. Por otra parte, las administraciones públicas introdujeron sutiles modificaciones en sus modelos matrices de naturaleza rígida que les aportaron una cierta flexibilidad y una modesta pero perseverante capacidad de atención personalizada a los ciudadanos. De manera precaria las organizaciones públicas se iban adaptando a las nuevas exigencias y demandas ciudadanas y de un entorno cambiante pero bastante controlable.

Este escenario relativamente estable se truncó de manera definitiva a partir de los inicios del siglo XXI en el que el desarrollo del Estado del bienestar se frenó de manera brusca como consecuencia de las sucesivas crisis económicas y fiscales. Por otra parte, ya se empezaba a adivinar que con el entorno tecnológico, económico y social empezaba a transformarse en un entorno de imprevisibilidad, generando un entorno turbulento (multiplicidad y sucesión de cambios sobrevenidos e imprevistos).

La crisis de la Covid-19 supuso un punto de inflexión tanto a nivel material como simbólico. La tendencia y la intuición pasan a ser certeza: los entornos públicos a partir de ahora son y serán turbulentos y las administraciones públicas tendrán una enorme dificultad para adaptarse a crisis imprevistas y sobrevenidas. La excepcionalidad de las crisis pasa a ser la norma: crisis derivadas del cambio climático y del deterioro medioambiental, crisis vinculadas a fallos en el sistema económico capitalista aleatorios y profundos, transformaciones tecnológicas que trastocan la economía y el mercado laboral, entre otras. Todas estas crisis generan nuevos escenarios con mayor desequilibrio social y vulnerabilidades sociales inéditas. El malestar y la crispación del cuerpo social presiona a la dimensión política que carece de las respuestas adecuadas y entra en un ciclo de combustión con una crisis de los partidos clásicos dominantes y la aparición de nuevas formaciones que abrazan la demagogia y la peor versión del populismo. Las administraciones públicas se ven obligadas a convivir no solo con un entorno más complejo y turbulento sino con un entorno en una constante situación de tormenta perfecta. En este convulso marco se considera importante asegurar la capacidad de resiliencia de las organizaciones públicas. La crisis de la Covid-19 puso de manifiesto que hay varios escenarios vinculados a la capacidad o no de resiliencia y a una insuficiente resiliencia versus una resiliencia potente y positiva.

El siguiente gráfico (gráfico 7) muestra los diferentes tipos de resiliencia como respuestas a los entornos de turbulencia, considerando el valor añadido que se aporta en cada caso (con ejemplos que se comentan con más detalle a continuación).

Gráfico 7: Tipos de resiliencia como respuestas al entorno de turbulencia

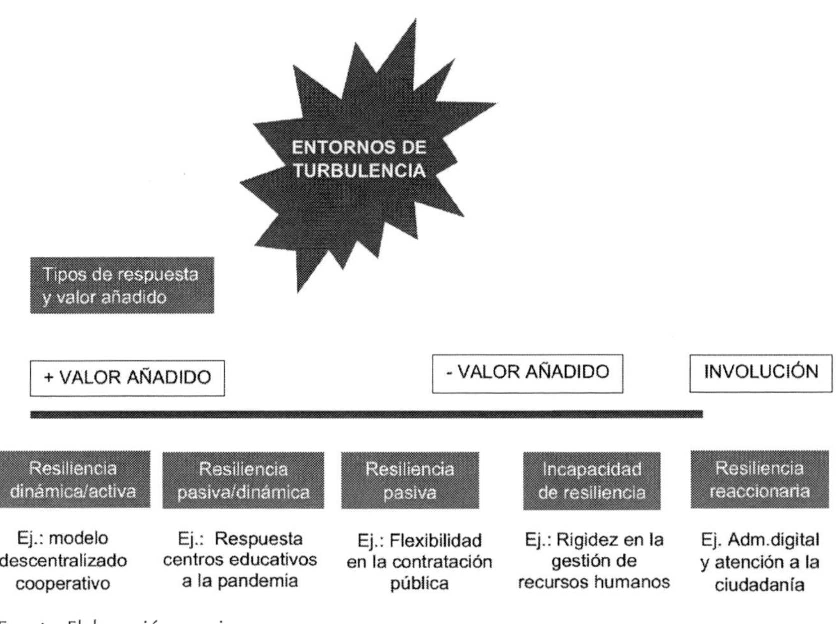

Fuente: Elaboración propia.

Veamos las distintas variedades de resiliencia en función de las respuestas de las organizaciones y servicios públicos en el contexto de la crisis de la Covid-19:

- Incapacidad de resiliencia: la resiliencia implica la necesidad de transformar los parámetros de gestión para poder hacer frente a una nueva necesidad sobrevenida. Por ejemplo, la crisis de la Covid-19 en sus momentos álgidos generó un elevado estrés en algunos ámbitos públicos de gestión (sanidad, servicios sociales, ayudas económicas vinculadas al empleo y a la supervivencia de las empresas, etc.) y mantuvo en situación de calma o de parálisis a otros sectores (cultura, deportes, promoción económica, sanidad quirúrgica, etc.). Unos ámbitos de gestión estaban colapsados y sin capacidad para atender en buenas condiciones a los ciudadanos y, en paralelo, otros ámbitos estaban casi inactivos y ociosos. El modelo de gestión de recursos humanos, totalmente garantista y muy trabado por su diseño barroco, no tuvo la capacidad para adaptarse a estas exigencias excepcionales. No fue posible impulsar nuevos redimensionamientos de plantillas y movilización de efectivos de empleados públicos de un ámbito tranquilo hacia un ámbito colapsado. Ninguna instancia política se atrevió a dejar provisionalmente en suspenso las normas y reglas del juego de la gestión de personal (vinculación al puesto, perfiles profesionales muy especializados con vocación autárquica, vacaciones y días de asuntos propios, horarios de servicio, etc.) para poder atender las urgencias y necesidades de los ciudadanos. Se trata de un ejemplo de incapacidad de resiliencia de una dimensión clave de la gestión, los recursos humanos, que implicó una nula capacidad de resiliencia de los organismos públicos en importantes y críticos ámbitos de servicio de atención directa a los ciudadanos.

– Capacidad de resiliencia pasiva: Se trata de la resiliencia clásica. El modelo de gestión es capaz de adaptarse, al impulsar un conjunto de cambios, a las exigencias de la crisis sobrevenida y lograr superar con éxito el reto. Una vez finalizada la crisis el modelo de gestión regresa al punto de inicio abrazando de nuevo la supuesta normalidad y reimplantando el antiguo modelo. Un ejemplo de este escenario, ya introducido al inicio de esta obra, es lo que sucedió en la Administración con la contratación pública. La necesidad de comprar de manera urgente respiradores, mascarillas y otro material sanitario en una situación extrema de contagios, enfermedad y muertes impulsó a las administraciones públicas a dejar provisionalmente en suspenso los exigentes procesos garantistas ligados a la contratación pública y, de esta forma, se pudieron adquirir estos insumos de manera rápida, aunque heterodoxa. Una vez superado el momento álgido de la crisis se retomó el mismo modelo de contratación anterior sin que mediara ningún proceso de aprendizaje (evaluación sobre ventajas e inconvenientes detectados durante el momento de gestión excepcional) de esta experiencia para articular un nuevo modelo de contratación pública que mantuviera las garantías pero que fuera mucho más rápido y fluido.

- Capacidad de resiliencia aparentemente pasiva pero que en realidad puede considerarse como activa o dinámica por su aporte de valor: se trata de una situación en que el modelo de gestión logra transformarse para resolver los problemas derivados de una crisis y una vez finalizada regresa al modelo anterior. Pero se trata de un proceso de cambio derivado de una capacidad relevante de proactividad, análisis de datos y otras evidencias empíricas, solvencia para tomar decisiones disruptivas y capacidad de diseñar un nuevo proceso de gestión. Una respuesta que es el resultado de un importante proceso de aprendizaje que no se limita a dejar en suspenso una determinada dimensión o fase del procedimiento, como en el caso anterior, sino que logra transformar la manera de gestionar. Aunque se regrese después de la crisis al punto de inicio se ha producido un importante proceso de aprendizaje organizativo que va a posibilitar que cualquier nueva crisis pueda ser afrontada de manera mucho más solvente. Un buen ejemplo de esta modalidad de resiliencia aparentemente pasiva pero activa es lo que sucedió en España con los centros de enseñanza primaria y segundaria durante los momentos álgidos de la Covid-19. Al principio de la crisis sanitaria se cerraron en el país todos los centros educativos siguiendo una tendencia internacional con escasas excepciones. Al pasar la primera ola de la pandemia se produjo una relajación en la disciplina social durante las vacaciones (movilidad sin límites, colonias de verano para niños, etc.). En aquel momento, se creó una comisión de expertos para definir las futuras acciones en el ámbito educativo ante el previsible contexto de perseverancia de la excepcionalidad sanitaria. Se analizó lo que sucedió en los escasos países que no cerraron los centros educativos durante la primera ola (por ejemplo, Dinamarca). También se estudiaron los contagios acontecidos durante el periodo vacacional entre niños participantes en las colonias. Estos estudios detectaron que los infantes manifestaban unos índices de contagio muy bajos y que se podían reabrir las escuelas después de estar tres meses cerradas. Se diseñaron sistemas profilácticos para evitar los contagios y protocolos de seguridad mediante grupos burbuja con una mayor presencia de personal docente mediante refuerzos. Finalmente, se establecieron sólidos procesos de seguimiento para cerrar aulas con contagios (que fueron en la práctica muy pocas) para proteger al resto de los miembros de cada centro educativo. Durante estos meses el sistema educativo presencial fue muy distinto que antes (capacidad de transformación de un proceso de producción de un servicio público) y el resultado es que España fue el país del mundo que mantuvo menos tiempo cerrados los centros escolares. Otro elemento a destacar de esta experiencia es que se adoptó, en su momento, una decisión política valiente ya que iba a contracorriente de la opinión pública pero firme ya que estaba basada en estudios empíricos analizados por especialistas expertos en la materia. Una vez superados los efectos de la Covid-19 el sistema educativo regresó a su modelo de gestión previo, pero con un notable aprendizaje para poder afrontar futuras crisis que puedan afectar al ámbito educativo.

- Capacidad de resiliencia dinámica o activa: Este es el modelo de resiliencia que propone la gobernanza robusta alegando que la mera capacidad de resiliencia pasiva es a partir de ahora claramente insuficiente. La resiliencia dinámica consiste en que ante una eventualidad se transforma el modelo de gestión, y gracias a ello se produce un proceso de aprendizaje organizativo que facilita que el nuevo modelo de gestión postcrisis sea diferente y mejor al anterior de la crisis. Un proceso de cambio continuo mediante procesos de aprendizaje derivados de situaciones excepcionales que facilitan que los modelos sean cada vez más solventes y contingentes. Un ejemplo de este escenario es el aprendizaje que lograron las administraciones españolas (Administración General del Estado y administraciones autonómicas) a la hora de implantar un modelo administrativo descentralizado de carácter cooperativo. España, posee desde hace más de cuatro décadas un modelo muy descentralizado (a nivel material similar a un sistema federal) pero que era incapaz de trabajar de manera coordinada y cooperativa y su sistema de relación era canalizado, casi en exclusiva, con los conflictos de competencias a dirimir por el Tribunal Constitucional. La Administración estatal consciente de las debilidades de este sistema multinivel apostó, al principio, por afrontar la crisis de la Covid-19 de manera centralizada diluyendo de manera significativa una respuesta federal. Ante el escaso éxito para manejar la primera ola de la crisis sanitaria se optó por un modelo descentralizado de carácter cooperativo, inédito en la tradición española. Durante estos meses se produjo un enorme proceso de aprendizaje de coordinación interadministrativa y es probable que a partir de ahora la relación entre el Estado y las Comunidades Autónomas sea distinta y algo más más fluida que antes.

– Resiliencia reaccionaria: esta modalidad representa una perversa dinámica de resiliencia ya que el nuevo modelo surgido a partir de una crisis es peor (supone un retroceso) que el anterior a la crisis. Lo malévolo es que este deterioro de la calidad del servicio puede pasar desapercibido y considerarse que es una buena práctica que forma parte del sistema de resiliencia dinámica. Un lamentable ejemplo de este escenario es lo que sucedió con la Administración digital y el teletrabajo y su negativo impacto en la pérdida de calidad en la atención a la ciudadanía. Una de las novedades organizativas más celebradas gracias a la experiencia de la Covid-19 es que la utilización interna y externa de la digitalización se impulsó de una manera muy rápida y que el teletrabajo se incorporó, de una vez por todas, en la organización del trabajo público después de muchos años de titubeos canalizados mediante pruebas piloto que no lograban fructificar en resultados tangibles. La frase recurrente "hemos avanzado más en seis meses con la Covid-19 en Administración digital y en teletrabajo que en toda una década" es una prueba fehaciente de esta euforia laboral y autocomplaciente por parte de diversos actores públicos. Sin negar estos indiscutibles avances, el resultado real ha sido una peor calidad en la atención directa hacia los ciudadanos y el reverdecimiento de una cultura burocrática reaccionaria en que se obliga a la ciudadanía a que se adapte al nuevo modelo organizativo público y no a la inversa. El confort organizativo y el de los empleados públicos pasó a ser prioritario en detrimento de la calidad en la atención a los ciudadanos. La Administración digital es un avance indiscutible para mejorar la gestión, pero no puede imponerse de manera forzada en un contexto social donde casi la mitad de la población carece de competencias digitales para poder interaccionar con las instancias públicas. Por otra parte, los ciudadanos que sí poseen estas capacidades se encuentran con aplicativos poco amables, nada intuitivos, incompatibles con los navegadores más usuales, con un lenguaje administrativo incomprensible que hace muy difícil que el servicio culmine con el éxito esperado. Por otra parte, la perversa nueva dinámica implantada en solo atender a los ciudadanos con cita previa atenta a la legalidad vigente y complica la vida a los usuarios ya que es difícil lograr concertar una cita fuera del sistema digital (los teléfonos de atención al público suelen estar inactivos o colapsados) y la demora en conseguir la anhelada cita puede retrasarse varios días, semanas e incluso meses ya que no se ha conciliado la capacidad del sistema con el volumen de la demanda. Es inconcebible que aparentes mejoras tecnológicas y organizativas solo sirvan para mejorar el confort de los trabajadores públicos y generen graves externalidades negativas en la atención ciudadana. El momento de gestión post-covid es el peor a nivel de calidad en la atención ciudadana de las últimas tres décadas. El resultado es que la ciudadanía está cada vez más crispada y la imagen y legitimidad social de la Administración pública se encuentra en su momento más bajo.

Como conclusión las administraciones públicas deben superar los tensores reactivos en sus dimensiones organizativas que imposibilitan la capacidad de resiliencia. La resiliencia dinámica que aporta robustez no es una opción sino una necesidad ineludible. Otro elemento a tener en cuenta es que no hay que conformarse con poder ser resiliente de manera pasiva sino lograrlo de forma dinámica y activa incorporando los aprendizajes de las distintas transformaciones exigidas por la novedad o el suceso extraordinario. La necesidad de cambio es constante y el modelo de gestión debería estar en continuo proceso de revisión y de transformación. Para que todo ello sea posible es necesario un modelo organizativo que incremente las capacidades institucionales en inteligencia (proactividad, sentido estratégico, utilización de la información para la planificación y la evaluación, etc.). Esta inteligencia también puede contribuir decididamente en detectar y evitar las transformaciones aparentemente progresistas pero que, en realidad, tienen consecuencias reaccionarias y para ello hay que reinventar las tradicionales unidades enfocadas a la atención al ciudadano. La combinación de resiliencia dinámica e inteligencia institucional fomenta las dinámicas robustas de las administraciones públicas.

Capítulo 6

LA GOBERNANZA ROBUSTA COMO UNA EXCUSA PARA PODER PROPONER UN NUEVO MODELO ORGANIZATIVO Y DE GESTIÓN: LOS NUEVOS ÁMBITOS DE GESTIÓN PARA LOGRAR LA INTELIGENCIA INSTITUCIONAL

Para lograr una Administración alineada con los planteamientos de la gobernanza robusta, los modelos clásicos de organización ya no son de una gran utilidad. Incluso en el caso del autor más sólido, por su amplitud y profundidad, como es Mintzberg y su solvente matriz conceptual ilumina poco. Los ámbitos organizativos clásicos no son capaces de albergar los ingredientes vinculados a una gestión inteligente. Mintzberg ya detectó, en su momento, que sus cinco ámbitos organizativos eran insuficientes y añadió, de manera forzada, un nuevo ámbito de Investigación y Desarrollo (I+D) que ahora no es capaz de acoger las novedades que exige un nuevo modelo de gestión pública. Tampoco resultan suficientes sus cinco modelos de organización (estructura simple, burocracia maquinal, burocracia profesional, forma divisional y adhocracia). Por ejemplo ¿organizaciones como Google o Amazon que básicamente gestionan información a que modelo responden? Puede considerarse que lo mismo sucede con el nuevo modelo de organización de la Administración pública que debería implantarse. La burocracia maquinal a la que se asimila la Administración en su ámbito nuclear no sería la respuesta adecuada sino todo lo contrario. Obvio que siempre habrá en la Administración algunos sectores de gestión rutinaria de carácter burocrático que seguirán anclados en la burocracia maquinal, pero serán claramente marginales. También podemos prever que centros sanitarios, educativos o de servicios sociales tendrán perfiles propios de la burocracia profesional pero seguramente con un diseño tan diferente que será irreconocibles dentro de esta categoría salvo en las dinámicas profesionales y corporativas de su núcleo de operaciones. La estructura divisional seguirá presente, pero de forma muy desdibujada y con arquitecturas variables vinculadas a una gobernanza abierta con el tejido empresarial y social que ya no responderán a los tradicionales principios divisionales. La adhocracia, bastante inédita durante muchos años en la Administración pública, estará presente de manera transversal, pero sin poder alumbrar un modelo esencialmente adhocrático.

Las nuevas necesidades vinculadas a una Administración inteligente articulada mediante una gobernanza robusta, en la que tiene que combinarse la estabilidad con el cambio, altera totalmente la concepción clásica de los cinco ámbitos organizativos de Mintzberg (tal y como se refleja en el gráfico 8). Pongamos algunos ejemplos:

- El núcleo de operaciones en la Administración pública debería regenerarse en una combinación de ingredientes del modelo de burocracia maquinal (una minoría), de burocracia profesional (pero con importantes novedades), de forma divisional (entendida ésta como una forma abierta permeable a la colaboración público-privada) y de adhocracia (por la necesidad de trabajar mediante gestión de proyectos y unidades temporales con lógicas colaborativas de carácter multidisciplinar).
- La línea intermedia tiende a desaparecer. Los cambios tecnológicos y la respuesta contingente y flexible a un entorno turbulento inducen hacia una polarización del modelo organizativo público empoderando tanto al ápice estratégico como al núcleo de operaciones siendo la línea intermedia casi innecesaria. Recordemos que los cargos intermedios en la Administración han aportado hasta ahora, en términos generales, escaso valor añadido y muy poca inteligencia institucional. Por tanto, de cara al futuro habría que analizar el valor que aportan estos cargos intermedios y en la medida que su aportación sea discreta suprimirlos o reciclarlos. Por otra parte, también es posible que en algunas administraciones deban mantenerse estos cargos intermedios ya que están bien articulados en su contexto organizativo y aportan realmente valor añadido.

- El ápice estratégico continuará siendo esencial y más necesario que nunca y se va a expandir generando aparentemente un sistema macrocéfalo ya que deberá incorporar los nuevos ingredientes vinculados a la inteligencia institucional.
- La tecnoestructura deberá transformarse de manera radical pasando a ubicarse en la posición de ámbito de staff o apoyo prestando un imprescindible servicio, pero sin la misma capacidad de influencia (de condicionar el modelo de gestión) vinculado a la tecnoestructura clásica.
- Todo parece indicar que se está generando de manera natural una tecnoestructura de nueva generación con unidades como las de igualdad, sostenibilidad, *compliance*, administración digital, etc. En esta nueva tecnoestructura va a permanecer un ámbito tradicional: la asesoría jurídica aunque ponderando la vertiente de mayor elasticidad.
- En cambio, los nuevos ingredientes y unidades vinculadas a la Administración inteligente presentan una dificultad para ubicarlos en alguno de los ámbitos de Mintzberg o para incorporar un nuevo ámbito. La propuesta sería como un núcleo emplazado en el interior del ápice estratégico que irradia su influencia al resto de ámbitos organizativos.

Gráfico 8. Del modelo de burocracia maquinal de Mintzberg....

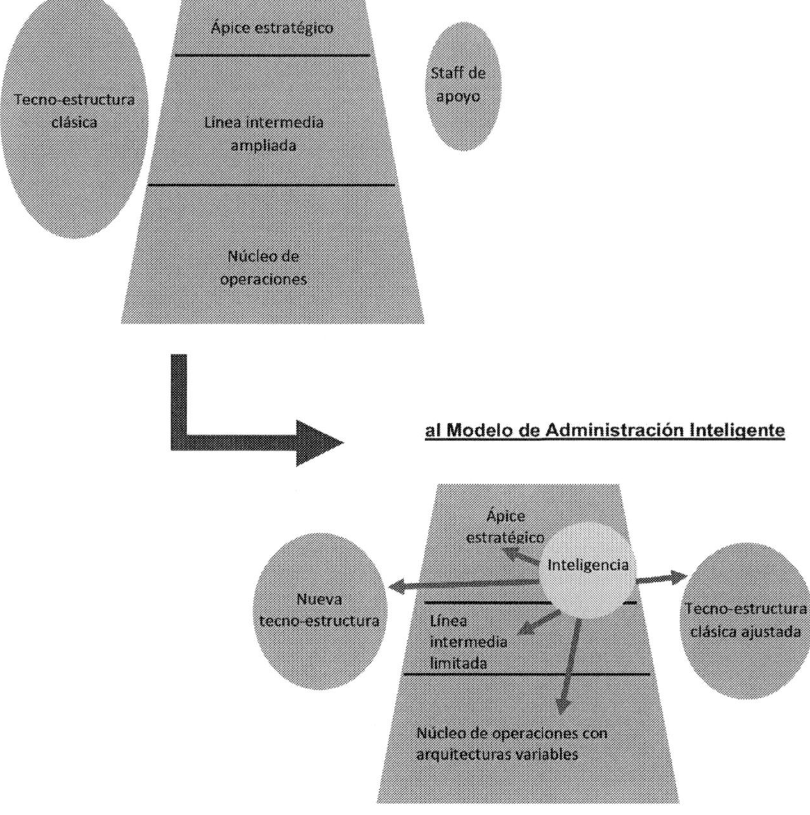

Fuente: Elaboración propia.

NUEVOS ÁMBITOS DE GESTIÓN Y REDISEÑO DE LOS ÁMBITOS CLÁSICOS DE GESTIÓN

Los nuevos ámbitos de gestión son la gobernanza de datos, la planificación y evaluación, el control de las externalizaciones, la inteligencia artificial y automatización de procesos, el laboratorio de innovación y la gestión directiva. Estas funciones o unidades pueden agruparse en tres vectores: gestión de la información, transformación e innovación y, finalmente, control de la gobernanza y de la función directiva. Estos tres vectores se conectan claramente con las capacidades dinámicas comentadas en el Capítulo 3 ("Las capacidades dinámicas de las organizaciones públicas: estabilidad ágil y gobernanza robusta"). Así, la gestión de la información se asocia a la capacidad dinámicas de aprendizaje e innovación, el vector de transformación e innovación a la capacidad de reconfiguración y el vector de control de la gobernanza y función directiva se puede conectar claramente con la capacidad de integración y coordinación. Pero el enfoque que se presenta en este apartado hace referencia a un nuevo gran ámbito de inteligencia institucional que puede ejercer de catalizador para estimular lógicas de cambio y lograr un sistema proclive a la resiliencia dinámica y a la gobernanza robusta. El siguiente gráfico (gráfico 9) muestra su agrupación inicial.

Gráfica 9. Motores de la estrategia inteligente

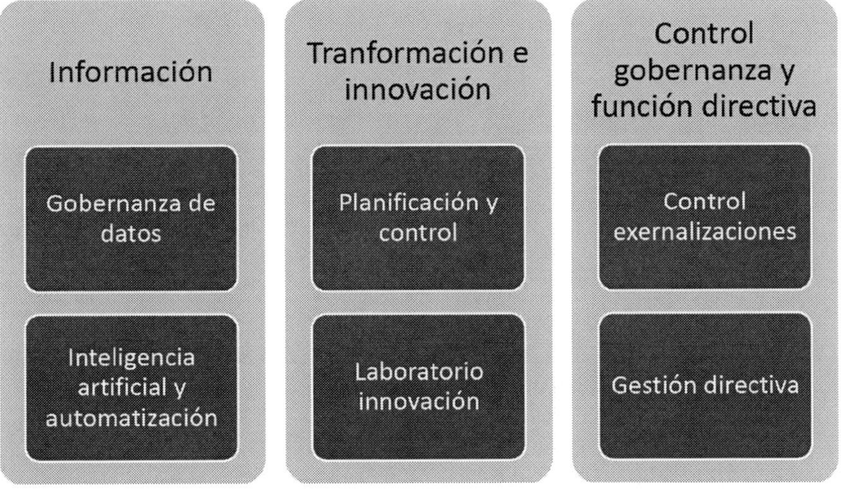

Fuente: Elaboración propia.

Por otra parte, hay un conjunto de ámbitos clásicos que hay que refundar para que puedan proveer a la organización pública de nuevas capacidades institucionales orientadas también a la transformación y hacia la robustez apoyada en la resiliencia dinámica. Estamos hablando de reformular unidades de apoyo político, de atención al ciudadano, de flexibilización del personal, de gestión por proyectos y unidades temporales, de comunicación interna y, finalmente, de calidad y simplificación normativa (tanto interna como externa). El gráfico 10 muestra su agrupación inicial.

Gráfica 10. Reformulación para lograrla gestión inteligente

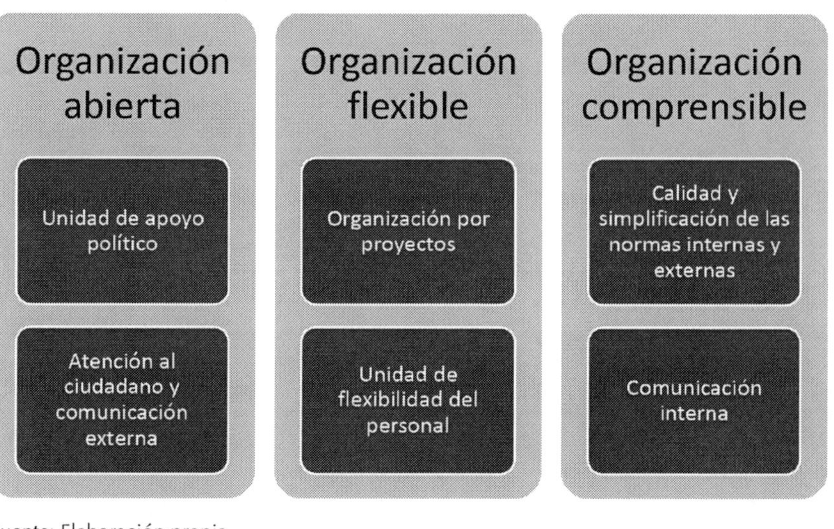

Fuente: Elaboración propia.

Las características de estos nuevos ámbitos y motores (en forma de unidades de ámbitos o constelaciones o de nuevas funciones) vinculados a la inteligencia institucional y a la mejora de la calidad de la gestión son las siguientes:

Gobernanza y análisis de datos

Todas las administraciones públicas deberían introducir un nuevo ámbito de gestión denominado unidad u oficina del dato. En las administraciones con unas reducidas dimensiones (pequeños y medianos municipios, organismos autónomos, universidades públicas, consorcios, etc.) deberían poseer una unidad central del dato que tuviera la capacidad para extraer y catalogar la información interna y externa de especial interés. En concreto estamos haciendo referencia a la capacidad de manejar datos cuantitativos vinculados tanto al *little* como al *big data* y, en algunas ocasiones, a datos cualitativos obtenidos mediante trabajo de campo (entrevistas, encuestas o *focus groups*). En las administraciones de mayor dimensión y/o con diversidad de ámbitos de gestión sería necesario diseñar una red de unidades sectoriales de gestión de datos, coordinadas por una unidad central del dato. La gestión de los datos y de la información debería tener un carácter integral y holístico relacionando distintas dimensiones de la información (desde datos de procesos, de costes económicos vinculados a la imprescindible contabilidad analítica, hasta datos de impacto o de percepción ciudadana de la calidad de los servicios) con una especial fortaleza en la generación de información compleja derivada del cruce de distintos tipos de información (costes económicos vinculados a procesos y resultados). Estas unidades de gobernanza de datos también deberían poseer capacidades analíticas de la información para tener la capacidad de interpretar los datos con una orientación prospectiva (anticipar futuros escenarios y nuevas problemáticas), y una orientación de mejora de las políticas y de los servicios mediante la planificación, para proponer cambios en los procesos de toma de decisiones y en los mecanismos de implementación. Estas funciones analíticas tendrán una especial vinculación con la unidad de apoyo político, que aporta y redefine la estrategia política, también con el ámbito de planificación y control, con el laboratorio de innovación (una innovación vinculada con la estrategia organizativa y basada en el análisis de la información) y con la unidad de calidad normativa y de simplificación. Todas estas funciones requieren generar dos nuevos perfiles profesionales: uno de carácter instrumental y metodológico de gestión de la información y otro con capacidad de análisis estratégico y holístico de la información.

Inteligencia artificial y automatización de procesos

Hemos sostenido en otras contribuciones la enorme oportunidad que representa la introducción de la inteligencia artificial en la renovación de la Administración pública (Ramió, 2019). En primer lugar, la inteligencia artificial, puede favorecer una positiva metamorfosis del modelo burocrático gracias a la automatización de los procesos que garantice, por primera vez después de transcurrida una centuria, la eficacia y eficiencia una vez liberado de los errores y capturas humanas. Un modelo burocrático sin burócratas que opera tanto a nivel conceptual como práctico de manera mecánica y sin alteraciones de carácter subjetivo. Buena parte de los procesos asociados a la burocracia son susceptibles de automatización. En segundo lugar, la inteligencia artificial puede aportar al modelo gerencial una elevada productividad (organizaciones con un rendimiento exponencial) que favorezca la sostenibilidad económica de las diversas políticas y servicios públicos cada vez más tensionados por las nuevas necesidades y exigencias sociales. En este sentido, destaca el envejecimiento de la población y su impacto en los servicios sanitarios y sociales que podrían llegar a colapsar sino se incrementa la productividad. La inteligencia artificial no tiene por qué ser costosa a nivel económico ni en su dimensión de diseño de algoritmos ni en su dimensión de adquirir dispositivos robóticos. En cambio, las potencialidades de una elevada productividad pueden ser extraordinarias. En tercer lugar, la inteligencia artificial puede aportar capacidades de análisis estratégico que permita desplegar dinámicas más sólidas de gestión relacional vinculadas al modelo de gobernanza, incrementando las capacidades de planificación, coordinación y control. Finalmente, podemos considerar la inteligencia artificial, en su capacidad de contribuir a una mayor fortaleza estratégica y a la capacidad de anticipación de nuevos retos, como un potencial catalizador que fomente una resiliencia dinámica y mayor robustez institucional y organizativa tal y como propone el paradigma de la gobernanza robusta.

Por otra parte, también son evidentes las potenciales externalidades negativas de la inteligencia artificial: manipulación social y política, intromisión en la intimidad de las personas, el fomento de todo tipo de sesgos inaceptables socialmente, etc. Un elemento crucial imprescindible vinculado a estos evidentes retos es la regulación de la gestión de los datos que utiliza la inteligencia artificial. En este sentido, los datos de la ciudadanía no pueden ser privados, a libre disposición de las empresas; ni públicos, con un libre y arbitrario manejo de unos Estados excesivamente empoderados que renovarían el miedo al viejo mito del Leviatán. Los datos deberían ser propiedad de los ciudadanos y, mediante una regulación compleja y extensa, podrían ser utilizados por las empresas para desarrollar sus negocios y, en especial, por las administraciones para poder proveer de mejores servicios a la ciudadanía y aportar un renovado valor público. Otro elemento crítico guarda relación con el diseño de los algoritmos que también debería ser regulado para evitar los sesgos que puedan promover cualquier impacto de inequidad y desigualdad social. Se trata, en definitiva, de unos sistemas públicos de regulación y control que van a ser muy difíciles de impulsar ante la indiferencia de los países emisores de esta revolución tecnológica (EE.UU. dominado por una visión privada y China entusiasmada con una visión estatista de control político y social). De momento, solo la Unión Europea parece interesada en promover esta regulación de la gestión de la información y del diseño de algoritmos para defender los derechos de los ciudadanos.

Esta nueva unidad de inteligencia artificial y automatización de procesos es muy relevante, aunque posea una marcada orientación de carácter instrumental. Posee básicamente dos ámbitos prioritarios de actuación: en función de la disponibilidad de los datos debería, en primer lugar, diseñar algoritmos (de elaboración propia o importados de otras administraciones públicas) para automatizar todos los procesos administrativos y de gestión que sean posibles. En segundo lugar, debería desarrollar algoritmos que faciliten o complementen los procesos de toma de decisiones de carácter estratégico. Esta unidad requiere perfiles profesionales como los tecnólogos especialistas en ingeniería de datos y en el diseño de algoritmos, pero también se va a requerir personal capacitado para poder analizar y evaluar el diseño conceptual de dichas formulaciones para que respondan a las necesidades de la organización y evitar cualquier tipo de inequidad de los mismos u otras externalidades potencialmente negativas.

Planificación y evaluación (estrategia y evaluación)

Se utiliza el término clásico de planificación para no generar confusiones, pero realmente se trataría de una unidad de estrategia que representa un sistema de planificación mucho más contingente y exento de las rigideces y de la neoburocracia vinculada a los mecanismos clásicos que han predominado en este ámbito. Una estrategia proactiva mediante potentes capacidades analíticas de prospectiva que enlaza con la polivalencia estratégica vinculada a la gobernanza robusta, tal y como se ha comentado en el capítulo 2. La capacidad de planificación debería alimentarse de sólidos sistemas de control con capacidad para evaluar políticas y servicios que faciliten la retroalimentación por la vía de cambios en la orientación de las políticas y de los servicios públicos. La planificación y la evaluación siempre han sido considerados como los dos ingredientes clave en el ciclo de las políticas públicas. Pero tradicionalmente ha sido difícil transitar de la teoría a la práctica. La planificación de políticas y servicios siempre ha estado presente en las administraciones públicas, pero de manera muy precaria. En la mayoría de los casos se ha planificado de manera artesanal y errática ya que no suele estar presente este perfil profesional en las organizaciones públicas. La planificación solía asociarse a elaborar documentos orientados a la justificación presupuestaria pero poco sólidos en los aspectos materiales para definir una auténtica estrategia organizativa. El pensamiento estratégico es la clave de la efectividad de las organizaciones. Ahora es el momento de apostar decididamente por la estrategia ya que disponemos de nuevos instrumentos que pueden facilitarla: cantidades ingentes de datos que bien analizados pueden sustentar una visión estratégica robusta. Es necesario mudar de una planificación estratégica de carácter formal y materialmente intuitiva a una estrategia sólida basada en el conocimiento que aporta la información. Por otra parte, la evaluación de políticas públicas ha estado siempre presente como una metodología que hay que incorporar pero que en la práctica no se ha desarrollado casi nunca salvo algunas iniciativas heterodoxas y radicalmente artesanales y amateurs. Es obvio, que sin una buena planificación hay pocas posibilidades de implantar una evaluación efectiva. En el presente si se potencian las capacidades estratégicas la evaluación va a ser más factible. Además, los nuevos sistemas de información pueden favorecer sistemas de evaluación sólidos, diversos y más rigurosos metodológicamente. A pesar de estas ventajas que pueden fomentar la evaluación va hacer falta disponer de unos profesionales especializados en esta compleja materia. Con un grupo de empleados públicos con conocimientos en evaluación (dominio de las metodologías de evaluación), colaborando con los especialistas en gestión de la información, la evaluación (autoevaluación en la mayoría de los casos) debería ser totalmente factible. Si se incorpora en las dinámicas de gestión, la evaluación y la definición de nuevas estrategias pueden mejorar de una manera exponencial la integración de los diferentes componentes. La buena gestión se asienta sobre el círculo virtuoso de la estrategia y la evaluación. Cuando estas dos tensiones están presentes en una organización pública puede lograrse un nivel de buena gestión desconocida hasta el momento.

Laboratorios de innovación

Durante los últimos años la innovación representa una dinámica muy rica y fértil en nuestras administraciones públicas. Pero en determinados casos se trata más de un relato que de una auténtica capacidad transformadora. En otros casos se lanzan iniciativas con escaso recorrido al estar desconectadas de la realidad administrativa. En definitiva, se detecta la necesidad de ordenar las estrategias de innovación pública, en la línea de la experimentación y el prototipaje comentados en el capítulo 2. La propuesta, en clave organizativa, consistiría en definir unas nuevas unidades, ámbitos o constelaciones de innovación totalmente conectadas con el resto de la organización, tanto con las unidades que pueden generar inteligencia institucional a nivel estratégico (gobernanza y análisis de los datos, planificación y evaluación) como con el resto de unidades de gestión estratégica o de gestión más operativa. En este sentido, las nuevas unidades de innovación deberían aterrizar en la realidad administrativa y proponer y ofrecer mejoras y soluciones realistas al resto de los ámbitos de gestión mediante prototipos o pruebas piloto que en caso de culminar con éxito puedan ser absorbidas de manera natural por las unidades competentes en cada materia. Como, se ha hecho mención, aunque las dinámicas de innovación han estado muy presentes en el panorama administrativo durante los últimos años quizás han tenido un impacto más simbólico que real. La prueba es que muchas administraciones que llevan una década con una actividad intensa en materia de innovación, a nivel general sus modelos de gestión son casi idénticos a los de las administraciones menos militantes con este movimiento. Sería una pena que estos beneméritos impulsos innovadores fueran mal digeridos por unas administraciones conservadoras que tienen como bandera la impostura y están históricamente instaladas en una cultura lampedusiana de aparentar transformarlo todo para realmente no cambiar nada. La innovación como un simple método para tunear a las administraciones que aparentan modernidad pero que ocultan el viejo y obsoleto motor, siempre inalterable e invulnerable. La nueva innovación pública debería ser el catalizador de cambios realmente sustantivos que faciliten tanto la transformación de políticas y servicios públicos como del propio modelo de gestión. Esta innovación realmente transformadora solo puede lograrse si se articula con una potente estrategia de cambio sustentada por la información y el conocimiento. Una gobernanza robusta y una Administración inteligente permitirían ordenar, priorizar, focalizar y alentar dinámicas innovadoras orientadas realmente al cambio y a la mejora en las dimensiones organizativas más esenciales.

Control de las externalizaciones

La gestión indirecta es una necesidad objetiva en la Administración pública ya que posee competencias oceánicas que no puede abordar con recursos propios en toda su extensión y profundidad. En el contexto de la gobernanza robusta, la estrategia de escalabilidad incorpora este tipo de recursos, tal y como se comentó en el capítulo 2. Es imposible lograr una suficiente especialización y economías de escala en todas las competencias que tienen que atender las administraciones. Por este motivo es imprescindible contar con el auxilio de las organizaciones privadas con y sin ánimo de lucro en la mayoría de tareas que aporten un bien público extraordinariamente valioso o que no afecten a la seguridad jurídica. La externalización pivota sobre un modelo agente versus principal en el que el primero gestiona y ejecuta y el segundo planifica, dirige, coordina, controla y evalúa. Hasta el momento la mayoría de administraciones públicas han descuidado sus funciones vinculadas a ejercer el rol de principal (metagobernador, director de orquesta o timonel). El impacto de esta inhibición pública ha sido una escasa calidad de los servicios públicos externalizados, un artificial encarecimiento económico de los mismos e incluso, en casos excepcionales, la permeabilidad hacia dinámicas corruptas. En este perverso contexto se han generado todo tipo de recelos y desconfianzas hacia los actores privados. La solución reside en que la Administración pública se tome en serio sus funciones de dirección y control de las externalizaciones mediante profesionales especializados en estas actividades agrupados en una unidad específica para ello. Veamos algunas propuestas vinculadas a la externalización de servicios públicos (Ramió, 2022):

Hay que modificar la cultura institucional y la cultura empresarial que se ha visto condicionada negativamente por determinadas malas prácticas en materia de externalización. Si se desea una fluida colaboración público-privada hay que definir unas bases conjuntas de carácter ético y procedimental para recuperar la complicidad entre el sector público y el sector privado. Un ejemplo de las iniciativas que habría que proponer, tanto para las administraciones públicas como para las empresas vinculadas a la prestación de servicios públicos, serían:

En las administraciones públicas habría que estimular las siguientes mejoras:

- Establecer límites a los cargos políticos en su participación directa en los sistemas de colaboración público-privada. Los cargos políticos poseen legitimidad democrática para definir los objetivos políticos de estas colaboraciones, pero deberían mantenerse al margen de los aspectos estrictamente técnicos y contractuales. Alejar a la política de los entresijos técnicos y económicos de la contratación evitaría el potencial impacto de la corrupción política. Este alejamiento de la política también atenuaría la percepción que tienen las empresas de tratar con interlocutores institucionales con una naturaleza esquizofrénica.
- Hay que incentivar que las administraciones públicas refuercen sus capacidades institucionales para planificar, controlar y evaluar las colaboraciones público privadas estándar (contratos y externalizaciones). En otros términos, reforzar la capacidad colaborativa (estable) y la capacidad de integración y coordinación (dinámica) comentadas en el capítulo 3. Para avanzar en dicha línea hay que formar a los empleados públicos en el dominio del mercado privado, en conocimientos materiales de cada sector, en técnicas de planificación, control y evaluación de redes privadas complejas, etc. Un mejor conocimiento de cómo opera el sector privado por parte de los empleados públicos va a fomentar que las administraciones públicas puedan ejercer su rol de principal y aporten seguridad material y jurídica a las empresas privadas. Unos objetivos claros, unos siste-

mas de control rigurosos y sistemáticos contribuyen a generar mayor confort y seguridad a las empresas privadas.

- También hay que formar a los empleados públicos en ética pública y en formación preventiva para evitar potenciales capturas (un mejor conocimiento del sector privado puede fomentar capturas inerciales sin que haya mala fe).

En las empresas privadas proveedoras de servicios públicos habría que propiciar el desarrollo de las siguientes mejoras:

- Mejorar sus capacidades organizativas para que sus directivos y empleados conozcan mucho mejor las peculiaridades y dinámicas de las administraciones públicas. Las empresas privadas deben comprender las características y condicionantes internos y externos en los que operan tanto los políticos como los empleados públicos. El desconocimiento mutuo es la fuente de la mayor parte de desencuentros y desconfianzas.
- Los directivos y empleados tienen que ser conscientes que, al trabajar en empresas proveedoras de servicios públicos, deben incorporar valores y una ética similar a la del sector público. Estas empresas coparticipan y contribuyen, al trabajar para el sistema público, en la defensa del bien común y del interés general, lo que supone una complejidad que va mucho más allá de un negocio entre empresas. El negocio con la Administración tiene unos componentes específicos que hay que conocer. Sirva como ejemplo, que en la prestación de servicios públicos no interaccionan con clientes sino con ciudadanos que poseen una serie de derechos y de obligaciones que van más allá de una simple relación prestacional.
- Las empresas proveedoras de servicios públicos deben gestionar su sistema de recursos humanos de manera distinta a una empresa que opera solo en y para el sector privado. Sus empleados deben poseer también valores públicos, disfrutar de una cierta estabilidad que favorezca la profesionalidad y la continuidad en la gestión de los servicios públicos (por ejemplo, un problema típico del que se quejan muchas administraciones públicas es la excesiva movilidad y rotación de los empleados privados con los que interaccionan). En ningún caso se trata de trasladar a las empresas privadas el barroco y anti-

cuado sistema de gestión de recursos humanos de las organizaciones públicas, pero deben tener presente que no pueden gestionar su personal del mismo modo que si solo trabajaran para el sector privado. De hecho, han proliferado cláusulas de contratación pública que se vinculan a este enfoque, planteando condicionantes en el modelo de gestión de los empleados de las empresas privadas que se vinculan a la prestación de servicios públicos.

- Es legítimo que las empresas privadas proveedoras de servicios públicos obtengan beneficios. Pero también tienen que ser conscientes que operan en una lógica de defensa del bien común y del interés general y que los recursos económicos que los alimentan son de todos los ciudadanos. En este sentido estas empresas no deben operar con la misma lógica que en el sector estrictamente privado en el que es legítimo maximizar los beneficios. En la colaboración público-privada los beneficios privados deberían ser razonables y no ser excesivos ya que si no se rompe la lógica de confianza con las instituciones públicas y con la sociedad en general.

Implantar estas medidas podría contribuir a restablecer los puentes, ahora inestables, entre la gestión pública y la gestión privada. Renovar las lógicas de colaboración pública privada va a favorecer un debate más sereno tanto a nivel político, como funcionarial y también social sobre en qué ámbitos deben primarse estos mecanismos de colaboración y que ámbitos deben quedar reservados a la prestación directa por parte de la Administración. Los pronunciamientos descontextualizados y las presiones escasamente informadas y menos serenas a favor o en contra de externalizar, o en clave de reinternalizar la gestión de servicios, suelen ser perversas y no contribuyen a fomentar la necesaria modernización de la gestión pública, que inevitablemente deberá contar con la implicación de los actores del entorno, incluyendo al sector privado.

Gestión de la función directiva

El personal directivo de las administraciones requiere una atención diferente a la que les dispensa las tradicionales unidades de gestión de personal. Los problemas a los que se enfrentan los directivos públicos, sus procesos de aprendizaje, su evaluación y sistemas de incentivos, su movilidad, los potenciales problemas de capturas, las dinámicas de conflicto con la dimensión política, etc. requieren de un ámbito de gestión que esté orientado hacia estas necesidades que suelen obviarse en la gran mayoría de administraciones públicas. La dirección pública profesional reclama unas reglas del juego propias y específicas que hay que tener la capacidad de gestionar en el día a día si se desea una optimización de esta dimensión estratégica.

En esta línea, la unidad de gestión de la función directiva actuaría como un centro de asesoramiento que combinase la vertiente de control y la de desarrollo de este colectivo. En cuanto a las actividades asociadas al control, la unidad se ocuparía de velar por los procesos de selección de este nivel directivo, evaluando perfiles y pruebas asociadas a la evaluación de competencias para asegurar la idoneidad de partida de los eventuales candidatos, ofreciendo resultados que deberían ser complementados con la intervención de la dirección política en los márgenes establecidos para asegurar la profesionalización de los seleccionados. También en esta dimensión de control, la unidad asesoraría a la dirección política en el establecimiento del encargo o misión, con los objetivos asociados, que debe cumplir el directivo seleccionado en su desempeño, considerando tanto los recursos con los que cuenta como los márgenes de maniobra para su desarrollo. En la misma línea cabría incluir el asesoramiento para realizar una adecuada evaluación del desempeño y el logro de resultados de la actuación del directivo, identificando indicadores y evidencias que permitan informarlos, de forma eficiente y ágil, para facilitar las decisiones posteriores por parte de la dirección política en términos de incentivos, reconocimiento o eventual penalización. En cuanto a las actividades asociadas al desarrollo, desde esta unidad se plantea tanto el apoyo en términos de asesoramiento a los directivos en cuestiones vinculadas a su posición institucional, así como en la definición de políticas de movilidad para facilitar su desarrollo profesional, además de acompañarlos en el desarrollo inicial de proyectos alineados con la estrategia corporativa.

Un elemento especialmente crítico a tener en cuenta desde esta unidad de gestión de la función directiva es la formación dirigida a los directivos públicos. Muchas administraciones y centros universitarios ofrecen programas de formación a los directivos públicos entendidos éstos como los máximos responsables administrativos de distintos ámbitos sectoriales y que se sitúan justo por debajo del nivel político. Concretando: directores y subdirectores generales en la Administración General del Estado, subdirectores o jefes de área (o asimilados como son los jefes de servicio en Aragón) en las Comunidades Autónomas, gerentes, vicegerentes, directores de servicio o jefes de servicio en el Gobierno local. No es una tarea sencilla ofrecer buenos programas de formación a este crítico perfil profesional ubicado en nuestras administraciones públicas.

La mayoría de los programas tradicionales de formación de directivos públicos han apostado por la profundidad o por la amplitud en sus contenidos instructivos. La lógica que opta por la profundidad ha consistido en organizar cursos o módulos más profundos y sofisticados sobre los temas clásicos de gestión pública: gestión de recursos humanos, gestión económica y presupuestaria, contratos, temas de organización, etc. La dinámica que opta por la amplitud intenta aportar formación en ámbitos metodológicos para fomentar la mejora de la gestión: cursos sobre el modelo EFQM de calidad, ISO's, reingeniería de procesos, estrategias y metodologías de innovación, etc. Además, estos planes formativos suelen tener como ingrediente esencial mejorar las competencias blandas de los directivos: gestión de equipos, fomento de las lógicas colaborativas de trabajo, estrategias de motivación, entre otros.

Consideramos que una parte importante de esta estrategia de formación es equivocada.

En cambio, nuestra propuesta formativa para los directivos públicos se basaría en atender a las necesidades genéricas de su posición en los organigramas institucionales. Un buen directivo público tiene que desplegar tres grandes funciones: a) comprender la lógica política, las iniciativas políticas y traducirlas a planes operativos de acción; b) maximizar su posición de atalaya organizativa y desplegar sus antenas para realizar análisis de prospectiva y proponer nuevas estrategias en su ámbito sectorial (esta es la auténtica innovación que aporta valor); c) liderar un equipo de trabajo, inspirarlo y orientarlo, lograr la empatía grupal con el proyecto y motivar a los empleados públicos.

Ante estas necesidades consideramos que un buen plan de formación para los directivos públicos debería agrupar los siguientes contenidos o ingredientes:

- Conocer mejor el entorno político e institucional de la Administración.
- Estar informado sobre los cambios tecnológicos, económicos, sociales y políticos de la realidad contemporánea.
- Formación dinámica vinculada a dilemas y retos de carácter ético.
- Club de lectura sobre textos relevantes y actuales.

En definitiva, la característica esencial de un directivo público en relación al resto de empleados públicos debería radicar no solo en su fortaleza técnica sino en sus mayores capacidades analíticas e intelectuales para poder afrontar los nuevos problemas del presente y del futuro. Un directivo está, por su naturaleza, orientado a la acción. El objetivo es que esta orientación práctica pueda ser más robusta y holística a nivel conceptual.

NUEVAS UNIDADES PARA LOGRAR LA GESTIÓN INTELIGENTE

Unidad de apoyo político

Existe en el acervo administrativo una animadversión hacia las unidades de apoyo político: mayoritariamente gabinetes de asesoramiento y comunicación política, de protocolo y funciones de secretaria personal a altos cargos políticos de carácter ejecutivo. Puede considerarse que estas reticencias son injustificadas ya que los altos cargos políticos en la Administración reclaman objetivamente un tipo de apoyo específico que no le puede proporcionar la estructura profesional. Los altos cargos políticos suelen desconocer la complejidad de las instituciones públicas y se enfrentan a unos expertos profesionales que se mueven con fluidez en la selva institucional y que, además, poseen su propia agenda derivada de sus convicciones tecnocráticas e ideológicas. Es lógico que los cargos tecnocráticos intenten imponer sus agendas al nivel político y que, además, manifiesten dinámicas de resistencia al cambio para intentar no salir de su espacio de confort. Por tanto, no parece inadecuado empoderar a los altos cargos políticos, que son los que poseen legitimidad democrática, para que puedan gobernar con mayor solvencia la complejidad institucional. La presencia de una dimensión política en la Administración pública es imprescindible y necesaria en unas dosis adecuadas para evitar caer en la deriva de un perverso gobierno tecnocrático. La novedad en esta dimensión reside en dos factores: por una parte, que las unidades de apoyo político tengan suficientes capacidades profesionales y estratégicas para poder desarrollar con solidez su función de asesoramiento político. En muchas de nuestras realidades administrativas no es así ya que los puestos de asesores suelen estar reservados a cuadros junior de los partidos políticos que carecen de la experiencia suficiente para poder ejercer su función estratégica. Un puesto de asesor es justo el contrario que un perfil de aprendiz institucional: se trata de un perfil profesional con alta experiencia administrativa y/o política (senior). Por otra parte, otro problema típico es que los asesores no se limitan a asesorar a su alto cargo político, sino que suelen involucrarse en la gestión del día a día coordinando determinados proyectos, dirigiendo a algunos empleados públicos. Se trata de unas prácticas y cometidos en las que los asesores (personal eventual) carecen de las competencias profesionales necesarias y, por tanto, no poseen legitimidad administrativa para ello. Estas dos problemáticas están entrelazadas: unos asesores sin capacidades de asesoramiento político de carácter estratégico no pueden evitar inmiscuirse y entretenerse en la gestión ordinaria con el resultado de que no aportan valor político, enredan el tejido administrativo y desconciertan y crispan a los profesionales de la función pública. En definitiva, consideramos que la asesoría política es un ingrediente importante para reforzar la inteligencia política en la Administración pública y que contribuye a reforzar su visión estratégica, pero para ello es imprescindible que los asesores dispongan de las competencias adecuadas y estén retribuidos en consecuencia. En este sentido, a nivel de eventuales o asesores políticos habría que priorizar más la calidad que la cantidad: menos asesores, pero mucho más potentes y con perfiles adecuados.

Nueva atención al ciudadano y comunicación externa

La atención al ciudadano ha transitado durante el último cuarto de siglo por una singladura positiva. Se ha ido migrando de unas administraciones con unas inercias estandarizadas de atención ciudadana de carácter fordista con escasa empatía y con nula atención personalizada a unas administraciones solventes en dinámicas de servucción (una cuidada atención en la prestación de servicios) acompañadas por la presencia de potentes oficinas integradas de atención ciudadana de carácter general y transversal. Esta positiva evolución se ha visto truncada durante los últimos años por la emergencia de la Administración digital y, como ha sido objeto de análisis en el capítulo anterior, por sorprendentes dinámicas reactivas vinculadas a la atención ciudadana durante y después de la pandemia sanitaria. Todo parece indicar que los esfuerzos en materia de servucción y el rol de las oficinas de atención ciudadana han quedado obsoletos en el marco del nuevo modelo de Administración digital y de la presencia del teletrabajo en las instituciones públicas. Hay, por tanto, que repensar la atención a la ciudadanía con un modelo integral que combine una más fluida y sencilla atención digital con la imprescindible atención presencial (recordemos que el 40 por ciento de la ciudadanía no posee las competencias digitales mínimas para interaccionar con la Administración). Hay que regresar a la casilla de inicio de hace un cuarto de siglo y volver a repensar todo el modelo de gestión para que redefina la organización y los procesos orientados a una mayor calidad en la atención a los ciudadanos. Este estímulo es más necesario que nunca en un momento en que la ciudadanía se siente muy desatendida por el sector público y está más crispada que nunca generándose un grave proceso de deslegitimación social de la Administración pública. Las lógicas de atención a la ciudadanía deben ir acompañadas de nuevos sistemas de comunicación social: lenguaje administrativo sencillo y comprensible, información vertebrada en la transparencia y en la rendición de cuentas sin caer en derivadas inadecuadas de marketing institucional y político. La nueva atención ciudadana debería ser presencial, digital e híbrida enfocada a atender a los nuevos perfiles sociales emergentes: nuevos vulnerables sociales, inmigrantes, nuevas generaciones con comportamientos de interacción y comunicación radicalmente distintos, ciudadanía muy envejecida con problemas de movilidad y de comprensión, familias con arquitecturas variables, etc. La ciudadanía del presente y del futuro es muy distinta al ciudadano medio de hace un cuarto de siglo: los ciudadanos son ahora mucho más diversos a nivel social, cultural y étnico, fragmentados, polarizados, exigentes y complejos. El entorno social de la Administración pública se ha transformado y ésta insiste con un modelo antiguo y se ha limitado solo a superponer la Administración digital con la ingenua idea de que la tecnología solucionaría todos los problemas y supliría de un día a otro la atención presencial. Da mucho que pensar que hoy en día para un ciudadano hacer trámites con la Administración (sea en formato presencial, digital o híbrido) es mucho más tortuoso que hace unos años. Se trata de una tendencia que se ha ido incubando durante años pero que después de la pandemia ha explotado con todo su perverso esplendor. Hay, por tanto, que repensar la manera de atender la diversidad social por parte de las administraciones públicas. La Administración general, en lo referente a la atención a la ciudadanía, no es tan distinta de una cocina de un hospital público o de un centro penitenciario en los que han pasado de hacer dos o tres menús distintos a unos treinta menús diferentes por las nuevas exigencias derivadas de emergentes hábitos alimentarios, imposiciones sanitarias más sofisticadas y por la diversidad cultural y religiosa. Un proceso de ajuste y personalización que debería consolidar un nuevo modelo de relación con la ciudadanía.

Organización por proyectos y unidades temporales

En la gestión pública moderna la excepcionalidad es cada vez más ordinaria. Es habitual que surjan nuevos problemas totalmente imprevistos (la crisis de la Covid-19 ha sido un ejemplo extremo de ello), nuevas demandas ciudadanas, nuevas oportunidades para gestionar de manera diferente lo habitual o para abrir nuevos horizontes de políticas y servicios públicos o de mejorar los procesos internos de gestión (como es el caso de los actuales fondos europeos para la recuperación). En resumen: la gestión de la novedad va dejando de ser novedosa y va a pasar a formar parte de la rutina de la gestión pública, tal como se plantea desde el paradigma de la gobernanza robusta. En consonancia con estas nuevas exigencias la concepción organizativa contemporánea considera que la gestión debe ser flexible y contingente y debería escapar del rígido y tradicional marco organizativo tanto a nivel departamental (unidades con competencias sectoriales y funcionales) como jerárquico (direcciones o áreas, servicios y secciones, suprimiendo definitivamente los negociados). La idea de base es que la Administración debería optar por un modelo flexible y de arquitectura variable en el que no existan ni secciones (en función del tipo de Administración) ni negociados ni tampoco buena parte de los servicios a nivel estructural. Es decir, a un nivel inferior a las direcciones o subdirecciones solo deberían existir un número limitado de servicios imprescindibles y el resto de la organización debería responder a una arquitectura variable canalizada por proyectos con una categoría organizativa asimilable a los servicios. Como el modelo anterior es complejo de implementar a corto plazo se propone un modelo híbrido en el que conviva el sistema clásico de organización (servicios y secciones) con un modelo variable y no permanente para atender las necesidades de transversalidad y/o de dar respuesta a unos objetivos nuevos e imprevistos. Por tanto, el objetivo sería incorporar la lógica de gestión por proyectos para gestionar ámbitos que requieran de una lógica interdepartamental y multidisciplinar en el marco de la organización departamental. Con ello se lograría concretar el equilibrio entre estabilidad y cambio que se plantea desde el paradigma de la gobernanza robusta. Gestionar temas novedosos o sobrevenidos que puedan tener un marco temporal delimitado. Es importante tener en cuenta que los proyectos no tienen carácter permanente y aparecen y desaparecen en función de las necesidades y las contingencias.

Una alternativa potencialmente viable a la gestión por proyectos podría ser la posibilidad de crear nuevas unidades de carácter temporal. La gestión por proyectos posee sus limitaciones tanto a nivel instrumental como a nivel de su capacidad de influencia en el marco de una red de relaciones de poder muy asentadas en la estructura administrativa tradicional. Para poder dar respuesta a nuevos retos, problemas y demandas sobrevendidos e inéditos en los que se vislumbra una cierta permanencia en el tiempo (por ejemplo, la gestión sanitaria, económica y laboral derivada de la crisis de la Covid-19 o la gestión de los fondos europeos extraordinarios de recuperación derivados también de la pandemia) tendría sentido diseñar nuevas unidades de carácter temporal con ingredientes presupuestarios, de personal y otros recursos propios e insertos en las poderosas redes jerárquicas que les daría más fuerza que la gestión por proyecto. Para que ello sea posible debe dominar un nuevo marco conceptual en el que la estructura administrativa se asiente sobre dos pilares: unidades estables para atender funciones y servicios de carácter estructural y unidades temporales que aparecen y desaparecen según las necesidades contingentes de cada momento. Las dinámicas de cambio en la estructura administrativa no deberían representar un trauma organizativo ni ser excesivamente costosas en su tramitación interna y deberían formar parte del paisaje configurando una estructura administrativa mucho más elástica que la actual. Para reforzar el desarrollo y consolidación de esta vía, deberían clarificarse los mecanismos de reconocimiento de dichas unidades (que no tienen plasmación orgánica) así como la adscripción del personal a las mismas, con un sistema de selección e incentivos que facilitasen su adecuada funcionalidad.

Unidad de flexibilidad de la gestión personal

La gestión de personal adolece usualmente de dos grandes problemas: por una parte, no suele ser realmente gestión (que incluye elementos de decisión técnica de carácter estratégico) sino una simple administración operativa en materia de recursos humanos. Por otra parte, la administración de personal (gestión de personal clásica) posee un carácter extraordinariamente rígido y uniformador que impide un modelo de gestión contingente (por ejemplo, la práctica ausencia de redimensionamientos y movilidad de plantillas durante la pandemia para reforzar a los ámbitos de gestión más estresados). Es obvio que los diversos ámbitos de gestión requieren de unidades de administración de personal que tengan asignadas las tareas más operativas de esta materia y que aportan estabilidad interna a la organización. En cambio, aquí se propone un nuevo paradigma de gestión de recursos humanos que consiste en incorporar una nueva unidad estratégica con el objetivo y vocación de aportar valor al resto de la organización mediante la flexibilización máxima de la gestión de personal. Una unidad de gestión de personal que deja de ser un motor de carácter reaccionario para pasar a ser un facilitador flexible que se vaya adaptando a las cambiantes necesidades de la organización en materia de efectivos de personal. Para que esta unidad pueda tener esta capacidad de dinamismo e innovación vinculada a una prestación de servicios internos con un alto valor sería necesario modificar la legislación laboral del ámbito público para que sea garantista solo en los derechos laborales básicos pero muy flexible en las condiciones laborales para facilitar una organización más fluida, eficaz y eficiente acorde con las necesidades críticas de cada momento. No tiene ningún sentido que la legislación laboral en el ámbito público sea tan extraordinariamente garantista, hasta llegar al privilegio laboral, que impida la correcta atención de las necesidades y urgencias de los ciudadanos. Si hacemos ahora un repaso a las últimas leyes de función pública aprobadas o a los diversos proyectos y borradores que están en circulación puede detectarse fácilmente que esta perversa dinámica garantista, uniformadora y generadora de esclerosis múltiple en la organización administrativa no se ha atenuado sino que ha incrementado: normativas con unas doscientas páginas en las que se diseña un modelo rígido basado en puestos y con la mitad de los artículos que atienden a derechos y a todo tipo de protecciones laborales hasta llegar a un nivel de detalle obsceno. Es, por tanto, necesaria una legislación laboral al servicio de la ciudadanía y no bajo la servidumbre de las dinámicas de carácter corporativo. Este es uno de los ingredientes esenciales para lograr implantar el modelo de gobernanza robusta en su ingrediente de capacidad de transformación y de aprendizaje institucional.

El sentido de esta unidad de flexibilización de personal es justo el contrario que las unidades clásicas de personal, de ahí que se plantee su configuración por separado. Una unidad facilitadora, innovadora, que busque siempre la máxima flexibilidad y que aporte a los ámbitos sectoriales soluciones y no problemas, frenos u obstáculos. Una nueva unidad de personal que deja de ser conceptualmente tecnoestructura, es decir, de primar la normalización y el control, y pase a ser un instrumento esencial de apoyo estratégico al servicio de las nuevas estrategias de la Administración. Para ello, esta unidad debería focalizarse en lo referente a la gestión del talento, la gestión del desempeño y el desarrollo de la estrategia de recursos humanos vinculada a la estrategia corporativa. En la gestión del talento se destacan los procesos asociados al aprendizaje institucional más allá de la formación más reglada o formalizada, incidiendo especialmente en la capacitación en el puesto de trabajo —abordando incluso la redefinición de puestos en este sentido— y auspiciando la articulación de comunidades de práctica que favorezcan el aprendizaje colaborativo. En gestión del desempeño, el papel destacado de esta unidad parte de la propia promoción e impulso de este ámbito, apoyando a los directivos y mandos en la identificación de objetivos y facilitando instrumentos para su seguimiento y evaluación. Pero también, con la visión global, desde la gestión del desempeño institucional se aborda la redistribución de perfiles y efectivos de acuerdo con la estrategia de recursos humanos que se conecta con la estrategia corporativa. Una unidad de personal que deja de ser una rémora del sistema para convertirse en un ariete del cambio y de la transformación. Para que esto sea posible hay que diseñar estas unidades de nueva planta descontextualizadas de los ámbitos clásicos de administración de personal y debe proveerse de nuevos perfiles profesionales dinámicos, innovadores y facilitadores.

Unidad de calidad y simplificación de las normas internas y externas

Uno de los elementos más difíciles de conciliar con el modelo de gestión permeable a la resiliencia dinámica y al cambio institucional vinculado a la gobernanza robusta es el marco normativo tanto a nivel interno como externo. El principal ingrediente de estabilidad de las instituciones públicas radica en las normas legales que generan confianza a los actores socioeconómicos de un país. Las normas regulatorias y de disciplina de carácter socioeconómico son críticas para lograr legitimidad institucional extramuros de la Administración pública. Por otra parte, las normas internas poseen la capacidad de generar un clima de confianza a nivel organizativo que abrazan la imprescindible neutralidad y previsibilidad de las actuaciones públicas. Por tanto, la estabilidad de carácter legal es irrenunciable en el modelo de gobernanza robusta, pero también genera enormes dificultades y externalidades negativas a la necesidad de poder atesorar una cierta flexibilidad interna que sea capaz de absorber las necesidades de cambio. Por todo ello parece necesario incorporar una nueva unidad de carácter estratégico que no responda a las lógicas conservadoras y de dependencia (*path dependence*) asociadas a los usuales gabinetes, asesorías o servicios jurídicos de las administraciones públicas. Estas unidades ubicadas en la tecnoestructura clásica seguirán, para bien o para mal, en esta posición tradicional, aunque posteriormente vamos a proponer un importante cambio para evitar que puedan condicionar negativamente las dinámicas de gestión. Para evitar estas externalidades negativas es necesaria una contraparte estratégica que vele por la calidad y por la flexibilidad normativa. Las unidades de calidad normativa no son una novedad organizativa ya que han aflorado en muchas administraciones durante los últimos años, aunque usualmente se han limitado a una revisión algo más cuidada de la producción legislativa y a contribuir a ordenar las viejas disposiciones normativas para adaptarlas o suprimirlas. Estas funciones las tienen que seguir desempeñando en el futuro con más vigor y apostando también por una conceptualización y un lenguaje más comprensible socialmente. En todo caso la novedad al proponer esta nueva unidad reside en una orientación manifiesta hacia la flexibilidad tanto para la normativa interna (especialmente) como para la externa con dos vectores a desarrollar: por una parte, la necesidad de buscar la flexibilidad normativa, analizando su coeficiente de elasticidad, para contribuir a poder encontrar soluciones a los problemas y no, como es tradicional en este ámbito, impedimentos a las soluciones. Recordemos que la flexibilidad de las normas es una estrategia central de la gobernanza robusta. Por otra parte, velar que las nuevas normas (leyes, decretos o reglamentos) regulen lo esencial, pero sin que restrinjan el marco de actuación a nivel de gestión y que anticipen posibles externalidades negativas que pueden generar un inmovilismo administrativo. En definitiva, se trataría de intentar superar la cultura reglamentista de regular hasta el más mínimo detalle, en la medida que el elemento a regular lo permita a nivel de seguridad jurídica, que ata de pies y manos a la gestión y a los gestores públicos. Ya se anunció en el anterior capítulo que la dimensión más difícil de resolver es la compleja relación entre la seguridad jurídica y la capacidad de transformación e innovación de la gestión pública. Esta dimensión puede ser el principal impedimento para poder implantar el modelo de gobernanza robusta. Se trata de un problema estructural pero que va empeorando con el tiempo: la calidad normativa cada vez es más mediocre en su dimensión formal (y, en ocasiones material) debido a improvisaciones políticas durante los últimos momentos de la tramitación parlamentaria que dejan abiertos muchos frentes de carácter formal. La judicatura es cada vez más rigurosa y aficionada a detectar erratas formales para desautorizar las nuevas leyes. Se puede divisar una subterránea tensión y conflicto entre el poder legislativo y el poder judicial que resulta demoledor para la actividad de la Administración pública. Las administraciones se encuentran en un bucle infernal: no se atreven a actuar por miedo a potenciales demandas judiciales que los jueces las reciben con un inexplicable entusiasmo. Las demandas suelen estar impulsadas no por los ciudadanos de a pie sino por grandes empresas, ciudadanos pudientes y sindicatos de la Administración con intereses privados sin ninguna vinculación ni empatía con el bien común y el interés general. La inacción de la Administración pública derivada de este miedo fundado a las demandas acaba perjudicando al ciudadano corriente al que no se le satisfacen sus necesidades por la escasa flexibilidad de la Administración pública. Aunque no somos especialistas en derecho público proponemos las siguientes estrategias:

- Las nuevas normas deberían ser mucho menos detallistas sin entrar a regular temas menores y de carácter procedimental. El objetivo es evitar la obsolescencia rápida de las normas y fomentar la autonomía de gestión a las administraciones.
- Se deberían regular unos derechos básicos que hay que respetar: derechos de los ciudadanos y de los actores socioeconómicos. La judicatura debería valorar si se han respetado o no a nivel material estos derechos sin necesidad de entrar en refinados y barrocos debates de carácter formal sobre los procedimientos. Habría que transformar la cultura judicial para cambiar su enfoque: dejar de analizar los errores formales en los procedimientos y concentrarse en si los resultados de las actuaciones públicas han vulnerado o no los derechos.
- Aceptar jurídicamente los cambios organizativos y de procedimiento que vayan impulsando las administraciones públicas para mejorar la calidad de sus políticas y servicios públicos. Cualquier cambio en los sistemas de gestión pública hay que suponerles de entrada los principios de buena fe y de una renovada defensa del bien común y el interés general. La judicatura debería limitarse a analizar si los resultados de estos

cambios han vulnerado los derechos de los ciudadanos y de los actores socioeconómicos, pero bajo el principio del interés general. En este sentido, debería impedirse que cuando un determinado actor demuestra que se han lesionado sus derechos pero que esta vulneración se asienta sobre su propia posición egoísta, privilegiada e injusta la judicatura no derrumbe todo el modelo por este motivo. En definitiva, se trataría de aplicar la naturaleza esencial de la justicia en defensa de la comunidad y no de intereses particulares de carácter espurio.

- En el sentido de la propuesta anterior, y reconociendo que es un tema muy delicado, el objetivo final debería ser que la justicia sea mucho más simétrica de lo que lo es ahora: en la mayoría de los pleitos salen bien libradas las grandes empresas solo por motivos formales y no materiales y los damnificados siempre son los ciudadanos corrientes. Ciudadanos doblemente desprotegidos: primero porque siempre pierden los litigios ante los poderosos por falta de capacidad económica en contratar a los abogados más refinados; segundo, porque con las actuales reglas del juego el modelo siempre suele dejar a la Administración pública como perdedora y detrás de ella a la mayoría de la ciudadanía. Quizás sería interesante reflexionar sobre el papel del derecho administrativo y actualizarlo al contexto actual. La esencia del derecho administrativo es defender a los ciudadanos del enorme poder de la Administración ejerciendo la función de ser el bozal del Leviatán. Da la sensación que actualmente el derecho administrativo ha perdido su sentido de la realidad ya que es incapaz de defender al ciudadano corriente de las potenciales extralimitaciones de las administraciones públicas. Pero, a la vez, inmoviliza a las administraciones dejándolas indefensas ante los auténticos leviatanes actuales que son las grandes empresas y, en determinadas ocasiones, los sindicatos de empleados públicos. Parece que nadie vele por el interés general y se deja siempre en la estacada tanto a las administraciones como a la ciudadanía.
- Transformar el lenguaje jurídico para que sea cada vez más comprensible para todos los agentes y para la ciudadanía.
- La incorporación de la inteligencia artificial en el ámbito jurídico debería enfocarse en fomentar mayor seguridad jurídica

mediante una interpretación más objetiva de las normas limitando la actual subjetividad de la judicatura. La inteligencia artificial podría también, en una primera fase, detectar todas las contradicciones legales e ir depurando y simplificando el acervo normativo y judicial.

- Para implantar estas estrategias y otras que se puedan ir incorporando es necesario que las administraciones públicas posean unidades y observatorios que velen por estos nuevos principios de adaptación de las normas a las nuevas dinámicas que combinan la necesidad de estabilidad y cambio.

Comunicación interna

La comunicación interna ha llegado a ser un fetiche y una excusa hasta llegar a la impostura en relación al mal funcionamiento de las organizaciones públicas (aunque usualmente también sucede en las privadas). Cuando un equipo directivo de una Administración se reúne para evaluar sus actuaciones y para plantearse otras nuevas, los problemas de comunicación interna siempre suelen aflorar como los grandes culpables de la mala gestión de las decisiones. Da la impresión que es un tema de imposible resolución ya que con independencia de que la estrategia de comunicación sea más acertada e innovadora al final siempre fracasa por motivos diversos. Esto sucede con tal nivel de intensidad que da la impresión que buena parte de los actores organizativos están interesados en que naufrague la comunicación interna: los cargos intermedios no suelen hacer la labor de correa de transmisión de la información con mayor valor que interesa a la dirección que penetre en todos los ámbitos de gestión, los empleados de base suelen desinteresarse de todos los esfuerzos en comunicación interna que impulsa la Administración, etc. Se trata de un sutil complot organizativo: los empleados públicos de base (y los cargos intermedios) no desean enterarse de las novedades por los canales formales, privilegiando a los informales para que luego todos puedan quejarse de que hay un déficit de información por culpa de una dirección con pulsiones autistas. Este fenómeno viene a ser como una perversa impostura totalmente arraigada que ni la administración digital (intranets, correos, canales colaborativos, etc.) ni la presencial es capaz de superar. En todo caso es totalmente cierto que la comunicación interna es esencial para el buen funcionamiento de la gestión pública y hacen falta unidades reinventadas e innovadoras que sigan insistiendo en esta estratégica tarea.

DOS PROCESOS ORIENTADOS A FACILITAR EL CAMBIO

Estos doce nuevos ámbitos propuestos pueden clasificarse en dos procesos orientados a facilitar el cambio y a favorecer la resiliencia organizativa dinámica: por una parte, el proceso de estrategia inteligente y, por otra parte, el proceso de gestión inteligente.

Proceso de estrategia inteligente

Para configurar una administración con inteligencia institucional el primer paso consiste en incrementar las capacidades institucionales para la gobernanza de datos mediante unidades y especialistas que sean capaces de aflorar datos de distintas fuentes, asegurar la calidad de los mismos, ordenarlos e interrelacionarlos. Estos gestores de la información u otros profesionales deberían atesorar capacidad analítica para comprender la información profunda que aportan las distintas fuentes de información. Estos analistas deberían poseer las competencias para gestionar adecuadamente la información. Todos estos datos deberían ser analizados y utilizados por los responsables de la planificación y la evaluación para que vayan definiendo la estrategia de la organización y, en paralelo, puedan desarrollar actividades de control y evaluación de los servicios y políticas públicas que se van gestionando. Estas tres actividades (gobernanza de datos, análisis de la información y planificación y evaluación) pueden ser ejecutadas por una misma unidad o por dos unidades diferenciadas. La renovada unidad de apoyo político se alimentaría también de estos datos e información más elaborada y refinada y colaboraría e influiría en el ámbito de la planificación y evaluación para impulsar una determinada orientación política más fundamentada en el conocimiento y en las evidencias. En este contexto el proceso de toma de decisiones, tanto político como técnico, posee una consistencia más científica al estar fundamentada en datos y en un análisis de carácter empírico. Se superaría, por tanto, la clásica toma de decisiones de carácter intuitivo, mediante un sistema precario de prueba-error y condicionado por filias y fobias políticas y técnicas, personales o corporativas. Las grandes decisiones continuarían teniendo un carácter político, pero mucho más sólido conceptualmente y las decisiones técnicas realmente harían honor a su etiqueta. El siguiente gráfico (gráfico 11) muestra una visión relacional de dichos procesos.

Gráfico 11: Proceso de estrategia inteligente.

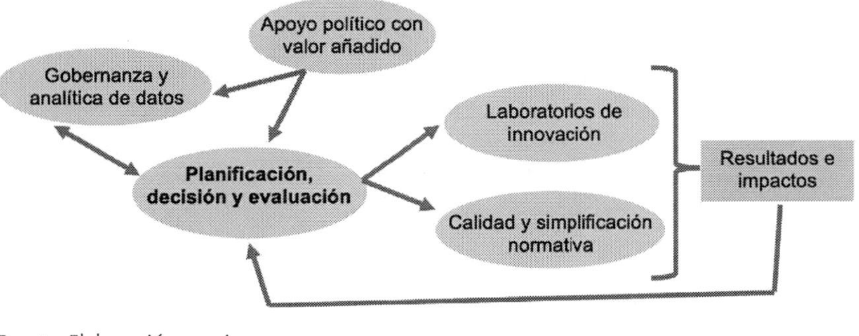

Fuente: Elaboración propia.

Gracias a esta capacidad y solidez de carácter estratégico, mediante la gestión holística de la información, afloraría la posibilidad de anticipar problemas y de conocer con profundidad las fortalezas y debilidades de los servicios y políticas que despliega la organización. En este contexto la innovación tendría todo su sentido ya que los laboratorios de innovación podrían trabajar con una sólida orientación interviniendo donde realmente es necesario y en los ámbitos que pueden aportar mayor valor. La innovación debería estar bien conectada con el resto de la organización y no configurarse como una unidad aislada en la que trabajan mesiánicos militantes de la innovación que generan recelos al resto de los ámbitos organizativos. Las unidades de innovación deberían trabajar en base a la información y a una orientación estratégica que aportan las unidades de planificación configurando una agenda de innovación bien fundamentada y no solo espontánea. Por otra parte, las unidades de innovación deberían ser permeables a todos los ámbitos de gestión de la organización. La innovación es promovida y conducida por unos determinados especialistas en la materia, pero debe ser formulada e implantada de manera colaborativa configurando grupos multidisciplinares y multidepartamentales con arquitecturas variables. La innovación podría surgir excepcionalmente de la inspiración de un empleado especialmente creativo pero la innovación institucional y organizativa requiere dinámicas de inteligencia colectiva tanto en su formulación como, especialmente, en su capacidad real de transformar la organización. Las dinámicas de innovación deberían dejar de ser excepcionales y formar parte de la rutina del aprendizaje institucional. Finalmente, la unidad de calidad y simplificación normativa debería estar en contacto tanto con las unidades de inteligencia institucional como con los laboratorios de innovación. En la gestión pública cualquier anticipación derivada de esfuerzos en materia de prospectiva, cualquier decisión y cambio tiene impacto y consecuencias de carácter legal. La dimensión normativa suele ser el cuello de botella de las transformaciones y para ello hacen falta unos juristas que no sean reactivos sino proactivos comprendiendo la naturaleza de los problemas mediante información empírica y con una orientación también transformadora e innovadora.

Proceso de gestión inteligente

La Administración inteligente no puede limitarse al ámbito estratégico y tiene que arraigar en la gestión ordinaria de las organizaciones públicas. Las novedades en este ámbito presentan las siguientes orientaciones:

- Superar las rigideces organizativas derivadas de una estructura administrativa totalmente cristalizada y excesivamente jerarquizada y departamentalizada. Con este modelo tradicional es muy difícil atender problemas y crisis sobrevenidas y poder incorporar transformaciones significativas en el catálogo de políticas y servicios públicos. La mejor estrategia para superar estos condicionantes es trabajar mediante la metodología de gestión por proyectos o mediante unidades temporales con unos objetivos, unos responsables, unos recursos y un cronograma de trabajo propio y formalizado.

- La inteligencia artificial debe estar orientada a la gestión mediante la detección, análisis y transformación de los procesos administrativos que sean susceptibles de automatización. Con una buena calidad de la información interna y externa es sencillo diseñar algoritmos, propios o importados, que faciliten tanto la toma de decisiones como la automatización de los procesos. La inteligencia artificial debería aportar un rendimiento administrativo exponencial tanto en efectividad y calidad (se evitan o corrigen los errores humanos) como en eficiencia (se liberan unos recursos, especialmente de personal, que pueden dedicarse a tareas con mayor valor añadido como, por ejemplo, la colaboración en distintos proyectos o unidades temporales transformadoras).
- Hay que regresar a una orientación hacia y para el ciudadano. El manido lema que "el ciudadano debe estar siempre en el centro" se ha ido diluyendo durante los últimos tiempos por distracciones derivadas de la digitalización o de una nueva organización del trabajo público. Es imprescindible reencontrase con una ciudadanía que ha mutado durante los últimos tiempos en sus necesidades, en su perfil educativo, en sus exigencias, en su diversidad social y cultural y en su complejidad. La ciudanía ahora es más plural y diversa que nunca: las diferencias de intereses en función de la edad, de la procedencia social y nacional son muy acusadas. Hay que recuperar esta orientación ciudadana tanto en políticas, servicios y procesos como, especialmente, en la implementación de la administración digital, de la inteligencia artificial y en la mecanización de las interacciones. Pero también en los planteamientos de la nueva tecnoestructura (igualdad, sostenibilidad) y en el control riguroso de la gestión indirecta de servicios públicos (externalizaciones). Hay, también, que renovar la comunicación externa de manera que sea comprensible y de interés ciudadano. Todas estas exigencias son tan complejas que no habría que descartarse la posibilidad de incorporar a los ciudadanos con diferentes perfiles de edad y con diversos intereses socioeconómicos y vincularlos en algunos proyectos de innovación y en las dinámicas de gestión de proyectos. El trabajo colaborativo y la inteligencia colectiva no puede asentarse solo en el cono-

cimiento interno sino alimentarse también del conocimiento social de carácter externo. Tal como se comentó en el capítulo 4, la gobernanza robusta y los procesos de gestión inteligente, se vinculan a la configuración de nuevos modelos de relación de las organizaciones públicas con su entorno, tanto a nivel de interlocución como de implicación efectiva para afrontar retos compartidos.

- Una gestión flexible del personal es una necesidad ineludible si se desean atender las tres orientaciones anteriores. La gestión clásica de personal es el gran secuestrador de la buena gestión, muy por encima de las rigideces derivadas de la estructura administrativa. La gestión de personal es el gran tensor reactivo de las administraciones públicas y deber migrar su rol para pasar a ser un tensor proactivo, facilitador e incluso motor del cambio. Los empleados públicos deben prestar sus servicios en el momento y en el lugar que hagan falta en cada nueva situación administrativa. Solo de esta manera se puede aspirar a que la Administración sea capaz de asumir la capacidad de resiliencia dinámica. El elevado perfil competencial e interdisciplinar de los actuales y, en especial, de los futuros empleados públicos, la digitalización, el desarrollo tecnológico y el teletrabajo representan unos enormes catalizadores para lograr la flexibilidad en la gestión de personal. Por ejemplo, y vinculado con problemas que están aflorando en el momento de escribir estas líneas, cualquier empleado público, con independencia de su especialidad y lugar de trabajo, podría en cualquier momento dedicar unas horas o unos días a atender digital o físicamente la gestión de las jubilaciones de la Seguridad Social o auxiliar en la tramitación de los expedientes del Ingreso Mínimo Vital para aliviar eventuales situaciones de colapso de los servicios. Este tipo se situaciones críticas van a ser cada vez más usuales y exigen constantes y contingentes redimensionamientos de plantilla exprés.
- Las tareas directivas son también cada vez más complejas y se requiere de líderes capacitados en gestionar arquitecturas organizativas variables, dirigir personal distinto en cada momento, fomentar el trabajo colaborativo, incorporar en la gestión nuevos valores derivados de la igualdad, la sostenibilidad

y buena parte de la Agenda 2030 y poseer la capacidad para saber aprovechar la digitalización y la inteligencia artificial. Y por si todo esto fuera poco es imprescindible que también sean líderes inspiradores y motivadores. Estas nuevas exigencias requieren que a nivel directivo también se deba atender a los dos pilares que caracterizan la gobernanza robusta: a) la estabilidad: incorporar las reglas del juego de la dirección pública profesional que permitan suprimir las lógicas clientelares y de discontinuidad institucional derivadas de la libre designación; b) cambio: directivos que migran de responsabilidad en función de las necesidades, que deben dirigir y acoger nuevos proyectos, que sean capaces de absorber nuevos equipos con personal variable, etc.

- Comprender que la dirección y el control de la gestión indirecta de políticas y servicios públicos es una actividad esencial de la Administración pública. Externalizar no significa liberar de sus responsabilidades a las organizaciones públicas sino solo eximir una parte del trabajo pero que sigue siendo una responsabilidad pública, que exige otro tipo de competencias para su adecuada gestión y seguimiento.
- La nueva tecnoestructura encarnada en las unidades de igualdad, de sostenibilidad o de *compliance* (objeto de análisis en el próximo apartado) deben incorporase a esta nueva dinámica de gestión inteligente con la capacidad de aportar valor sin caer en dinámicas de carácter neoburocráticas que fomenten el colapso administrativo. Para lograr este objetivo estas nuevas unidades deberían abandonar posiciones maximalistas imposibles de absorber por parte de las organizaciones públicas y concentrarse, en cada momento, en unos objetivos relevantes e incorporarlos de manera incremental: fluida, rápida pero incremental. Estos nuevos ámbitos deben apelar al sentido común administrativo y tener en el frontispicio de sus neófitos profesionales algunos refranes del tipo "quien mucho abarca poco aprieta" o "por mucho madrugar no amanece más temprano". Obvio que deben tener y lograr transformaciones relevantes en sus respectivos ámbitos, pero lo deben hacer de manera realista para que realmente estos cambios sean efectivos.

La nueva tecnoestructura y el nuevo staff de apoyo

La nueva tecnoestructura, como se ha comentado, se está configurando recientemente mediante nuevas unidades transversales como las de igualdad, sostenibilidad y *compliance*. A estas las acompaña un ámbito tradicional sobre organización y racionalización de procesos. Seguidamente vamos a hacer un somero repaso a las características y algunas reflexiones sobre estas unidades emergentes:

1) Igualdad: Hay que celebrar sin matices que las administraciones públicas contemporáneas vayan incorporando nuevos valores como es el caso de la igualdad por razón de género (extrapolable a otras dimensiones de la igualdad). Es de justicia social que todas las acciones públicas tanto externas como internas atiendan al principio de igualdad por razón de género. Es también indudable que para lograrlo hacen falta especialistas en la materia ya que es una exigencia mucho más compleja de lo que aparenta. También hay que reconocer que hace falta que los especialistas sean militantes en la materia ya que deben penetrar unos densos y sutiles muros de resistencia cultural. Tendrán que pasar varias décadas para que este principio esté incorporado de manera natural y espontánea en la gestión pública y no hagan falta unidades especializadas y vigilantes en la materia.

2) Sostenibilidad: en términos conceptuales se podrían hacer las mismas reflexiones que con el caso de la igualdad. Quizás la diferencia más significativa es que en el ámbito de la sostenibilidad el recorrido dentro de las administraciones públicas es más sencillo y, por tanto, más rápido. Se trata de unas dinámicas que generan simpatía laboral y que no se topan con implícitos muros culturales de resistencia como en el vector de la igualdad.

3) Compliance: este ámbito también es muy relevante y bastante trabajado en la Administración pública a nivel de comportamiento profesional para evitar las incompatibilidades y posibles acciones irresponsables a nivel económico. La novedad en esta temática es la capacidad que pueden tener las nuevas unidades de *compliance* de elaborar nuevos protocolos de comportamiento derivados de novedades laborales, organizativas y tecnológicas. También destaca la apertura de nuevos canales para que los empleados públicos puedan manifestar sus dudas, quejas o denuncias. En definitiva, una visión más proactiva que reactiva ante este tipo de problemas. Un ámbito que está logrando un amplio recorrido e impacto en la *compliance* es la prevención y disciplina en materia de acoso de carácter laboral y sexual. Se trata de una novedad que hay que celebrar y que incluso está generando, en algunas administraciones públicas, dinámicas sociales del tipo *me too*. Puede suscitar sorpresa que las administraciones públicas, que son lugares aparentemente con un magnífico ambiente profesional tanto por los derechos laborales como por las elevadas competencias intelectuales y éticas de sus miembros, puedan ser laboralmente tóxicas. Los especialistas en la materia así lo afirman y los motivos para demostrarlo son variados: desde su especificidad de dirección política que puede degenerar en comportamientos laborales indeseables de carácter clientelar, pasando por dinámicas de trabajo muy tradicionales con características feudales, hasta la circunstancia de que la baja movilidad de los empleados fomenta relaciones entre ellos tan estables que alcanzan la categoría de relaciones familiares, con todas las ventajas e inconvenientes asociadas a estas relaciones tan endogámicas. Por tanto, bienvenidas sean estas nuevas unidades, sensibilidades e incluso espontáneas dinámicas laborales. Pero todo ello no es óbice para incorporar en estas nuevas e indispensables sensibilidades algunas cautelas ya que pueden generarse algunas externalidades negativas. En este sentido, por ejemplo, no hay que confundir un mal liderazgo o incluso un liderazgo exigente con el acoso laboral. Las líneas rojas son más finas y sutiles de lo que aparentan. Hay que recordar que la buena gestión genera conflicto entre distintas unidades y profesionales (cuestión que va a ser tratada en el capítulo 8). En este punto parece adecuado hacer el símil con el deporte: la gestión como el fútbol puede considerarse como deporte de contacto y no todos los lances del juego merecen ser sancionados con una falta o con una tarjeta. Por tanto, el contacto y conflicto entre un directivo y un empleado es inevitable y solo en determinadas ocasiones puede ser disfuncional e inaceptable. A nivel directivo, las relaciones entre directivos, que es una relación entre iguales, el conflicto y el contacto es mucho más habitual y en este entorno el juego se asemeja más al rugby que al fútbol y las sanciones deberían ser mucho más laxas. Si no se aplican estas reglas con sentido común pueden paralizar totalmente las dinámicas de gestión de las administraciones públicas ya que cualquiera puede ser acusado, al menos, de paternalista o microacosador. Hay que destacar que ejercer de líder formal en la Administración pública cada vez es más complejo. Una forma tradicional de supervivencia de los directivos públicos ha sido inhibirse en la materia de exigencia laboral a sus profesionales, lo que acaba incidiendo negativamente en la calidad de los servicios públicos. Los directivos públicos exigentes se encuentran con situaciones perversas: ante un mínimo toque de atención a un empleado público éste solicita la baja laboral por motivos psicológicos con lo que se degrada la imagen interna de este directivo y empieza a ser sospechoso de un mal ejercicio de su autoridad. Por tanto, el actual y positivo sistema proteccionista a nivel laboral puede tener como externalidad negativa una absoluta inhibición de los directivos públicos en sus imprescindibles tareas de ordenar las responsabilidades y cargas de trabajo de los profesionales a su servicio. Por esta razón estas nuevas unidades de defensa de los derechos laborales deben estar integradas por profesionales que tengan un gran dominio de la materia, ya que ésta incorpora una gran complejidad y es muy delicada por las potenciales interpretaciones, a menudo muy sutiles, en uno o en otro sentido.

4) *Unidades de organización y procesos*: las clásicas unidades de organización interna que han acogido con entusiasmo metodologías derivadas del modelo de calidad EFQM o de las normas ISO's deberían transformar de una manera radical su rol tradicional. La aportación de valor añadido real en materia organizativa ha sido, hasta ahora, más bien escasa y la utilización de determinadas metodologías instrumentales han generado una elevada neoburocracia sobrevenida. Estos ámbitos nacieron con la vocación de ser motores de cambio y de transformación, pero, en muchos casos, han degenerado en ejercer de tensores reaccionarios que dificultan precisamente las innovaciones en

la organización y en los modelos de gestión. Habría que repensar las funciones de estas unidades ya que en un contexto de transformación digital y Administración inteligente la mayoría de ellas serían innecesarias. En todo caso deberían dejar de ser contemplados como ámbitos propios de la tecnoestructura y ubicase en el del staff de apoyo aportando valor donde haga falta y sea solicitado voluntariamente, pero dejando de ejercer como nuevos agentes uniformadores. La gestión de la complejidad aconseja ámbitos de gestión autónomos e interdependientes que trabajen en constelaciones de gestión y, por tanto, es necesario huir de lógicas dogmáticas de carácter uniformador.

El nuevo staff de apoyo estaría conformado por la Administración digital y, en un futuro cercano, por la inteligencia artificial y la automatización de procesos. También van a formar parte del staff de apoyo unidades antes ubicadas en la tecnoestructura como la administración de personal y la gestión económica y la contratación, la organización y procesos y, finalmente, la asesoría jurídica.

1) *Unidades de administración digital (e inteligencia artificial y automatización)*: Las unidades tecnológicas desarrolladoras de la Administración digital que también se encargan o se van a encargar de la incorporación en la gestión pública de la inteligencia artificial y de sus dispositivos de mecanización de procesos son indispensables para una buena calidad de la gestión pública. Son esenciales, pero meramente instrumentales. Hay que abandonar, por tanto, la idea superficial que los ámbitos tecnológicos son agentes de modernización y cambio. Es el enésimo ejemplo en la gestión pública de ubicar el carro delante de los caballos. La Administración digital y el desarrollo de la inteligencia artificial pueden representar un instrumento potente de transformación si están correctamente dirigidos por las unidades más solventes a nivel conceptual vinculadas a la Administración inteligente (planificación y evaluación, una renovada atención a los ciudadanos, etc.). En este sentido, es necesario que no se perciban las unidades tecnológicas como vinculadas a la tecnoestructura sino alienadas como staff de apoyo. Es decir, no deberían ejercer tanto de actores uniformadores, aunque es evidente que toda la Administración debe

utilizar unos aplicativos comunes que dialoguen entre ellos, sino desplegar un rol facilitador y de apoyo al resto de la organización. Otros problemas que hay que superar en relación con las unidades tecnológicas es su nivel de complicidad con el resto de los ámbitos organizativos y su modelo interno de gestión (internalizado o externalizado). Hasta ahora la relación de estas unidades tecnológicas con las otras unidades usuarias de sus servicios ha sido bastante confusa generándose un ambiente crítico y beligerante, de manera más o menos justificada, de los actores organizativos hacia este ámbito profesional. Las unidades sectoriales se quejan de la rigidez y actitudes autistas por parte de los tecnólogos y éstos argumentan respecto a las primeras que solicitan aplicativos de manera frívola sin saber exactamente lo que desean y realmente necesitan. Se trata de un círculo vicioso que solo puede superarse con el dominio organizativo de la Administración inteligente: por un lado, centros decisionales más solventes y con las ideas muy claras sobre las utilidades y beneficios que deben aportar las novedades tecnológicas y, por otra parte, un mayor dominio de la información y de los datos derivado del incremento de las capacidades institucionales vinculadas a la gobernanza de datos que faciliten un mejor diálogo con la tecnología. Otro tema proceloso es el modelo de gestión de la tecnología en términos de su eventual internalización o externalización. Hasta ahora ambas opciones han resultado decepcionantes, aunque en buena medida, probablemente, por los problemas anteriores. Parece que, en este ámbito, como es habitual en la gestión pública, son desaconsejables los maximalismos: una internalización de la tecnología es excesivamente cara y carece de la escalabilidad y bajo coste de los dispositivos que genera el mercado. En el sentido opuesto, un modelo externalizado implica la posible y delicada pérdida de control sobre el sistema nervioso de la organización como representa la tecnología. Probablemente el modelo de gestión ideal sea de naturaleza híbrida: internalizar la inteligencia tecnológica (algo difícil por el déficit de estos perfiles profesionales en el mercado y por la rigidez de las tablas salariales públicas que no están en consonancia con las exigencias económicas de estos perfiles profesionales) y externalizar el músculo operativo en un mercado denso y competitivo que resulta cada vez más asequible económicamente. Finalmente, destacar que las unidades tecnológicas, aunque puedan ser consideradas como un instrumento de cambio, a nivel conceptual aportan también estabilidad en la gestión pública. Una estabilidad que proporciona la digitalización y la inteligencia artificial en la rutinización de procesos y funciones y en el incremento de la eficiencia del sistema (puede lograrse un rendimiento exponencial gracias a los avances tecnológicos). Pero, en paralelo, la digitalización, la inteligencia artificial y la automatización de procesos puede revelar nuevas puertas abiertas hacia transformaciones profundas del modelo de gestión.

2) *Unidades de administración del personal*: la Administración pública opera en materia del empleo público bajo los principios de igualdad, capacidad y mérito que hay que preservar (y mejorar) a toda costa. Un modelo de función pública moderno también requiere de una ordenación del empleo mediante ámbitos funcionales en función de las competencias vinculadas a los diversos perfiles profesionales, una carrera horizontal que debe estar canalizada mediante rigurosos sistemas de evaluación y, finalmente, una evaluación del desempeño. Todo este conjunto de instrumentos genera una notable complejidad en el sistema que tiene que ser asumida por estas unidades de administración de personal. Por ejemplo, los procesos de selección de carácter meritocrático siempre van a generar enormes esfuerzos de intendencia al ser públicos y abiertos a todos los ciudadanos. Siempre habrá una intensa presencia de burocracia en la gestión de los empleados públicos, aunque hay interesantes posibilidades de simplificación que, por razones desconocidas, no suelen explorarse. Por otra parte, la definición y gestión de unas reglas claras (y lo más sencillas posibles dentro de la complejidad) aporta estabilidad interna a la Administración. Además, los empleados públicos poseen unos derechos laborales mínimos que deben ser respetados y asegurados. Estos derechos no deberían ser excesivos, como en la actualidad, hasta convertirse en privilegios que condicionan en negativo la capacidad para lograr una buena gestión.

La novedad en este ámbito, tal y como se ha hecho referencia, es la incorporación de una unidad de flexibilización de personal que está ubicada en el ámbito estratégico vinculada a la inteligencia institucional. Una unidad paralela cuya función es auxiliar mediante la flexibilidad a los ámbitos de gestión y ejercer el rol de motor de cambio. Esta unidad estratégica define la política y las grandes estrategias en materia de gestión de personal y la unidad de administración de personal se encarga del nivel operativo, de asegurar la seguridad jurídica en la materia y, por tanto, de aportar estabilidad. Con esta estrategia se intenta que la gestión de personal deje de ser el cuello de botella de la buena gestión y cese de secuestrar la mayor parte del potencial buen desempeño de la Administración.

3) *Gestión económica y contratación*: se trata de otro ámbito crítico en la gestión pública, parecido a la esfera jurídica, que suele atesorar un enorme poder dentro de las administraciones públicas. Es un ejemplo de una unidad instrumental que, por la relevancia de la materia que gestiona, se transforma de manera equivocada en una unidad conceptual y decisoria. Esta mutación natural es un error que genera enormes disfunciones en la gestión pública ya que se suelen confundir los medios y los instrumentos con los fines. Son unidades que carecen de visión estratégica, de sensibilidad política y de capacidad para priorizar las necesidades ciudadanas y, también, para poder discernir las necesidades internas de los distintos ámbitos sectoriales. Además, confunden la gestión económica con la fiscalización que corresponde a otros ámbitos. En todo caso es una evidencia que una buena gestión económica y de contratación es esencial y aporta una imprescindible estabilidad en el sistema. Por ello es inevitable que estas unidades establezcan protocolos de carácter uniformador, pero que no deberían caer en excesos ya que partimos del principio que los ámbitos de gestión directa deben gozar de una cierta autonomía en materia económica. Por tanto, parece adecuado conceptual y simbólicamente transferir estas unidades de la zona de la tecnoestructura que posee un exceso de celo uniformador al ámbito del staff de apoyo. La preponderancia y dominio que han gozado hasta la actualidad estas unidades suele ser la con-

secuencia de la falta de visión estratégica y de la ausencia de inteligencia institucional por parte de la Administración. Una Administración con fortaleza en inteligencia, con datos e información proporcionada por distintos canales (entre ellos la casi inexistente contabilidad analítica) no requiere de unidades de gestión económica tan empoderadas a nivel conceptual y decisional, sino que necesita unidades económicas solventes instrumentalmente que garanticen la seguridad jurídica y la estabilidad. Unas unidades de gestión económica con menos poder facilitan su reconversión en unidades de apoyo que buscan las mejores soluciones económicas, contables y formales para solventar los problemas, abandonando las viejas dinámicas de enfrentar a las potenciales soluciones un amplio espectro de problemas que imposibilitan una gestión fluida y eficaz.

4) *Unidades de asesoría jurídica*: se trata de un ámbito con los mismos problemas y disfunciones relatadas tanto para la gestión económica como para la administración de personal. Son unidades que poseen un valor instrumental pero que aprovechan la confusión y elasticidad normativa para imponer sus criterios. Un ámbito excesivamente empoderado que con la excusa de refinar el continente formal acaba definiendo y decidiendo sobre el contenido conceptual. También se trata de un sector que suele hacer gala de ser difícil y de poner todo tipo de trabas a la gestión. Especialistas en encontrar problemas a las soluciones, pero ausentes en la búsqueda de soluciones jurídicas a los problemas. Estas usuales disfunciones pueden solventarse parcialmente al proponerse una unidad paralela en la zona estratégica e inteligente de la Administración que tiene como objetivo la simplificación, flexibilización y la calidad normativa. También puede contribuir a mejorar estas dinámicas, tanto a nivel conceptual como simbólico, el que estas unidades migren de una tecnoestructura uniformadora hacia un staff de apoyo. Todo ello no es óbice para reconocer que las asesorías jurídicas son muy relevantes ya que aseguran la legalidad (seguridad jurídica) y aportan estabilidad. Pero hay mecanismos menos perniciosos que los actuales para asegurar la seguridad jurídica mediante unos servicios jurídicos más facilitadores, que sepan jugar con el coeficiente de elasticidad de las nor-

mas, que renuncien a proponer reglamentos y normas internas con la obsesión de un grado de detalle que no impone el marco normativo y que da como resultado que la organización está siempre atada de pies y manos por voluntad propia y no del legislador. Es un clamor en la Administración denunciar que las normas no dejan espacio de discrecionalidad para lograr una gestión eficaz y eficiente cuando en la mayoría de los casos el problema no son las leyes sino el excesivo desarrollo interno de las mismas y una interpretación interna usualmente conservadora y restrictiva del marco normativo.

El siguiente gráfico (gráfico 12) muestra una visión integrada de los procesos asociados a la gestión inteligente, incorporando los elementos destacados de la nueva tecnoestructura y el staff de apoyo.

Gráfico 12. Procesos de gestión inteligente (incorporando la nueva tecnoestructura y el staff de apoyo)

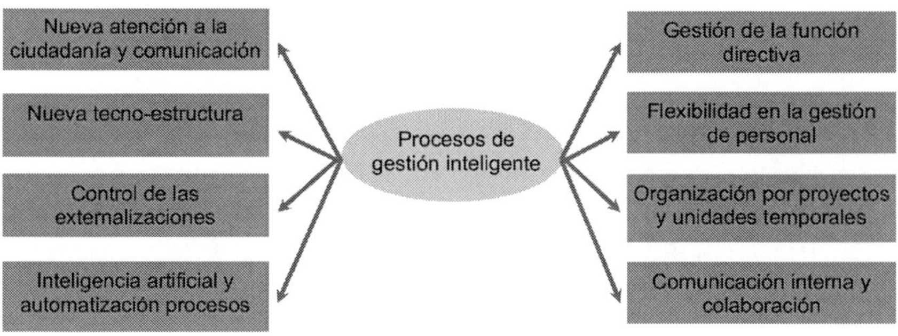

Fuente: Elaboración propia.

Capítulo 7

LA BÚSQUEDA DEL NECESARIO EQUILIBRIO ENTRE LA ESTABILIDAD Y EL CAMBIO VINCULADO A LA GOBERNANZA ROBUSTA. LA IMPORTANCIA DEL TRABAJO COLABORATIVO

El ingrediente clave del nuevo modelo organizativo propuesto es que la Administración pública posea un conjunto de nuevos motores orientados a la transformación y al cambio para que sea capaz de afrontar nuevos problemas y crisis sobrevenidas potenciando sus mecanismos de resiliencia dinámica. Un proceso continuo de transformación mediante sistemas de aprendizaje organizativo. Estamos hablando de una parte de la organización que debe tener una visión más prospectiva, estratégica, autoevaluativa e inteligente. En definitiva, organizaciones con la capacidad de aprender para transformarse. Esta es la principal novedad del nuevo paradigma de la gobernanza robusta. Pero hay que tener presente que una Administración pública, aunque pueda poseer ingredientes de modernidad vinculados a la innovación de sus políticas, servicios y de su propio sistema de autoorganización, no puede aspirar a operar solo con estas lógicas y requiere también de motores de estabilidad. En este sentido, la consideración de que las nuevas organizaciones deben ser ambidiestras tiene una enorme fuerza en el nuevo modelo organizativo vinculado a la gobernanza robusta. Ser una organización ambidiestra en el sentido formulado por Marcet (2021) o una organización que atesora la combinación de conocimiento y capacidad de aprendizaje defendido por Brugué (2022) implica que una parte de la organización tiene que mantener una mirada estratégica que le permita ser prospectiva, anticipativa e innovadora con capacidad de aprender, pero también tiene que atesorar otra mirada dirigida al mantenimiento con eficacia y eficiencia en la prestación de servicios y en asegurar la seguridad jurídica e institucional. Para esta otra mirada se requieren ingredientes de estabilidad que permitan ejecutar mediante la experiencia adquirida de manera incremental (organizaciones que saben). En definitiva, el nuevo modelo de organización debe pivotar sobre un difícil equilibrio entre la estabilidad y el cambio.

En el momento actual la estrategia consiste en diseñar e impulsar motores de transformación vinculados a una Administración inteligente ya que las instituciones públicas están excesivamente encorsetadas a nivel interno y les cuesta un enorme esfuerzo adaptarse a las turbulentas contingencias del entorno y, en muchos casos, no lo consiguen. Administraciones que ni tan siquiera son capaces de ser resilientes pasivas y mucho menos resilientes activas. Este sería el caso de administraciones públicas maduras propias de los países desarrollados y con un elevado nivel de institucionalidad. En cambio, en otros contextos con una mayor inmadurez administrativa y debilidad institucional la estrategia es muy diferente: por una parte, hay que seguir insistiendo en incorporar y articular los motores de estabilidad y, por otra parte, aprovechar su mejor disposición a la transformación y al cambio para incorporar robustos ingredientes vinculados a la Administración inteligente (este escenario va a ser analizado en el capítulo 9).

A nivel general, el equilibrio entre cambio y estabilidad debería lograse con la combinación de ingredientes que ordena el gráfico 13, con dos ámbitos orientados al cambio (la estrategia inteligente y la gestión inteligente) y dos ámbitos orientados a la estabilidad (pero abiertos a mejoras incrementales): la gestión directa e indirecta en la prestación de servicios públicos y la gestión burocrática (tanto la vinculada a procesos externos de carácter estable —burocracia que mira hacia el exterior— como la de gestión interna —burocracia que mira hacia el interior). La tabla 1 apuntala estos motores de estabilidad ya que no hay, en absoluto, que olvidarlos o despreciarlos.

Gráfico 13. El equilibrio entre la estabilidad y el cambio

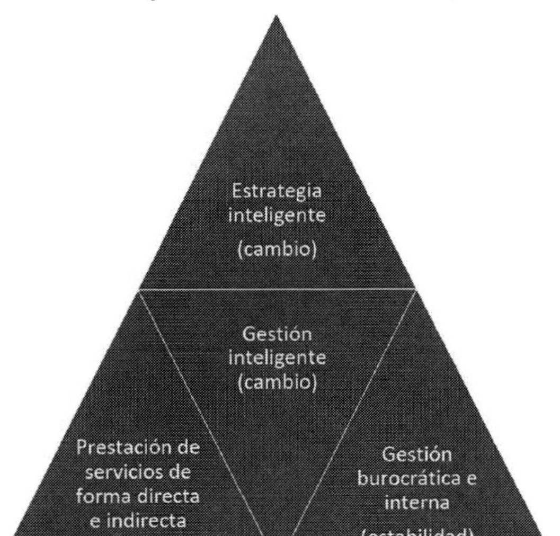

Fuente. Elaboración propia.

Tabla 1: Los ámbitos y motores de la estabilidad.

Administración gerencial	• Gestión directa de servicios • Gestión indirecta de servicios
Administración burocrática de servicios	• Licencias y autorizaciones • Disciplina socioeconómica
Administración interna	• Gestión económica y contratación • Administración de personal

Fuente: Elaboración propia.

A nivel concreto los motores organizativos de cambio y los motores de estabilidad son los que aparecen en la tabla 2. En este sentido hay que destacar tres dimensiones que facilitan ordenar todos estos impulsos para llegar a conformar un modelo final equilibrado:

– Hay ámbitos y unidades que claramente son de cambio o de estabilidad. De cambio: gobernanza y análisis de los datos, planificación y evaluación, nuevo apoyo político, nueva atención al ciudadano y comunicación externa, gestión directiva, laboratorios de innovación y organización por proyectos y potenciales unidades temporales. De estabilidad: unidades directas, instrumentales o indirectas de prestación de servicios y unidades de gestión burocrática con una orientación socioeconómica y de ordenación interna de carácter administrativo.

- Por otra parte, hay ámbitos que antes eran unitarios y que ahora se desdoblan, en paralelo, en unidades de cambio y en unidades de estabilidad. Es el caso de la gestión de personal (una unidad de flexibilidad y otra unidad de administración de personal) y del ámbito jurídico (una unidad de calidad y simplificación normativa y una asesoría jurídica clásica).
- Por último, existen unidades y motores que pueden ser a la vez tanto motores de cambio como de estabilidad (en cursiva al final de la tabla): comunicación interna, control de las externalizaciones, nueva tecnoestructura (igualdad, sostenibilidad y *compliance*) y administración digital, inteligencia artificial y automatización de procesos.

Tabla 2. Motores de cambio y motores de estabilidad.

Motores de cambio	Motores de estabilidad
– Gobernanza y análisis de datos – Planificación y control – Nueva unidad de apoyo político – Nueva unidad atención al ciudadano y comunicación externa – Laboratorios de innovación – Organización por proyectos – Gestión directiva – Flexibilización del personal – Calidad y simplificación normativa – *Comunicación interna* – *Control externalizaciones* – *Nueva tecnoestructura: igualdad, sostenibilidad y* compliance – *Administración digital, inteligencia artificial y automatización de procesos*	– Unidades de prestación de servicios directos – Organismos de prestación de servicios indirectos – Unidades gestión burocrática externos: licencias, autorizaciones y disciplina – Gestión económica y contratación – Administración de personal – Asesoría jurídica – Administración digital – *Comunicación interna* – *Control externalizaciones* – *Nueva tecnoestructura: igualdad, sostenibilidad y* compliance – *Administración digital, inteligencia artificial y automatización de procesos*

Fuente: Elaboración propia.

UN MODELO LEGO PARA LAS ORGANIZACIONES PÚBLICAS APLICANDO LAS ESTRATEGIAS DE LA GOBERNANZA ROBUSTA

Implementar las siete estrategias de la gobernanza robusta presentadas en el capítulo 2 tiene una dificultad que va más allá de definir los nuevos y clásicos ámbitos de gestión que debería poseer una gran unidad organizativa de una Administración pública. La primera dimensión conceptual que hay que tener presente es la nueva disposición de las dimensiones o ámbitos de una organización pública: a) un núcleo de operaciones con una arquitectura variable en el que se encuentran ubicadas los numerosos ámbitos de gestión que son los que se encargan de las decisiones operativas y de la ejecución de los distintos servicios y políticas públicas. En este ámbito está adscrita la mayoría del músculo organizativo con capacidad de gestión gerencial y burocrática, ambos a nivel operativo; b) un nuevo staff de apoyo (administración digital, gestión económica y contratación, administración de personal y asesoría jurídica) que está al servicio de los actores del núcleo de operaciones sin excesivas pulsiones de carácter uniformador; c) una nueva tecnoestructura articulada con recientes figuras como son las unidades de igualdad, sostenibilidad y *compliance*; d) una suavizada línea intermedia configurada por uno o dos niveles jerárquicos que son los responsables de una coordinación flexible y, en especial, de aportar apoyo a la gestión por proyectos y acoger a las unidades de carácter temporal; e) Un ápice estratégico en el que están integrados los nuevos motores vinculados a la Administración inteligente tanto a nivel estratégico como de alta gestión (gobernanza y análisis de datos, estudio de prospectiva y definición de estrategias mediante la planificación y la evaluación, reinvención de la atención a los ciudadanos, flexibilidad y calidad normativa, etc.).

La interrelación entre las distintas unidades organizativas debe tener un carácter modular (sistema Lego) en que las distintas piezas puedan encajar de manera variable fomentando el esbozo de múltiples combinaciones en función de las necesidades de cada momento vinculadas a los distintos proyectos políticos, para poder atender con solvencia las distintas demandas ciudadanas y las crisis extraordinarias, sobrevenidas e inéditas.

En segundo lugar, otra dimensión conceptual que hay que tener presente es que el modelo Lego de carácter modular debe operar en base a otra estrategia de la gobernanza robusta que exige que las unidades básicas y sectoriales puedan actuar de manera semiautónoma (capacidad para poseer una cierta flexibilidad en la gestión de sus recursos básicos de carácter económico y de personal) generándose un sistema policéntrico cooperativo y coordinado que fluya mediante constelaciones organizativas flexibles y variables.

Con estos dos nuevos ingredientes, las bases del modelo Lego serían las siguientes:

1) Diversidad organizativa del núcleo de operaciones y su vinculación con el staff de apoyo: El elemento central del nuevo diseño reside en el núcleo de operaciones en el que los distintos ámbitos de gestión (unidades o macro unidades de ejecución de servicios y de políticas públicas) posean la capacidad de administrar su propio personal, su gestión económica y su contratación mediante la adscripción directa y provisional de efectivos del staff de apoyo. El staff de apoyo debería tener suficiente masa crítica para poder generar conocimiento concentrado y escalado en sus respectivas materias, pero cediendo una parte de sus especialistas para adscribirlos directamente a los distintos ámbitos de gestión del núcleo de operaciones en función de sus necesidades. Solo de esta manera puede considerarse que los distintos ámbitos de gestión poseen autonomía y pueden operar bajo un modelo de carácter modular. En este nuevo marco las unidades básicas de gestión podrían tener distintas formas jurídicas en función de las materias que gestionen: podrían ser unidades de gestión directa que formen parte de la administración nuclear (subdirecciones, áreas, divisiones o servicios), entes instrumentales (agencias, organismos autónomos, etc.) o también podrían ser organizaciones privadas con y sin ánimo de lucro (entes externalizados). Estos tres mecanismos organizativos no serían en la práctica muy distintos, tal y como se percibe actualmente, ya que todos operarían de manera modular y autónoma con similares sistemas de enlace con el ámbito estratégico de inteligencia organizativa y con la nueva tecnoestructura (que ordenaría también a los entes externalizados) . Por tanto, en el nuevo modelo de gestión las

diferencias entre estas tres opciones de gestión no serían tan dramáticas como en la actualidad ya que las tres trabajarían de una manera similar a nivel material. Esta sería una de las grandes especificidades del nuevo modelo de gestión. Además, las tres opciones institucionales, desde su autonomía, trabajarían alienadas mediante los parámetros impuestos por el ámbito de la Administración inteligente y establecerían, en función de las necesidades institucionales, mecanismos de relación de carácter cooperativo trabajando por constelaciones multisectoriales con arquitecturas variables en función de las exigencias de las estrategias organizativas definidas por las necesidades del entorno y por las prioridades políticas. Los ámbitos de gestión se constituirían como piezas de Lego que encajarían unas con otras con arquitecturas variables de rápida implantación. Estas piezas o ámbitos de gestión vinculadas al núcleo de operaciones podrían ser tanto burocráticas (gestión de procedimientos estandarizados con mirada externa) como gerenciales (gestión flexible de servicios orientada a la eficacia y la eficiencia).

Los trasvases de recursos, en función de las necesidades, entre estos ámbitos de gestión sería lo usual y no excepcional, en especial los traslados de efectivos de personal, configurándose un sistema contingente y de movilidad interadministrativa de administración y de gestión de personal. Los profesionales deberían estar en cada momento donde hacen falta en función de las necesidades ciudadanas, de las prioridades políticas y de las necesidades internas de carácter organizativo. La mayoría de los empleados públicos deberían estar preparados y mentalizados para prestar sus servicios en distintos ámbitos configurándose en piezas inteligentes de un dinámico sistema Lego en gestión de personal. Esta es otra novedad organizativa relevante que para su implantación es necesario reclutar y formar empleados públicos polivalentes, permeables al cambio y a colaborar en distintas redes profesionales dinámicas y diferentes. Este sobreesfuerzo en dedicación profesional de los futuros empleados públicos debería ser compensado mediante una fluida y rigurosa carrera horizontal y, complementada, con incentivos vinculados a la evaluación del desempeño.

2) Una nueva tecnoestructura influyente en la definición de estrategias y valores sin caer en la deriva negativa de generar unas dinámicas neoburocráticas. La Administración del futuro debe aprender a trabajar por misiones y por valores siendo un elemento esencial para ello la nueva tecnoestructura con unidades como las de igualdad, de sostenibilidad, de *compliance* y otras novedades éticas y sociales que puedan ir surgiendo. La capacidad de influencia de esta nueva tecnoestructura debe ser elevada, pero sin caer en lógicas de carácter jerárquico o excesivamente normalizadoras. Su capacidad de influencia debería residir en su competencia para articular un relato sólido y realista que sea asumible por toda la Administración pública e influir mediante el acompañamiento vía asesoramiento que logre adhesiones espontáneas mediante estrategias de convicción y complicidad conceptual. El objetivo final es un cambio profundo en la cultura organizativa y ello solo puede lograrse mediante la seducción y el convencimiento de que solo puede implantarse la transformación de manera incremental y no radical. Hay que evitar las típicas lógicas de desacople institucional en las que aparentemente se incorpora un determinado nuevo relato pero que en la práctica no es realmente asumido ni respetado. Por tanto, sería lógico que durante este proceso algunos ámbitos de gestión fueran más rápidos que otros en incorporar estos nuevos valores. Esta asimetría no debería asustar ya que es el mecanismo idóneo para lograr, con el tiempo, una Administración igualitaria en valores, pero en el umbral más alto. En cambio, si se optará por la uniformidad, por aplicar los valores con la misma intensidad en todos los ámbitos de gestión, el umbral real sería bastante más bajo. Por tanto, sería un error aspirar de inicio a una homogeneidad y uniformidad en materia de valores ya que el grueso de la organización solo los compartiría a nivel formal pero no en su dimensión material.

3) El protagonismo de las unidades vinculadas a la Administración inteligente: las unidades de la Administración inteligente no deben ser percibidas como una superestructura descontextualizada del resto de la organización. Hay que evitar esta tendencia natural ya que en la práctica no se lograría ningún

avance significativo. La Administración inteligente, a pesar de estar ubicada en el ápice estratégico de la organización, no se trata de un ámbito que se limita a la dirección del resto del sistema organizativo, sino que posee la capacidad para penetrar en el sistema ya que está literalmente a su servicio. Hay que huir de la lógica que los ámbitos de gestión están a disposición de la Administración inteligente para implantar en la práctica la dinámica inversa: la Administración inteligente está al servicio de los ámbitos de gestión para que puedan operar de forma más estratégica y puedan incorporar de manera no forzada los parámetros esenciales de la gobernanza robusta. Solo de este modo será posible lograr la escalabilidad, el bricolaje y la modelización, la adaptabilidad del marco normativo, las respuestas innovadoras y la elasticidad entre estrategia (Administración inteligente) y táctica (ámbitos operativos de gestión). A nivel conceptual los ámbitos básicos de la organización saben cómo tienen que gestionar y deberían poseer la suficiente autonomía para hacerlo. Es una dimensión que sabe y que aporta estabilidad al sistema. La Administración inteligente, en cambio, es un motor de transformación incorporando mecanismos continuos de aprendizaje activo y anticipativo fundamentado en información (datos) y en otras evidencias empíricas derivadas del análisis de prospectiva y de la evaluación de los resultados de las políticas y de los servicios públicos.

4) Una diversidad ordenada de la Administración inteligente estratégica y de gestión. Tal como se ha apuntado en el capítulo precedente, es cierto que son muchas, quizás excesivas, las nuevas unidades vinculadas a la Administración inteligente: gobernanza de datos y/o analítica de la información, nueva unidad de apoyo político, ámbito de planificación y evaluación, control de las externalizaciones y de los partenariados público-privados, nueva unidad de atención ciudadana, inteligencia artificial y automatización de procesos (una vez madure este vector debería incorporarse al ámbito de staff y apoyo), laboratorio de innovación, unidad de flexibilidad de personal, gestión directiva, organización por proyectos y gestión de las unidades temporales, calidad y simplificación normativa y, finalmente, comunicación interna. Ni más ni menos que doce

nuevos ámbitos de gestión que pueden generar una excesiva inflación orgánica y una superestructura neoburocrática y hacer efectiva, una vez más, la recurrida sentencia que "para desburocratizar es necesario generar más burocracia". Esta inquietud natural debe combatirse teniendo en cuenta el relato esencial del nuevo modelo organizativo: se trata de unidades orientadas al cambio y que su aspiración no es generar más burocracia (mediante nuevos protocolos, exigencia de nueva información a los ámbitos ejecutivos, etc.) sino que reside en combatir activamente a la burocracia y a sus excesos. Por otra parte, en función del tamaño de la Administración, las unidades asociadas a la Administración inteligente pueden fusionarse hasta diseñar un nuevo modelo organizativo muy simple. Por ejemplo, no sería ningún disparate agrupar en una única unidad la gobernanza y análisis de datos, la planificación y evaluación, el control de las externalizaciones, la nueva atención al ciudadano, la calidad y simplificación normativa y la comunicación interna. Por otra parte, sería posible agrupar la gestión directiva, la flexibilidad del personal y la organización de proyectos y de las unidades temporales en otro ámbito. En dos ámbitos organizativos podemos agrupar nueve motores vinculados a la Administración inteligente. Esta agrupación dual respondería, tal y como se ha hecho referencia, a atender a dos dimensiones distintas de la Administración inteligente: a) estrategia inteligente; b) gestión inteligente. Quedarían fuera de esta agrupación y simplificación tres unidades: (1) la de nuevo apoyo político debido a que, por su naturaleza política, se considera poco conveniente que conviva con unidades técnicas ya que las podría desnaturalizar profesionalmente y contaminar políticamente, (2) la unidad de administración digital, inteligencia artificial y automatización de procesos que tiene actualmente una naturaleza novedosa y experimental y, por tanto, sería conveniente que operara como una unidad independiente, aunque totalmente integrada en el sistema y (3) la unidad o unidades de innovación que debe tener una dinámica propia si se desea que estén muy próximas a los ámbitos nucleares de gestión.

Las unidades vinculadas a la estrategia inteligente están reflejadas en el gráfico 14

Gráfico 14: Unidad integrada de estrategia inteligente

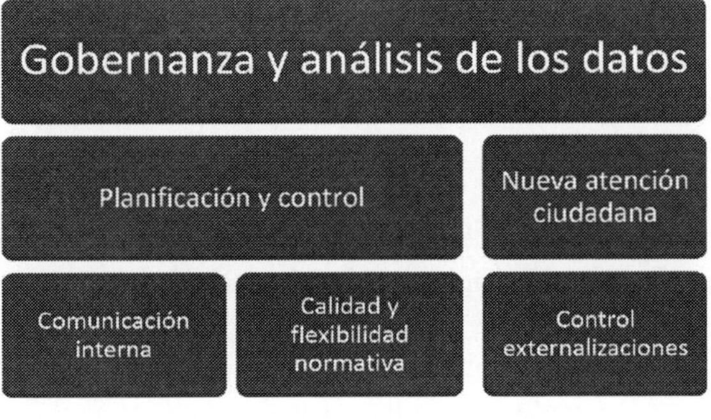

Fuente: Elaboración propia.

Por otra parte, los procesos destacados que se vinculan a la gestión inteligente se agruparían en la siguiente unidad (gráfico 15):

Gráfico 15: Unidad integrada de gestión inteligente

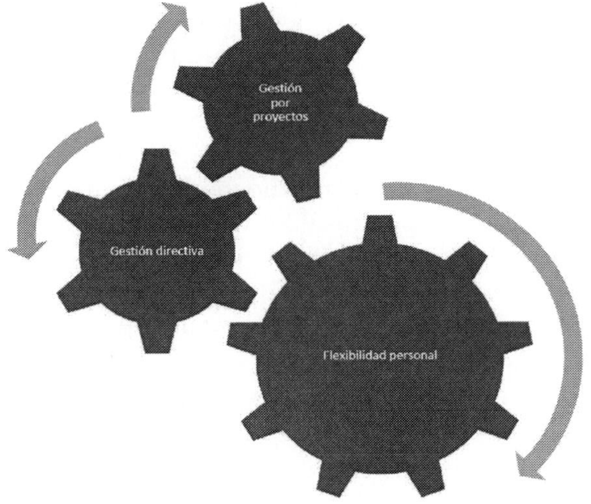

Fuente: Elaboración propia.

Finalmente, las tres unidades independientes pero muy interdependientes con el resto de la organización en especial el laboratorio de innovación y la unidad de inteligencia artificial y automatización de procesos y, también, el gabinete con funciones de carácter político.

5) La Administración inteligente puede variar en función del tamaño de cada Administración: es imposible proponer un modelo matriz de Administración inteligente en el contexto de la gobernanza robusta que pueda ser implantado en todas las organizaciones públicas. Solo en el contexto español están presentes unas veinte mil organizaciones públicas jurídicamente independientes (Sánchez Morón, 2018): administraciones en el sentido estricto del término como la Administración General del Estado, las 17 Comunidades Autónomas a las que hay que añadir las 2 Ciudades Autónomas (Ceuta y Melilla), los 8.131 municipios con sus respectivos ayuntamientos, 38 Provincias con sus Diputaciones (a las que hay que añadir las 3 vascas de régimen foral, las 7 islas de Canarias con sus Cabildos y las 4 islas de Baleares con sus Consejos Insulares). También hay que contemplar las Comarcas con sus Consejos Comarcales en los territorios en los que están presentes (41 Comarcas en Cataluña a las que hay que añadir 74 Comarcas en el resto de España) y 70 Áreas Metropolitanas. A esta diversidad de Administraciones agrupadas en tres niveles (nacional, autonómico y local) hay que añadir una enorme diáspora de entes instrumentales jurídicamente independientes (agencias, organismos autónomos, empresas públicas, fundaciones públicas y consorcios, etc.). Por tanto, aplicar el mismo modelo en todas estas organizaciones públicas es imposible. Veamos distintas posibilidades de submodelos en función del tamaño, de las necesidades y de las contingencias de cada una de estas organizaciones públicas (las ordenamos de menor o mayor tamaño):

a) Los pequeños o medianos municipios: se hace referencia a los 4.979 municipios con menos de 10.000 habitantes que difícilmente van a tener capacidad de poseer un ámbito de Administración inteligente salvo, en algunos casos excepcionales, una unidad de planificación y evaluación. Son administraciones públicas con una manifiesta dificultad para poder incorporar los nuevos ámbitos de gestión vinculados a la Administración inteligente e incluso para integrar la nueva tecnoestructura (unidades de igualdad, etc.) y con un staff de apoyo muy precario en conocimientos y recursos. En estos casos las competencias y recursos vinculados a las nuevas unidades como motores de estrategia y cambio deberían ser proporcionadas por las Diputaciones Provinciales (o en su caso las Diputaciones Forales, los Cabildos o los Consejos Insulares). Hay, por tanto, que reinventar las Diputaciones Provinciales, y el resto de administraciones locales de segundo nivel, para que puedan proveer de estos servicios a los pequeños y medianos municipios.

b) La gran mayoría de los entes instrumentales (agencias, organismos autónomos, etc.) poseen unas dimensiones modestas que solo les permitiría poseer una unidad de planificación y control y el resto de atributos vinculados a la Administración inteligente y a la nueva tecnoestructura deberían ser proporcionados por la Administración matriz que ejerce las funciones de principal.

c) Los municipios entre 10.000 y 50.000 habitantes y la gran mayoría de las Comarcas se encuentran en una situación intermedia: con capacidades institucionales para introducir ingredientes de la Administración inteligente, pero de manera precaria e insuficiente. En estos casos habría que optar por un organigrama simple: una unidad de estrategia inteligente con ingredientes de gobernanza y análisis de datos, planificación y evaluación, control de las externalizaciones y desplegar con especial fuerza una renovada unidad de atención al ciudadano. A nivel de gestión inteligente una pequeña unidad de gestión por proyectos y de flexibilización del personal. También debería estar presente un laboratorio de innovación. El problema en esta franja residiría en las dificultades en incorporar la inteligencia artificial, la automatización de procesos y la calidad y simplificación normativa. Ambas funciones se podrían externalizar a otras administraciones (diputaciones o administraciones autonómicas) y externalizar a nivel operativo (no conceptual) al sector privado (empresas tecnológicas y asesorías jurídicas).

En este sector las unidades de apoyo político van a manifestar una baja intensidad evitando interferencias políticas, pero con mínimas capacidades para poder aportar visión política de carácter estratégico a la alcaldía.

d) Para las administraciones intermedias a nivel de dimensión institucional: Diputaciones Provinciales, Cabildos, Consejos Insulares y pequeñas Comunidades Autónomas (las uniprovinciales exceptuando el caso de Madrid o las pluriprovinciales menos complejas territorialmente como Extremadura o Aragón) deberían diseñar una estrategia y una gestión inteligente centralizada ubicada en Presidencia (cerca de la presidencia de la institución)

e) Los grandes ministerios, consejerías y concejalías de enormes ayuntamientos (los casos de Madrid y Barcelona al que podrían incorporarse unos pocos más) podrían disponer de todos los atributos tanto de la estrategia inteligente como de la gestión inteligente y discrecionalmente, en función de sus intereses e idiosincrasia, elegir un modelo amplio y fragmentado o un modelo más concentrado e integrado. En el caso de los pequeños ministerios o consejerías habría que optar por el modelo más sencillo posible de carácter integrado.

f) Las grandes administraciones (Administración General del Estado, grandes Comunidades Autónomas en población y/o territorio y los grandes ayuntamientos) además de poseer unidades de estrategia y de gestión inteligente a nivel departamental (ministerios, consejerías o concejalías) deberían incorporar unidades centrales ubicadas en el centro del poder (presidencia, alcaldía, gerente o coordinador municipal) para ordenar y coordinar el sistema de estrategia y gestión inteligente (como por ejemplo, una oficina central del dato que se alimenta de la información de las oficinas departamentales de datos).

DE UN MODELO ESTÁTICO A UN MODELO DINÁMICO

El nuevo modelo organizativo propuesto vinculado al paradigma de la gobernanza robusta tiene como objetivo lograr unas administraciones públicas que sean capaces de convivir con un entorno turbulento mediante el diseño de un sistema complejo de carácter adaptativo. Se trata de un modelo inclusivo que integra componentes de modelos administrativos consolidados que han aportado valor durante mucho tiempo y que pueden seguir aportando provechosos rendimientos (modelo burocrático, modelo gerencial y el modelo clásico de gobernanza en red). Estos modelos clásicos tienen la virtud de aportar estabilidad a la Administración pública ya que en diversos ámbitos funcionan relativamente bien y contribuyen a un notable rendimiento institucional. La novedad de la gobernanza robusta reside en potenciar las capacidades adaptativas del modelo de gestión mediante sistemas inteligentes de aprendizaje. Un nuevo modelo con elevadas capacidades de resiliencia dinámica que es lo que exige un entorno cada vez más complejo e inesperado.

Se puede argumentar que en la práctica este modelo solo aporta una novedad realmente sustantiva: ubicar un nuevo ámbito de inteligencia administrativa (estratégica y de gestión) en la dimensión estratégica. El resto de novedades podrían considerarse, a nuestro entender de manera errónea, como meramente incrementales o tangenciales. Otra crítica que podría hacerse al modelo propuesto es que sigue siendo excesivamente jerárquico, departamentalizado (nueva distribución de las unidades pero que siguen con las tradicionales lógicas de jurisdicciones estancas) y, por tanto, el resultado sería un nuevo modelo estático. Finalmente, una tercera posible crítica al modelo es que sigue siendo excesivamente reflexivo, narcisista y con tendencias autistas que con la excusa de incrementar la capacidad para absorber y atender a un entorno complejo deja de lado u obvia, precisamente, al entorno y a la capacidad de la Administración de aportar valor. Para desmentir estas potenciales críticas el gráfico 16 enfatiza como todas las unidades de inteligencia estratégica están orientadas a observar y analizar el entorno complejo y a interaccionar con el mismo.

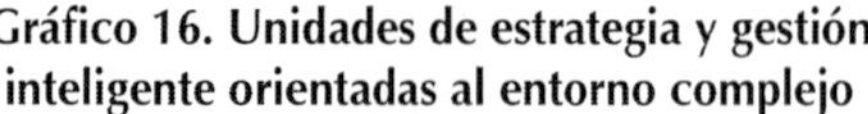

Gráfico 16. Unidades de estrategia y gestión inteligente orientadas al entorno complejo

Fuente: Elaboración propia.

Teniendo en cuenta estas posibles críticas y recelos podría considerarse que el nuevo modelo no va a ser capaz de lograr los objetivos para los que se ha diseñado. En este sentido, es necesario abordar la lógica del funcionamiento del modelo, las interacciones entre sus distintos ámbitos para poder vislumbrar mejor como podría desarrollarse en la realidad. Veamos, por tanto y de manera tentativa, como debería operar dinámicamente este nuevo modelo organizativo y de gestión:

– La esencia del nuevo modelo no reside en una superestructura de inteligencia institucional sino en las lógicas de funcionamiento de los ámbitos de gestión adscritos al núcleo de operaciones. El núcleo de operaciones es la parte esencial del nuevo sistema. Los ámbitos de gestión son los beneficiarios últimos de todas las transformaciones propuestas: poseen mayor autonomía de gestión ya que están liberados de una tecnoestructura clásica homogeneizadora y castrante y poseen mayor capacidad para la toma de decisiones en el marco de una estrategia colectiva mucho más robusta que facilita el empoderamiento de los ámbitos de gestión. La estrategia y la gestión inteligente, la nueva tecnoestructura y el renovado staff de apoyo están al servicio de los ámbitos de gestión que configuran el núcleo de operaciones (gráfico 17).

Gráfico 17. La centralidad del núcleo de operaciones que agrupa los ámbitos de gestión

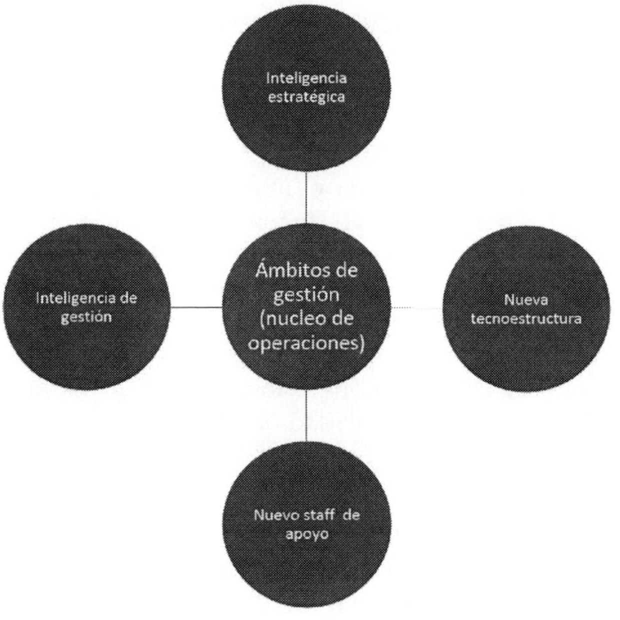

Fuente: Elaboración propia.

- Los ingredientes de inteligencia administrativa (tanto estratégica como de gestión) no conforman un ámbito elitista y descontextualizado del resto de la Administración, sino que se orientan a penetrar en los ámbitos operativos de gestión y a facilitar que éstos últimos irrumpan, a su vez, en la dimensión estratégica. La colaboración entre unos y otros es esencial y en un plano de igualdad ya que unos poseen capacidad de acceso a la información y de análisis holístico de la información y los otros poseen el conocimiento de la gestión de su ámbito sectorial. El éxito del sistema reside en una comunicación con doble sentido entre estos dos ámbitos. Esta comunicación puede tener un carácter coyuntural o estructural, en función de las necesidades. Para resolver problemas y definir nuevas estrategias pueden comunicarse puntualmente mediante reuniones bien planificadas y ordenadas. Se trata de escapar de las típicas reuniones informativas y desestructuradas en que el resultado suele ser que hay que programar una nueva reunión. Las nuevas reuniones tienen que ser para tomar decisiones, definir roles y responsabilidades: reuniones orientadas a la acción. Cada participante en la reunión debe comparecer pensado y preparado para aportar valor añadido a la decisión colectiva. Hay una empresa innovadora que ha cambiado la etiqueta a las salas de reuniones y ahora las denomina "salas de toma de decisiones". Este debería ser el nuevo espíritu. Decisiones colectivas en las que participan de manera paritaria representantes de los ámbitos de gestión y del ámbito de inteligencia institucional. Cuando un tema tiene suficiente enjundia, complejidad y largo recorrido es cuando hay que canalizarlo mediante el sistema de la gestión por proyectos (o mediante unidades temporales) con una composición también paritaria no solo en número sino en capacidad de aportar valor y de decidir.

- En estos procesos de análisis, de innovación y de toma de decisiones debe estar siempre presente el entorno. La gobernanza robusta es esencialmente abierta, tal y como se comentó en el capítulo 4, ya que si no sería solo gobierno o gestión robusta con una orientación interna y reflexiva. El entorno puede estar presente de manera indirecta o directa. Una novedad del nuevo modelo de gestión es que la Administración inteligente se sustenta sobre un amplio conjunto de antenas que observan y analizan el entorno tanto de manera cuantitativa como cualitativa. Conocen en profundidad las mutaciones y nuevas problemáticas del contexto socioeconómico, anticipan escenarios, escrutan al detalle las nuevas demandas ciudadanas en forma de nuevas necesidades y de expectativas frustradas, etc.

En ocasiones el análisis y el proceso de toma de decisiones no puede ser de laboratorio, sino que tiene que estar abierto a la participación directa de actores que representan las distintas visiones y sensibilidades socioeconómicas de carácter externo. El nuevo modelo se configura fundamentalmente para estar pendiente del entorno complejo y turbulento y, al mismo tiempo, para integrar a los actores de dicho entorno en la identificación y desarrollo de nuevas respuestas para afrontarlo.

- Las dinámicas de trabajo deben tener un carácter colaborativo mediante la interacción de miembros de los distintos ámbitos organizativos (también del staff de apoyo y de la nueva tecnoestructura) configurándose equipos multisectoriales y multidisciplinares, a veces con algunos agentes externos a la Administración con el objetivo complejo de generar dinámicas de inteligencia colectiva. El próximo apartado va a profundizar sobre este tema.
- El nuevo modelo es horizontal y transversal y alienta y fomenta las dinámicas *bottom-up* pero operando dentro de un marco general de carácter *top-down*. Hay que ser realistas: en las administraciones públicas la toma de decisiones tiene un carácter político y, por tanto, tienen que seguir siendo jerárquicas, aunque mezcladas con lógicas colaborativas propias de las organizaciones holocráticas. El nuevo ámbito de inteligencia institucional potencia tanto las dinámicas *bottom-up* como *top-down* pero prevalecen las dinámicas jerárquicas aunque se trate de una nueva jerarquía más pluralista e inclusiva pero jerarquía al fin y al cabo.
- El nuevo modelo de gestión debería ser contingente y dinámico y, por tanto, tener la capacidad de adoptar diferentes configuraciones intersectoriales en función de los problemas y retos que hay que afrontar. Es necesario superar lógicas departamentalizadas tanto en sectores, como en ámbitos organizativos (como los expuestos por Mintzberg e incluso con los cambios sugeridos en este libro) y aprender a trabajar de manera colaborativa mediante constelaciones intra-organizativas e inter-organizativas que continuamente deben tener la capacidad de cambiar su diseño en función de cada problema a resolver. Un modelo lego cada vez menos rígido, más líquido

y fluido. En esta nueva lógica los empleados públicos deben ser polivalentes y poseer unas competencias que van mucho más allá de sus respectivas especialidades. Hay que seleccionar y formar profesionales polivalentes, multidisciplinares con un cierto grado de especialización pero que no limite una visión holística de la Administración y de su entorno.

ALGUNOS APUNTES SOBRE EL TRABAJO COLABORATIVO CON EL OBJETIVO DE GENERAR INTELIGENCIA COLECTIVA EN EL MARCO DE LA GOBERNANZA ROBUSTA

Las administraciones inteligentes requieren del trabajo colaborativo para lograr abrazar la denominada inteligencia colectiva. Es una evidencia que las nuevas dinámicas de trabajo deben ser colaborativas tanto a nivel intersectorial, como interdimensional y multidisciplinar. Los procesos de definición de la estrategia, de la toma de decisiones, de la implementación, del control y de la evaluación deben estar cruzados por dinámicas de trabajo cooperativo. Este trabajo colaborativo deber estar presente tanto intramuros de la Administración como extramuros (mucho más difícil de lograr), con la participación de expertos externos en diversas materias, de miembros de otras administraciones públicas, de organizaciones socioeconómicas y de ciudadanos.

El trabajo colaborativo y la inteligencia colectiva representan ingredientes nucleares en el marco del modelo de la gobernanza robusta que integra la estabilidad y el cambio. Un claro ejemplo lo encontramos en la estrategia de generación de respuestas innovadoras a los entornos de turbulencia comentada en el capítulo 2 del libro. Las dinámicas de trabajo colaborativo fomentan una capacidad profunda de análisis tanto de prospectiva como de evaluación de los servicios y políticas públicas que es el caldo de cultivo ideal para que la gestión pública implante dinámicas de cambio y de transformación orientados a la mejora y a alcanzar una mayor consistencia para resolver los nuevos retos. Se plantea con ello una Administración orientada a la innovación y al aprendizaje continuo que de manera articulada fomente la renovación de las estrategias y de los mecanismos de gestión. La definición o redefinición de la estrategia en mayúsculas tendría que ser, casi siempre, esencialmente colaborativa (tanto dentro como fuera de la Administración). Inteligencia administrativa acompañada de inteligencia social (inteligencia ciudadana, inteligencia de la sociedad civil organizada, inteligencia académica e inteligencia empresarial). Por otra parte, la mecánica propia del trabajo colaborativo también aporta estabilidad al sistema: se conserva el acervo administrativo adquirido y se asegura la continuidad de las experiencias exitosas y maduras. No todo es innovación y cambio. El trabajo colaborativo representa una adecuada combinación y equilibro de las organizaciones que tienen capacidad para aprender y, a la vez, son capaces de atesorar, poner en valor y aprovechar lo que ya saben y dominan y que, todavía, no ha quedado obsoleto (Brugué, 2022).

Con los mecanismos de inteligencia colectiva canalizados por la vía del trabajo colaborativo sucede lo mismo que con la mayoría de las materias en gestión pública: por una parte, se presentan como estrategias novedosas cuando realmente no lo son del todo y, por otra parte, es relativamente sencilla su conceptualización, pero, en cambio, suele ser muy compleja su puesta en práctica de manera eficaz (que aporten valor público) y eficiente (que no colapsen con dilaciones excesivas tanto la gestión ordinaria como la extraordinaria).

Hay que reconocer que, desde hace décadas, la Administración pública trabaja con dinámicas de carácter colaborativo. Los que llevamos mucho tiempo vinculados a la gestión pública, y analizando sus dinámicas, estamos acostumbrados a definir estrategias, tomar decisiones y gestionar mediante grupos colaborativos con la presencia de diferentes perfiles profesionales y de distintas sensibilidades técnicas. Es lo que solemos practicar, desde siempre, en la densa telaraña de reuniones de trabajo que suelen acumularse en las agendas de los empleados públicos con un perfil técnico. El dicho de que estamos casi siempre reunidos equivale a que estamos casi siempre inmersos en dinámicas de trabajo colaborativo. A medida que ha ido avanzando la tecnología se han ido incorporando herramientas como el correo electrónico que, gracias a su inmediatez, también implican una comunicación y análisis compartido y, por tanto, una suerte de trabajo colaborativo. Una queja habitual de los empleados públicos es que se pasan el día respondiendo mensajes, pero muchos de ellos siguen claramente la senda colaborativa. La gran novedad tecnológica reciente es que se han multiplicado y ampliado los canales de trabajo colaborativo por la vía de diversas aplicaciones que poseen explícitamente esta orientación y a la circunstancia, recientemente sobrevenida, de las reuniones o encuentros en línea. Por tanto, el trabajo colaborativo no puede considerarse como una novedad, pero sí que lo es la multiplicación de los canales colaborativos que pueden facilitarlo.

El otro tema candente es cómo podemos operativizar las dinámicas de trabajo colaborativo para lograr conseguir la anhelada inteligencia colectiva. Uno de los máximos especialistas en la materia, Amalio Rey (2022) ha escrito recientemente un magnífico y completo libro que sirve de guía para ello y pondera, de manera sólida, los beneficios de la inteligencia colectiva. Pero no todos los profesionales y analistas están totalmente convencidos de los beneficios de la inteligencia colectiva. Un especialista en organizaciones complejas, Marcelo Lasagna, suele comentar de manera informal que considera conceptualmente relevante e interesante la inteligencia colectiva pero que cada vez que intenta visualizarla en la práctica se topa con dificultades para poder argumentar sus beneficios. Con el sentido del humor que le caracteriza este analista suele decir que en materia de acción colectiva le salen muchos más ejemplos de estupidez colectiva que de inteligencia colectiva. A pesar de estas reticencias partimos de la convicción y la consideración que el trabajo colaborativo es imprescindible en la gestión pública y que orientarse hacia la inteligencia colectiva debería ser una estrategia organizativa ineludible. Por ejemplo, la insistencia en que trabajemos por proyectos puede vincularse a que operemos de manera más colaborativa y cooperativa. Pero, por otra parte, también debemos estar atentos a evitar que la inteligencia colectiva degenere en estupidez grupal y, en contraposición, alcanzar que las dinámicas de trabajo colaborativo sean sólidas y fluidas. Hay que reconocer que en la práctica todos tenemos múltiples ejemplos de decisiones erróneas precisamente por ser colaborativas y decisiones muy sencillas que se demoran en exceso por ser cooperativas. Pero también poseemos muchos ejemplos biográficos de decisiones acertadas, a pesar de ser complejas, gracias a que se han seguido dinámicas colaborativas. El trabajo colaborativo, como cualquier otro instrumento, hay que saber usarlo en contenido, método, momento y contexto.

La inteligencia colectiva implica un cambio significativo en las dinámicas de trabajo de la Administración pública. A pesar que llevamos tiempo trabajando aparentemente con sistemas colaborativos en la práctica no está claro que lo hagamos de manera sustantiva, eficaz y eficiente. La inteligencia colectiva rompe dos dinámicas tradicionales en la gestión pública: por una parte, altera los procesos de toma de decisiones *top-down* que, aunque no deberían desaparecer, tendrían que complementarse con elevadas dosis de dinámicas *bottom-up* y de carácter transversal. Por otra parte, la inteligencia colectiva apela a superar una perversión habitual: a pesar que pasamos buena parte del tiempo de trabajo reunidos o estableciendo dinámicas colaborativas intersectoriales y multidisciplinares, la lógica que domina en estas prácticas es la que cada uno defiende con uñas y dientes, con razón o sin razón, su feudo competencial y profesional. Muchas veces los supuestos encuentros colaborativos solo sirven para marcar territorio, para defenderse, para atacar y el resultado suele ser un conflicto con consecuencias de bloqueo o de victoria de unos sobre otros que deja insatisfecha y traumatizada a una parte de la organización. Estas dinámicas no responden, obviamente, a los postulados del trabajo colaborativo ni de la inteligencia colectiva. La esencia debería residir en la cooperación y en la colaboración para definir nuevos objetivos y resolver problemas complejos mediante elevadas dosis de generosidad institucional que superen los tradicionales mecanismos de patrimonialización administrativa, profesional o personal. Se trata, por tanto, de un profundo cambio en la cultura administrativa.

Seguidamente presentamos un conjunto de reflexiones y propuestas sobre cómo debería entenderse el trabajo colaborativo como instrumento clave de la inteligencia colectiva:

– Carece de sentido que la estrategia de una organización pública y sus decisiones más sustantivas sean tareas exclusivas de su equipo directivo. La cúspide jerárquica, para realizar estas actividades, debe beneficiarse de todo el conocimiento que está distribuido por la organización. También exhorta al conocimiento externo a la propia Administración. Esta necesidad suele ser evidente cuando un ámbito público elabora un plan estratégico a largo plazo, pero, en cambio, no es de utilización común de manera estructural y constante para la redefinición de estrategias o para la toma de decisiones. Por tanto, el trabajo colaborativo (*top-down, bottom-up* y especialmente transversal y con redes externas) es esencial en la dimensión estratégica.

– Las dinámicas de trabajo colaborativo deben estar bien ordenadas y dirigidas. Hay que descartar lógicas asamblearias en las que se instala una dinámica constante de tormenta de ideas que no posee un objeto claro de inicio y mucho menos de destino. También habría que desestimar la idea de que el trabajo colaborativo tiene una esencia democrática basada en la igualdad: todos los empleados somos iguales y todos podemos aportar lo mismo. Las organizaciones son asimétricas y no todo el mundo está en la misma disposición para reflexionar, analizar o proponer. Pero esencialmente habría que huir de este aroma igualitario asociado al trabajo colaborativo en el que parece que sea un anatema que exista alguien que dirija o coordine estos procesos. Más bien al contrario, el trabajo colaborativo requiere de organización, de método y es necesario que se defina a un responsable que establezca el punto de partida (que puede ser muy abierto o más focalizado en función de las necesidades de la temática y del momento), que modere las aportaciones (sin censuras pero evitando los habituales excesos en extensión discursiva o en dinámicas narcisistas o corporativas que no aportan valor), que exponga las conclusiones y las someta a debate, que pacte la asignación de responsabilidades, estrategias de acción y cronogramas de implementación. El trabajo colaborativo debe estar orientado a la acción, al aporte de valor: las diversas metodologías de trabajo colaborativo (reuniones presenciales o virtuales, utilización de aplicativos colaborativos, etc.) deberían estar orientados para tomar decisiones con el objetivo de resolver problemas. Todo ello no es posible si no hay un responsable encargado de ordenar, canalizar y multiplicar la acción colaborativa. La deliberación colectiva sin un objeto concreto orientado a resolver problemas no es trabajo colaborativo sino dinámicas sociales que deberían darse en la cafetería. Son incalculables el número de reuniones profesionales a las que hemos asistido y salimos con la sensación de haber pasado un buen (o mal) rato, pero sin ninguna aportación significativa, sin apenas ningún avance. Los problemas sencillos que debe resolver la Administración deberían ser resueltos por los canales más tradicionales y no ser sometidos a dinámicas de trabajo colaborativo. Un reto sin especial complejidad debe ser resuelto por el profesional con mayor experiencia en la materia y, como mucho, solicitar la opinión a una selección de colegas que dominan desde distintas perspectivas la temática. En los casos en que los problemas sencillos son sometidos a dinámicas de trabajo colaborativo suelen complicarse y entrar en debates aleatorios que suelen tener como resultado decisiones erráticas y de baja calidad. Pensar mucho colaborativamente un tema sencillo suele complicarlo y estropearlo. En cambio, para resolver problemas complejos la dinámica debería ser la inversa. Los canales tradicionales vinculados a la jerarquía y a la especialización tecnificada no suelen ser eficaces para resolver la complejidad y hay que apelar a las dinámicas de trabajo colaborativo para comprender mejor las dimensiones y aristas del fenómeno y proponer, debatir distintos escenarios de respuesta, discutirlos y elegir colaborativamente la opción que se considere mejor.

- El incremento casi exponencial de canales colaborativos debe ser ordenado y protocolizado ya que, si no, se produce una tendencia natural hacia el desbarajuste. Es usual que un empleado público de alto nivel tenga que atender reuniones de trabajo presenciales y virtuales, diversas llamadas telefónicas, estar pendiente del correo electrónico, de distintos aplicativos colaborativos tipo *teams*, a la elaboración compartida de documentos *drive*, a *whatsapps* emitidos por distintos grupos o foros o por personas individuales, etc. Todos estos canales pueden cruzarse en una misma dinámica colaborativa y generar el caos. Además, hay que añadir el inconveniente de que no todo el mundo utiliza de forma adecuada estas tecnologías colaborativas: desde los que emplean los *whatsapps* colectivos para temas lúdicos hasta los que manejan los mails con copias a más miembros de los necesarios y/o con largas secuencias de mensajes que obligan al lector a desentrañar una información compleja sin ningún filtro ni aporte de valor por parte del último emisor. Otro problema usual es la utilización diacrónica de estos mecanismos en función de dinámicas individuales de trabajo: hay empleados que suelen aprovechar antes de iniciar la jornada laboral para hacer sus aportes colaborativos y otros que lo hacen justo al final de la jornada. El resultado es que la sensación del colectivo suele ser de sobresalto constante, de vivir jornadas laborales interminables, hasta llegar a un colapso debido al estrés. Además, cuando hay que atender un tema urgente, que no puede demorase en el tiempo, la mayoría de los participantes no responden ya que están absortos en otras ocupaciones. El resultado es que se produce una constante fractura del tiempo de trabajo que cada vez es de menor calidad y, por tanto, menos reflexivo y profundo ya que apenas hay espacios para la concentración mental. No es un tema nuevo: por ejemplo, estas fracturas e interrupciones laborales fueron analizadas por Mintzberg en su primer libro *La naturaleza del trabajo directivo* (publicado en el lejano 1973). La novedad es que ahora las interrupciones y la discontinuidad en el trabajo se han multiplicado de manera exponencial. No es fácil ordenar todos estos sistemas de comunicación vinculados al trabajo colaborativo, pero es imprescindible hacerlo. Por ejemplo:

- Hay que establecer la convención que los diversos aplicativos de trabajo colaborativo no pueden utilizarse para temas personales y/o de carácter lúdico (compartir anécdotas, conversar sobre cuestiones llamativas de actualidad desvinculadas de la dimensión profesional, etc.). Es lógico que los colectivos de empleados deseen socializar sobre estos temas no profesionales, pero para ello deberían utilizarse foros específicos distintos a los del ámbito laboral.
- Para cada tema objeto de trabajo colaborativo hay que definir un canal concreto de comunicación (mail, *teams*, *whatsapp*, *drive*, etc.) para cada dimensión del trabajo colaborativo en función de las necesidades y urgencias de la organización. El líder del equipo de trabajo es el que debe definir esta regla en función de las necesidades técnicas y de los tiempos de cada proyecto.
- Censurar las malas prácticas como las de enviar información que no aporta valor, información que previamente no haya sido analizada, madurada y filtrada (por ejemplo, una

secuencia compleja de mails, o la copia masiva de mails a múltiples destinatarios), información fuera de contexto temático o temporal, etc. En este sentido, es usual que algunos empleados abusen de estos mecanismos de interacción solo para demostrar que están presentes cuando realmente están ausentes en aporte de valor al proceso y a la organización.

- Los mensajes, y la información que se transmite, deberían ser claros, bien redactados y elaborados. Nunca se debería proporcionar información críptica, difícil de comprender o sujeta a diversas interpretaciones. Hay que aprender a redactar con soltura y calidad de estilo mensajes breves que son distribuidos digitalmente.
- Delimitar los intervalos de tiempo para la utilización de estos canales colaborativos para evitar la incómoda sensación, muchas veces real, de estar trabajando a todas horas sin permitir apenas tiempo de descanso y de desconexión laboral.
- Definir un canal preferente para resolver temas y problemas extraordinarios y urgentes y en el que todo el grupo debería estar pendiente. Una alerta en esta canal debería ser atendido de manera prioritaria por parte de todos los miembros del grupo. Estos canales podrían utilizarse excepcionalmente fuera de los horarios de trabajo previamente convenidos.

– Hay que huir de la cultura de que todos los participantes en el trabajo colaborativo se sientan obligados a exponer sus posicionamientos. Las reuniones de trabajo que se ordenan mediante rondas de intervenciones donde todos los miembros deben expresar su opinión suelen seguir dinámicas negativas o incluso perversas que generan un enorme cansancio grupal. Es usual que las sucesivas intervenciones sean meras reiteraciones de argumentos previamente expuestos, la exhibición de opiniones fuera de contexto, el despliegue de relatos vinculados a filias y fobias profesionales y personales, etc. En el trabajo colaborativo no es necesario que todos los miembros del equipo se sientan obligados a opinar sobre todos los temas. Solo deben exponer sus posiciones cuando consideran que presentan ideas novedosas que consideran que aportan valor al grupo. Lo mismo debería hacerse con los foros digitales: un determinado mensaje no requiere la respuesta de todos los miembros del grupo sino solo de aquellos que conocen la materia y consideran que pueden aportar algo novedoso. El resto debe permanecer en silencio y tener presente que el silencio y la no respuesta también es trabajo que aporta valor ya que la nueva información ha sido computada y será tenida en cuenta en futuras dinámicas de trabajo.

- Hay que ser realistas y no todos los empleados públicos están capacitados para el trabajo colaborativo. Por ejemplo, hay empleados públicos a los que siempre todo lo que se expone les parece bien y son incapaces de aportar valor, otros a los que todo les parece deficiente, pero sin acompañar sus discrepancias con argumentos de peso, u otros que, con independencia de la materia objeto de discusión, despliegan siempre el mismo relato usualmente fuera de contexto. Estos perfiles, excepcionales, deberían ser excluidos de las dinámicas de trabajo colaborativo.
- De cara al futuro los procesos selectivos de los nuevos empleados públicos deberían valorar la capacidad de los candidatos para trabajar de manera colaborativa. Con independencia de sus potencialidades en estas dinámicas deberían recibir también formación de entrada que incremente sus competencias para el trabajo colaborativo.
- Lo mismo puede decirse de los nuevos procesos de selección de los líderes de las organizaciones públicas en los que se tendría que ponderar sus capacidades para liderar dinámicas de trabajo colaborativo. Hay que ir superando el perfil de líder tradicional de carácter jerárquico y transformarlo hacia el líder inspirador que ejerza de catalizador y de articulador de las lógicas de trabajo colaborativo. Líderes capaces de trabajar por proyectos y líderes empáticos y deliberativos, pero muy ordenados y claramente orientados a la acción.
- En cada experiencia en que decaen las dinámicas de trabajo colaborativo debería realizarse una evaluación para detectar

los motivos del fracaso como elemento de aprendizaje para su mejora de cara al futuro.

- A nivel organizativo merece tomar en consideración si el trabajo colaborativo puede hacer prescindibles a buena parte de los cargos intermedios (la línea intermedia de Mintzberg). Es un tema polémico y delicado ya que hay distintas posiciones técnicas al respecto: por ejemplo, los dos que suscribimos este texto estamos en desacuerdo. Hace unos años ambos defendíamos con convicción a los cargos intermedios en su función de traductores entre la estrategia y las operaciones, en su desempeño como los grandes transmisores de la información, etc. Una visión que ubicaba a los cargos intermedios como el corazón (el más puro y profesional) de la organización. Pero las inercias de inflación orgánica típicas en la Administración pública y el bajo perfil que, en la práctica, asumen muchos cargos intermedios ha ido diluyendo con el tiempo su relevancia y su capacidad de influencia. Los nuevos diseños y metodologías organizativas como la dirección o gestión por proyectos y las propias dinámicas de trabajo colaborativo han ido licuando todavía más su rol activo en las organizaciones. En este sentido, estimula a reflexionar sobre el papel y relevancia de los cargos intermedios las actuales estrategias de algunas empresas punteras en la gestión de la información y en el trabajo colaborativo (por ejemplo: Meta, Twitter -X- o Tesla) que tienen como estrategia reducir de una manera drástica sus cargos intermedios. Antes se percibían los cargos intermedios como el cuerpo central de la organización, la columna vertebral que articulaba la cabeza estratégica con las extremidades operativas. Ahora, quizás, ya no hace falta esta columna vertebral y las organizaciones modernas pueden operar con exoesqueletos de la mano del trabajo colaborativo y de la gestión por proyectos. Pero debe tenerse en cuenta, en especial en la operativización del modelo de trabajo colaborativo que se está planteando, cuáles deben ser las dimensiones específicas y el perfil de los equipos implicados para calibrar la oportunidad de contar con directivos de línea que, en este nivel, conecten con la alta dirección. De hecho, los referentes privados que se han citado corresponden a empresas que gestionan información, con un alto componente tecnológico, pero no se caracterizan por ser intensivas en personal, como en cambio sí es el caso, hoy en día y parece qué durante tiempo, de las organizaciones públicas. Cuestión aparte, y es importante no mezclar diseños con aplicaciones erróneas o perversas de los mismos, es que en muchos ejemplos el rol de este nivel intermedio no esté cubriendo funciones esenciales para las cuáles fue concebido, como el establecimiento de directrices, la gestión de las personas o el impulso, seguimiento y la evaluación de la actividad de los equipos.

- Bajo ningún concepto debería utilizarse el trabajo colaborativo para que los directivos públicos diluyan de manera sutil sus responsabilidades. No valen excusas o imposturas como, por ejemplo, que la decisión la ha tomado el grupo o, en un plano todavía más abstracto, la ha tomado la organización. No es cierto: las decisiones las adoptan los directivos de las que son totalmente responsables. Precisamente por su elevada responsabilidad los directivos inteligentes, cuando afrontan problemas complejos (no sencillos ni ordinarios), se acogen al trabajo colectivo para asegurar una mayor calidad en su toma de decisiones, pero siguen siendo sus decisiones y su responsabilidad.
- Una cuestión mucho más compleja es cómo se pueden lograr unos sistemas colaborativos abiertos extramuros de la Administración, en la línea comentada en el capítulo 4 sobre gobernanza robusta y nuevos modelos de relación con el entorno. El empleo en varias ocasiones del término “muro” implica una crítica explícita a la dificultad que manifiestan las organizaciones públicas para ser permeables socialmente. El diseño de administraciones públicas porosas a las distintas necesidades y sensibilidades sociales no se resuelve únicamente con la denominada participación ciudadana que suele estar canalizada en momentos y ámbitos muy determinados. En este sentido, haría falta que la Administración y sus modelos de gestión sean más permeables a la participación y a la escucha social. Por tanto, el trabajo colaborativo también debería abrirse al conocimiento social externo. Este principio es muy difícil de substanciar a nivel técnico y con una orientación integral que incluya a

casi todos los ámbitos de la gestión pública. En todo caso estos obstáculos no deberían impedir un trabajo colaborativo de naturaleza abierta. No hace falta que todas las decisiones ni todos los proyectos sean accesibles a la sociedad, pero sí en algunos casos que se considere que esta apertura puede aportar valor público. Pongamos algunos ejemplos:

- El trabajo colaborativo vinculado a la planificación y a la toma de decisiones que afecte a un determinado sector puede abrirse a la participación activa de representantes económicos, sociales y profesionales vinculados al mismo. Esta apertura puede aportar un relevante valor en un mayor conocimiento sobre las necesidades y problemas de un determinado sector y afinar mucho más la toma de decisiones, los modelos de gestión, la mejora de las interacciones con los actores socioeconómicos y con la ciudadanía en general. Esta colaboración tiene el inconveniente que estos participantes externos, sean actores económicos o sociales, poseen unos determinados intereses que pueden colisionar con el bien común. Nuestras sociedades operan a menudo con lógicas corporativas que representan y defienden determinados intereses, y con comunidades epistémicas que poseen también intereses y atesoran posiciones conceptuales y dogmáticas sobre la materia objeto de debate. Conciliar estos intereses forma parte de la política de alta intensidad y hay que ser cuidadoso con este vector de trabajo colaborativo en el sentido que, en muchos momentos, habrá que consultar o hacer intervenir a los directivos públicos de naturaleza política. El trabajo colaborativo de carácter técnico y abierto nunca puede ni debe suplantar a la dimensión política.
- Mucho más sencilla es la incorporación, en determinados momentos del trabajo colaborativo, a expertos procedentes del ámbito académico. Esta colaboración puede aportar tres fortalezas a las dinámicas colaborativas: por una parte, una mayor solidez conceptual y teórica; también, un conocimiento comparado sobre lo que se hace en otras administraciones y países y, finalmente, la función de esparrin

o mentoría al grupo interno por parte de un externo con conocimientos sobre la materia.

- Sería interesante contemplar la opción de invitar en determinadas dinámicas de trabajo colaborativo a profesionales de otras administraciones públicas que han impulsado proyectos similares, tanto exitosos como fallidos (recordemos que se suele aprender más de los fracasos que de los aciertos). El conocimiento interadministrativo e intergubernamental representa uno de los grandes déficits de nuestro sistema que suele operar con lógicas de administraciones públicas estancas. También se podría invitar a empleados públicos de otros países con experiencia en la materia. Hay, por tanto, que estimular convenios de colaboración entre distintas administraciones públicas tanto nacionales como internacionales para fomentar un trabajo colaborativo de carácter interadministrativo.
- Con las tres propuestas anteriores no se consigue incorporar el conocimiento social en su esencia más pura: los problemas, necesidades y expectativas del ciudadano de a pie. Existe una importante inteligencia social que hay que intentar aprovechar en la gestión pública. Se trata de una inteligencia que tiene sus raíces en la realidad del día a día de la ciudadanía y en su sentido común. Por tanto, no hay que desdeñar la posibilidad de incorporar en determinadas fases de un proyecto colaborativo algunas dinámicas, tipo *focus groups*, que permitan facilitar tanto la participación como la implicación de la ciudadanía. Desde el ámbito de la participación ciudadana existe una notable trayectoria en cuanto a metodologías para facilitar estos procesos, desde los propios procesos participativos a las denominadas asambleas ciudadanas por sorteo (con la lógica de "mini-públicos") o las consultas si se ha conseguido acotar el tema y las opciones sobre las que se desea consultar. El valor que pueden aportar estas colaboraciones puede ser enorme para incorporar realismo social y para no perder la perspectiva (muy habitual en las discusiones entre técnicos y especialistas) hacia y para la ciudadanía.

NUEVOS PERFILES Y COMPETENCIAS DE LOS EMPLEADOS PÚBLICOS EN EL MODELO DE LA GOBERNANZA ROBUSTA

Durante las últimas décadas el perfil profesional dominante en la gestión pública han sido los gestores. En nuestra opinión en esta década crucial de 2020-2030 estamos ante un momento de inflexión y hay la impresión generalizada que el perfil dominante en el futuro de la Administración será el de los tecnólogos (ingenieros, matemáticos e informáticos). Es evidente que la presencia de tecnólogos en las administraciones públicas del futuro inmediato va a ser necesaria pero seguramente no la más relevante. La inteligencia artificial, las dinámicas de innovación y la gestión del conocimiento se van a canalizar mediante la gestión de la información y, por tanto, el perfil profesional que debería dominar en el futuro es el de los gestores de la información incluso por encima de los gestores puros y duros y obvio que por delante de los juristas. Por encima conceptualmente no significa que los gestores de la información estén jerárquicamente sobre los gestores o los juristas ya que los retos hay que afrontarlos de manera colectiva y colaborativa entre los distintos roles profesionales presentes en la gestión pública (Ramió, 2022). En el futuro las administraciones públicas van a requerir perfiles profesionales que dominen la gestión de la información y los datos, el trabajo colaborativo, la polivalencia, el trabajo articulado mediante la gestión de proyectos y un dominio conceptual y práctico de la tecnología.

Las administraciones públicas deberán buscar el talento entre los egresados de diversos grados universitarios de carácter generalista y multidisciplinar como la Economía, la Ciencia Política y de la Administración, la Sociología, las Ciencias de la Comunicación, etc. sin descartar las titulaciones de Filosofía, Filología o las Humanidades. Estos son ejemplos de grados más próximos más a las nuevas competencias de los futuros empleados públicos: polivalencia, capacidad de trabajo colaborativo, habilidades para trabajar por proyectos, potencialidad para extraer información (las asignaturas de carácter metodológico van a ser muy relevantes) y la capacidad para analizar información compleja. En todo caso en el futuro estos grados deberían ampliar y profundizar en materias como metodologías de gestión de la información y en conocimientos sobre las potencialidades y los retos vinculados a la inteligencia artificial y a la robótica.

¿Cuáles van a ser las competencias concretas que deberán asumir los empleados públicos del futuro? Si atendemos a la literatura del mejor especialista nacional en la materia de la piscología de la organización aplicada al sector público Mikel Gorriti (2021: 326-327), la literatura internacional (Leutner y Chamorro-Premuzic, 2018) y al principal observatorio internacional laboral del futuro O*Net (2023) las nuevas competencias van a canalizarse mediante las denominadas destrezas horizontales o grandes destrezas qué, por orden de importancia, son las doce siguientes:

1) *Pensamiento crítico*: utilizar la lógica y el razonamiento para identificar las fortalezas y las debilidades de soluciones, conclusiones o enfoques alternativos a los problemas. Esta destreza es la ambición de la gran mayoría de las titulaciones de la educación superior pero pocos grados universitarios logran atenderla de manera sólida.

2) *Escucha activa*: prestar atención plena a lo que dicen otros; tomarse tiempo para atender los temas en cuestión; ponderar argumentos y evidencias, hacerse preguntas según corresponda y no interrumpir en momentos inadecuados.

3) *Comprensión de lectura*: comprensión de frases y párrafos, y sobre todo razonamientos y argumentos, escritos en documentos relacionados con el trabajo. Se trata de una competencia que se da por sentada pero no es así en buena parte de los titulados universitarios. Además, la actual generación de jóvenes profesionales suele poseer un bagaje muy limitado en lecturas salvo los apuntes.

4) *Comunicación oral*: hablar con otros para transmitir información de manera efectiva. Se trata de uno de los grandes déficits competenciales, junto con el anterior, de los titulados universitarios.

5) *Solución de problemas complejos*: identificación de problemas complejos y revisión de información relacionada para desarrollar y evaluar opciones e implementar soluciones. Para poder asumir de manera robusta esta competencia suele ser necesario que los estudios cursados sean multidisciplinares.

La solución de problemas complejos en el ámbito público requiere conocimientos jurídicos, económicos, sociales, políticos, metodológicos y de estrategia.

6) *Juicio y toma de decisiones*: considerar los costos y beneficios relativos a posibles acciones y ponderar sus consecuencias para elegir la más adecuada. Se puede decir sobre esta destreza exactamente lo mismo que en la competencia anterior.

7) *Escritura*: comunicación eficaz por escrito según corresponda a las necesidades del interlocutor. Esta competencia es uno de los grandes déficits en los empleados públicos y en una buena parte de los graduados universitarios. Lo lógico sería pensar que esta competencia es inherente a todos los titulados universitarios, pero desgraciadamente no es así. En algunos ejercicios selectivos para acceder a la Administración se hace una prueba escrita que consiste en elaborar una redacción en la que no se analiza la calidad del contenido sino solo la solvencia de la sintaxis. El cincuenta por ciento de los aspirantes con titulación universitaria suspenden esta sencilla prueba. Los empleados públicos suelen entregar documentos que están escritos y dirigidos solo para la comprensión de sí mismos o de sus pares especialistas, aportaciones que no dialogan con lo que hacen los compañeros de unidades adyacentes, etc. En este sentido, buena parte de los documentos que se entregan a los directivos públicos son inservibles y son los propios directivos los que tienen que elaborar un documento que sea descifrable a nivel político, claro a nivel ciudadano, que dialogue con los distintos ámbitos profesionales del sector y que converja con las directrices de los órganos transversales. No es comprensible esta actitud de muchos profesionales de la Administración pública que consideran que no forma parte de su trabajo contextualizar sus aportaciones escritas, enriquecerlas con informaciones de las unidades y puestos afines, que redactan documentos sin tener un destinatario identificado más allá de ellos mismos (cualquier documento que elabora un empleado público, aunque tenga un carácter interno, debería ser comprensible tanto para la ciudadanía y como para el estamento político) o que no va con ellos las directrices de los órganos transversales que parece que solo

exijan a los directivos públicos. Se ha llegado al extremo que entregar un documento con suficiente calidad formal (título, uniformidad de letra y estilo, explicitar las fuentes de los datos, cursivas, hacer tablas comprensibles, etc.) se considera una extravagancia innecesaria.

8) *Aprendizaje activo*: entender las implicaciones de nueva información para la resolución de problemas actuales y futuros y para la toma de decisiones. Esta destreza de contextualización, de análisis de presente con ingredientes de prospectiva, es imprescindible en las administraciones que estarán sometidas a una constante presión de transformación que solo puede lograrse por la vía del aprendizaje.

9) *Monitoreo*: capacidad para evaluar el propio desempeño y el de otras personas u organizaciones para realizar mejoras o decidir medidas correctivas.

10) *Estrategias de aprendizaje*: seleccionar y utilizar métodos y procedimientos de formación y entrenamiento apropiados para la situación de aprender o enseñar cosas nuevas.

11) *Percepción social*: ser consciente de las reacciones de los demás y entender por qué reaccionan así. Esta competencia se describe desde la psicología social como una destreza de interacción interpersonal. Puede considerarse que se trata de una competencia que va mucho más allá de estos dos primeros descriptores y también hace referencia a la percepción social en el sentido sociológico de los resultados e impacto de las actividades laborales (en nuestro caso de los servicios y de las políticas públicas) y para ello es necesario poseer no solo una orientación tecnocrática sino una disposición social y humanista.

12) *Dominio de las matemáticas*: usar las matemáticas para resolver problemas. En el mundo del presente hay que gestionar una diversidad de fuentes de información (*big* y *little data*) por lo que se requiere de una buena gobernanza de datos que va a ser ineludible para la implantación de la inteligencia artificial. En este contexto el dominio de las matemáticas se convierte en una competencia esencial. Las destrezas mate-

máticas agrupan también materias como la estadística y las técnicas cuantitativas de investigación social.

Las escasas universidades del país que aplican el modelo Europeo de Educación Superior basado en competencias maximizan los seminarios prácticos y minimizan las sesiones magistrales logran que sus graduados suelan desarrollar unas elevadas destrezas en la mayoría de estas doce competencias.

No deja de llamar la atención que las competencias necesarias para los futuros empleados públicos en unas organizaciones con una elevada presencia de la tecnología y en el contexto de un entorno turbulento sean las destrezas tradicionales, aunque debidamente actualizadas. En el fondo un buen profesional del futuro debe saber leer, escribir, sumar y hablar. Competencias y destrezas tan sencillas, pero a la vez muy complejas de adquirir con la intensidad necesaria para afrontar los escenarios de continuas transformaciones en las estrategias y modelos de gestión que se van a ver con la exigencia de asumir de manera constante retos totalmente inéditos hasta el momento.

CONCLUSIONES

La propuesta de diseño organizativo del modelo de gobernanza robusta en su dimensión de gestión complementada con la Administración inteligente busca reforzar sus ingredientes catalizadores del cambio y de la transformación disminuyendo los tensores de estabilidad, aunque manteniéndolos en su justa medida. Se trata de un diseño que logra equilibrar el cambio con la estabilidad generándose un sistema de gestión capaz de hacer frente a un entorno turbulento gracias a sus nuevas capacidades de resiliencia dinámica. Un modelo en permanente transformación, pero con ingredientes de estabilidad que impidan el caos y la desatención de las tareas tradicionales y estructurales que debe contemplar la Administración. Un modelo bifronte de carácter ambidiestro (Marcet, 2021) que con una mano atiende al análisis de prospectiva mediante la identificación de escenarios de futuro, con capacidad para definir novedosas y sólidas estrategias basadas en datos y evidencias empíricas gracias a sus sistemas de evaluación y con una mirada innovadora. Las nuevas organizaciones públicas también deben operar con ingredientes de inteligencia colectiva (Rey, 2022) para mantenerse en un constante proceso de aprendizaje: las organizaciones que aprenden formuladas por Brugué (2022). Con la otra mano las organizaciones públicas deben atender de manera rigurosa la gestión en la prestación de las políticas y los servicios públicos básicos de carácter estructural, con eficacia y eficiencia, y también aportar, mediante procesos burocráticos estandarizados y neutrales, seguridad jurídica al entorno socioeconómico: organizaciones que saben y logran aprovechar su relevante acervo administrativo.

Un nuevo modelo de gestión que es capaz de tomar dediciones complejas mediante el agregado de tres fuentes de inteligencia: la inteligencia profesional y personal de los empleados, la inteligencia colectiva (Rey, 2022) que aflorara mediante sistemas de trabajo colaborativo de carácter multidisciplinar y ambas complementadas con la inteligencia artificial. La inteligencia artificial puede aportar una mejora y productividad exponencial solo sobre la base de alcanzar un buen nivel de inteligencia institucional.

Las características fundamentales del modelo organizativo vinculado a la gobernanza inteligente son trece:

1) La tecnoestructura clásica (gestión de recursos humanos, gestión económica y contratación, organización y tecnología) se transforma en simple staff de apoyo. De esta manera se superan las lógicas uniformadoras y castrantes que impiden la flexibilidad en la gestión. Se introducen en la dimensión de inteligencia motores de flexibilización del personal, de incentivar la gestión por proyectos y con unidades temporales, y de una cierta simplificación normativa con lo que sería posible, mediante la movilización de recursos, la escalabilidad para hacer frente a crisis sobrevenidas. El gran cambio es que los tensores reaccionarios (gestión de recursos humanos y estructura administrativa) se transforman en motores y facilitadores del cambio. La ubicación de estas dimensiones de gestión a nivel instrumental en staff de apoyo permite, por otro lado, mantener el ingrediente de una cierta estabilidad: solo la justa y necesaria, sin excesos.

2) Las unidades vinculadas a la inteligencia institucional (gobernanza y análisis de datos y planificación y evaluación) tienen la capacidad para definir nuevas estrategias que alimentan a los laboratorios de innovación para que puedan desarrollar con rapidez prototipos y pruebas piloto que en caso de ser exitosos sean fácilmente asumibles por los distintos ámbitos de gestión. Una auténtica estrategia de innovación, menos espontánea y desarticulada que la vigente hasta el momento, que fomenta cambios profundos en los mecanismos de gestión con el objetivo de aportar mayor valor público.
3) Los ámbitos básicos o sectoriales de gestión poseen capacidad para gestionar sus recursos esenciales (personal y recursos económicos) facilitando arquitecturas móviles mediante sistemas de bricolaje y combinación variable de estos módulos de gestión según las necesidades (modelo Lego).
4) La autonomía de los ámbitos básicos de gestión facilita un modelo policéntrico de carácter colaborativo entre unidades y recursos internos y unidades y recursos externos (empresas privadas y capital social organizado) pudiendo generar arquitecturas variables de colaboración encauzadas mediante la gestión por proyectos o unidades temporales con equipos multidisciplinares.
5) El ámbito o unidad de calidad y flexibilidad de las normas es un insumo determinante para superar una parte de las restricciones normativas y reglamentarias. Se limita la proliferación de normas detallistas que impiden el dinamismo institucional y se simplifican las normas para favorecer una cierta discrecionalidad sin atentar a la seguridad jurídica que deben aportar al sistema.
6) La autonomía de los diversos ámbitos de gestión fomenta la suficiente libertad para definir las tácticas que se consideren más adecuadas. Pero se trata de un tactismo ordenado y alineado en el marco de una gran visión y orientación estratégica que aporta el ápice estratégico de la mano de los ámbitos vinculados a la inteligencia institucional. La renovada unidad de apoyo político también propone sus tácticas políticas que suelen ser a corto plazo, pero en el marco de una sólida y

profunda estrategia institucional definida para el medio y largo plazo. Una buena combinación entre las estrategias y las tácticas es un ingrediente básico de la gobernanza robusta.

7) Una organización con capacidad de aprendizaje gracias a sus diseños contingentes y cambiantes que fomentan la movilización de recursos de un ámbito a otro y con sistemas de trabajo colaborativos y multidisciplinares.

8) Integrar con normalidad las externalizaciones (gestión indirecta de servicios públicos) y los partenariados público privados. Estos mecanismos de gestión indirecta no deberían generar conflictos y externalidades negativas en el contexto de una Administración inteligente con capacidad de definir una estrategia conjunta y de coordinar, controlar y evaluar estos agentes privados imprescindibles para atender la enorme extensión de políticas y servicios públicos vinculados a la defensa del bien común y del interés general.

9) La reinvención de la atención ciudadana tiene que lograr reorientar el modelo de gestión pensando en la centralidad de los ciudadanos incorporando a su favor (y no en su contra) los desarrollos vinculados a la administración digital, a la nueva organización del trabajo (teletrabajo) y a la inteligencia artificial y a la automatización de procesos. Estas nuevas dinámicas no deben implantarse de manera espontánea sino con el fin explícito e implícito de mejorar la atención y el confort a la ciudadanía.

10) La nueva tecnoestructura sobrevenida de la mano de unidades como las de igualdad, sostenibilidad y *compliance* atienden a la necesidad de diseñar una Administración con unos valores y una sensibilidad en sus sistemas de gestión acordes con los nuevos valores sociales. Esta nueva tecnoestructura tiene que aprender de los errores de la vieja tecnoestructura y no caer en lógicas uniformadoras y de carácter neoburocrático sino que debe seleccionar y priorizar cuidadosamente, en cada momento, las estrategias para alcanzar sus objetivos y superar las inercias y los clichés culturales y, de esta manera, contribuir a un modelo de gestión mucho más justo. No deben caer en la tentación de disparar a perdigonadas ya

que desconcertaría al resto de la organización pública y lograría solo meros cambios superficiales y cosméticos. Su opción debería ser la disparar con la lógica del francotirador: pocas dianas pero que permitan llegar al corazón de la bestia administrativa y alcanzar un importante efecto multiplicador en la renovación de los valores internos.

11) Un modelo jerárquico abierto e inclusivo en el que las dinámicas *top-down* son enriquecidas mediante lógicas colaborativas y de aprendizaje de carácter *bottom-up* y de naturaleza transversal.

12) El modelo de gestión profundo debe responder a una lógica de hélices con arquitecturas variables mediatizadas con dinámicas colaborativas intersectoriales, multidisciplinares y enfocadas a resolver creativamente los problemas.

13) Para que este modelo sea posible hace falta que los futuros empleados públicos posean y dominen unas competencias y destrezas sencillas conceptualmente, pero complejas de domar en la práctica con la suficiente intensidad que les permitan cambiar constantemente de puestos de trabajo, de absorber las transformaciones tecnológicas, de comprensión de nuevos fenómenos socioeconómicos, de poder convivir con nuevos modelos de gestión, etc.

El gráfico 18 intenta ordenar visualmente estas estrategias y transformaciones en el modelo de organización de la Administración pública para poder lograr nuevos mecanismos para enfrentarse a un entorno turbulento y responder con dinámicas de resiliencia dinámica. Para alcanzar este nuevo modelo de organización va a ser inevitable transitar por un largo periodo de tiempo de experimentación con dinámicas de prueba-error para ir refinando el futuro modelo. Aunque hay que ser conscientes que nunca se va a alcanzar un modelo de gestión óptimo, sí que es posible abrazar un modelo satisfactorio que se articule mediante un proceso de aprendizaje continuo que vaya logrando mejoras en la capacidad de respuesta de la Administración pública a los nuevos retos planteados por un entorno adverso y satisfacer las nuevas demandas ciudadanas.

Gráfico 18. Elementos críticos de la Administración inteligente en el marco de un modelo de gobernanza robusta

Fuente: Elaboración propia.

Capítulo 8

NUEVA CULTURA INSTITUCIONAL DE LA DIRECCIÓN POLÍTICA, PODER Y CONFLICTO Y CULTURA ORGANIZATIVA

LA GOBERNANZA ROBUSTA EXIGE UNA NUEVA CULTURA INSTITUCIONAL EN LA DIRECCIÓN POLÍTICA Y ESTRATÉGICA DE LA ADMINISTRACIÓN PÚBLICA

La dirección de las administraciones públicas la ejerce la política: los dirigentes políticos electos y los designados por las formaciones políticas que acceden al gobierno. Los procesos de toma de decisiones públicas tienen un innegable carácter político. La dimensión política es la gran especificidad de la Administración pública: es el ingrediente que le otorga legitimidad democrática y reconoce que la defensa del bien común y del interés general no tiene un carácter meramente técnico sino esencialmente político.

Nunca hemos estado de acuerdo con los sueños más o menos implícitos y ocultos de determinados académicos y sectores sociales que dibujarían una Administración pública dirigida de manera tecnocrática basada en la meritocracia del conocimiento y de las competencias. Una ensoñación de carácter racionalista que desprecia el santo grial de la democracia. Un momento en que la política y la clase política están especialmente desprestigiadas en casi todo el mundo es una buena oportunidad para salir en su defensa. Los innegables avances de las administraciones públicas democráticas en derechos sociales, en políticas y en servicios públicos, son un activo de nuestra historia reciente que hay que vincular a la política. La política y la clase política como la energía y el motor de la mejora y el refinamiento de las políticas y de los servicios públicos.

Pero no todo es oro lo que reluce en el vector político en relación con la gestión pública y hay que explicitar dos grandes déficits de carácter estructural en las administraciones públicas del país (y de muchos países): por una parte, una excesiva elasticidad de la política que no suele limitarse a ocupar puestos directivos y estratégicos y tiene la manifiesta tendencia a invadir el espacio estrictamente técnico, gerencial y meritocrático. Hay múltiples ejemplos de esta patología: la ausencia clamorosa de dirección pública profesional, la elevada presencia de puestos de libre designación, numerosos eventuales enredados en la gestión pública ordinaria, etc. Por otra parte, también es denunciable la abdicación estructural de la política y de su clase dirigente en renovar y modernizar las organizaciones públicas adoptando un rol abúlico que cede la agenda en materia institucional y organizativa a los sindicatos y al corporativismo profesional. Una política enfocada en políticas, servicios y en sus resultados pero que se inhibe sobre el funcionamiento y la mejora de los procesos, las estructuras y la gestión del personal.

Estos dos déficits de la dimensión política en relación a la organización pública han tenido un efecto devastador ya que han debilitado las instituciones y las organizaciones públicas logrando un oxímoron difícil de conseguir: alcanzar, al alimón, inestabilidad e inmovilidad institucional. Unas administraciones incapaces de renovarse, transformarse o modernizarse, pero manifiestamente inestables. En efecto, la penetración de la política hasta el tuétano organizativo y de carácter técnico configura administraciones inestables, con cambios de rumbo aleatorios de carácter técnico y profesional sumidos en una lógica pendular en función de los resultados electorales y de los nombramientos y ceses de los altos cargos políticos.

Si vinculamos estos dos impactos disfuncionales de carácter institucional y organizativo con el modelo de la gobernanza robusta podemos comprender la magnitud del problema hasta llegar a la tragedia. Este modelo defiende unas administraciones estables y cambiantes y la clase política está aportado justo lo contrario: inestabilidad e inmovilismo administrativo. Por tanto, es una evidencia que la tradicional cultura institucional vinculada el liderazgo político del país en la Administración pública es totalmente disfuncional y tiene que renovarse y transformarse de manera radical; tiene que reinventar su marco conceptual de interacción con las organizaciones públicas.

Con la actual cultura institucional de carácter político es imposible adoptar el modelo de gobernanza robusta, aunque se introduzcan muchos ingredientes y novedades técnicas y organizativas orientadas a ello. Si falla la planificación y la dirección estratégica de naturaleza política no hay ninguna posibilidad técnica para poder modernizar realmente la Administración pública.

Esta abulia política hacia el funcionamiento interno de la Administración pública hasta ahora "solo" había tenido como consecuencia la falta de renovación de las organizaciones públicas. Sin planificación, apuntalada por el poder político, es imposible la transformación. Pero en este momento este déficit estructural de planificación y de preocupación por las capacidades institucionales y organizativas de la Administración está teniendo consecuencias mucho más graves. Muchos ámbitos de la Administración pública están en situación de colapso por falta de planificación, especialmente en materia de recursos humanos y asociada al gran relevo intergeneracional que acaba de iniciarse: registros civiles, tramitación de pensiones, prestaciones del Ingreso Mínimo Vital, servicio de correos, etc. están en una grave situación de derrumbe. Además, si no se toman medidas rápidas y muy complejas en poco tiempo van a colapsar los dos grandes servicios públicos del país: el sanitario y el educativo. La inhibición política en materia organizativa tiene sus consecuencias por un déficit de estrategia y de planificación.

Por otra parte, la política institucional del país hace unos años que ha entrado en una nueva dinámica que la hace mucho más compleja que en décadas anteriores. Ha quedado atrás una lógica política de carácter bipartidista que aportaba una gran estabilidad, incluso en forma de mayorías absolutas. Ahora se ha impuesto un sistema multipartidista, usual en los sistemas parlamentarios, en el que las mayorías son exiguas y se impone la necesidad de gobernar en coalición. Los gobiernos de coalición representan la normalidad en los sistemas parlamentarios clásicos, pero en España no han sido necesarios hasta la última década (salvo en el caso de los gobiernos municipales y autonómicos) y se está improvisando una cultura de gobierno en coalición que requiere de un exigente aprendizaje.

Forma parte de la rutina democrática los cambios de gobierno en las administraciones públicas cada vez que se agota un mandato y se produce un relevo político. Se retira un equipo político y entra otro distinto. Esta dinámica representa la esencia de la legitimidad democrática de la Administración pública. Pero, aunque se trate de un fenómeno natural no deja de ser un proceso complejo y traumático. Los que se van suelen estar confundidos y dolidos por la pérdida del poder y los que entran entusiasmados y motivados para tomar el relevo y demostrar de manera pueril que ellos son mejores tanto en su proyecto como en sus capacidades. Es habitual que los cargos políticos, tanto salientes como entrantes, sean noveles en estas lides de transición de un equipo político hacia otro. Por tanto, es normal que no sepan muy bien cómo hacerlo, pero lo más censurable es que no suelen plantearse ni preocuparse por estos procesos de remplazo político: suele dominar la improvisación y el estado anímico de unos y otros y el resultado suele ser un desastre que sufren nuestras administraciones públicas como instituciones. No es un tema menor el rol del tercer gran actor que participa de este proceso: los directivos y los empleados públicos cercanos a la dirección política de cada institución. No solo les toca observar de manera pasiva estos momentos de transición, sino que participan activamente en ellos y es usual que lo vivan con sufrimiento por los comportamientos poco elegantes tanto de los equipos políticos entrantes como de los salientes.

En España sufrimos de una mala cultura política en materia institucional: buena parte de nuestros políticos desconocen los complejos entresijos de la realidad administrativa y carecen de estímulos para intentar comprenderla. La falta de conocimiento sobre la materia les hace vulnerables y se comportan en la Administración guiados por el recelo, la desconfianza y la improvisación. Todas estas malas prácticas se agudizan en los momentos más críticos del proceso político e institucional que es cuando ingresan o salen los equipos de gobierno.

¿Qué cambios hay que introducir en la cultura institucional de carácter político para poder implantar el paradigma de la gobernanza robusta? La respuesta acertada a esta pregunta representa uno de los grandes retos de nuestro sistema institucional. Vamos a intentar responderla de manera general, en base a una serie de principios elementales:

– *Respeto político a la continuidad institucional*: los partidos políticos, que han logrado la confianza de los electores para ocupar los gobiernos que dirigen las administraciones públicas, deberían respetar la institucionalidad. Poseen legitimidad política para imponer sus propuestas en políticas y servicios públicos y, también, para implantar sus proyectos de renovación de los apartados administrativos. Todo ello debe hacerse con respeto a las iniciativas impulsadas durante los anteriores mandatos. La idea es "construir sobre" las anteriores iniciativas y nunca "destruir para luego construir", más allá de los eventuales cambios de orientación. Ganar unas elecciones concede al nuevo equipo de gobierno toda la legitimidad para poder impulsar su propio proyecto político formulado en el programa electoral. Pero vencer en unas elecciones no debería suponer poseer una patente de corso para destruir todo lo que se ha construido durante las anteriores legislaturas. Consideramos que las instituciones públicas son como las catedrales: proyectos de décadas o centurias en que cada equipo arquitectónico introduce su estilo artístico sin destruir el trabajo de los equipos anteriores. Las Administraciones públicas deben transitar manteniendo un delicado equilibrio entre la estabilidad y el cambio. Con la estabilidad se logra institucionalidad y con el cambio se alcanza capacidad de adaptación a las nuevas necesidades ciudadanas y, por tanto, legitimación social. Las administraciones y sus profesionales requieren elementos de continuidad y estabilidad en un contexto de cambio ideológico y conceptual totalmente legítimo. Hay que ir aboliendo comportamientos frívolos y soberbios vinculados al comentario tan usual "ahora sí qué lo haremos bien" (Rodríguez y Sánchez, 2024). Es una sentencia que parece anodina pero que es totalmente perversa ya que refleja de manera frívola el desprecio por la labor política realizada por los anteriores equipos y, de manera muy significativa, un ultraje a los directivos y empleados públicos que ven desbaratado todo su trabajo anterior en un segundo. La primera vez que oyen este veredicto se traumatizan y deprimen, pero a partir de la segunda ocasión ya es motivo de chanza y se genera un desprecio inmediato hacia el nuevo cargo político que inaugura su entrada en la Administración de manera desafortunada. Consideramos que la gran mayoría de los nuevos cargos políticos tienen claro lo que quieren aportar, pero desconocen, en gran medida, cómo hacerlo. También es natural que desconozcan los buenos proyectos implementados hasta el momento por la organización y sus fortalezas y debilidades. Por tanto, cuando uno accede a un cargo político debe hacer un esfuerzo por aprender escuchando con elegancia a la organización encarnada por sus empleados más significativos. Humildad y respeto institucional son fortalezas y no debilidades para iniciar un nuevo proyecto político. De esta forma se logran complicidades que van a ser determinantes para el buen desarrollo del nuevo proyecto. El nuevo líder político posee de entrada legitimidad política, pero debe también adquirir la legitimidad organizativa como auténtico líder que no viene dada, sino que hay que trabajarla y mantenerla desde el primer hasta el último día durante su mandato.

- *Hay que introducir de una vez por todas la Dirección Pública Profesional en nuestro sistema institucional*: otro elemento crítico, muy relacionado con el que acabamos de mencionar, es la ausencia en nuestro país de Dirección Pública Profesional y el predominio de la libre designación en el estrato estratégico profesional de nuestras administraciones públicas. Esta carencia de este ingrediente técnico combinado con una perversa cultura política de carácter institucional magnifica la desventura que antes hemos relatado. El resultado, muchas veces, genera politización y desprofesionalización del empleo público (un peligroso *spoils system* de circuito cerrado en palabras de Quermonne —1993—) y falta de continuidad que va en detrimento de la calidad institucional.
- *Más política y menos gestión*: el punto anterior no intenta minimizar la acción política en la Administración pública sino, justo lo contrario, potenciarla al máximo. La dirección política representa el ingrediente esencial del poder, la capacidad de influencia y renovación de las políticas y servicios de las administraciones. El entorno turbulento exige más capacidad política: mayor visión y estrategia política, incrementar las actividades de negociación entre las distintas fuerzas y sensibilidades políticas y sociales para llegar a pactos y consensos políticos y sociales, etc. Las nuevas crisis que se esperan vinculadas al cambio climático, las dificultades medioambientales, las inevitables externalidades negativas laborales y sociales relacionadas con la revolución 4.0, etc. tienen aparentemente un carácter técnico

o especializado, pero por su impacto social son esencialmente crisis políticas que hay que solventarlas desde la política. Como la agenda política va a ser muy densa y compleja durante los próximos años es esencial que la dirección política deje de enredarse e inmiscuirse en al ámbito de la gestión pública que es una gran fuente de distracción. Por otra parte, el nuevo entorno turbulento también va exigir mayores capacidades y solvencia de carácter técnico a nivel de gestión y para ello es importante y urgente fortalecer la meritocracia en el espacio directivo y su estabilidad institucional y liberarlo de la actual contaminación política que implica, directa e indirectamente, desprofesionalización y discontinuidad institucional. En definitiva, hace falta reforzar la política en su sentido más básico y liberarla de las tareas de gestión para, en paralelo, fortalecer técnicamente la gestión.

- *Una cultura institucional con mayor valentía política pero más robusta*: durante los últimos años están dominando dos tipos extremos de cultura institucional vinculada al liderazgo político en las administraciones públicas: por una parte, una cultura institucional, ejercida por distintos líderes, que asume la nueva complejidad con una actitud muy conservadora que coquetea con la inacción: líderes políticos gregarios y lacios que asumen los nuevos retos de manera casi burocrática y maquinal. La expresión "los problemas se resuelven solos" sería la máxima declaración de esta cultura institucional de carácter político que considera que la gran complejidad de los nuevos retos aconseja no actuar o actuar de manera muy moderada con la esperanza que las sucesivas e imprevistas crisis se anulen y equilibren entre ellas. Se trata de una cultura institucional que parece un disparate, pero que posee una cierta base lógica y, en ocasiones, incluso puede resultar acertada. La calma y la pasividad como valor esencial para poder absorber las turbulencias y, con ello, aportar moderadamente alguna racionalidad en el sistema. Pero es evidente que a medio y largo plazo esta dinámica política es totalmente incapaz de superar los retos más importantes. Por otra parte, existe la cultura institucional contraria, que consiste en entrar sin complejos en la dinámica de dar respuesta inmediata a todos los nuevos desafíos que se presentan y, si se considera necesario, definir respuestas políticas inéditas, creativas y disruptivas. Se trata de una cultura política contingente, transformadora y en sintonía con el entorno turbulento. Pero esta dinámica política no puede evitar caer en externalidades negativas graves e incluso en contradicciones: las respuestas suelen ser poco reflexivas y, por tanto, muchas veces equivocadas o muy poco refinadas, las nuevas actuaciones pueden anular la capacidad de influencia de las anteriores (interferencias negativas entre políticas y servicios públicos), y puede, también, generar desconcierto social y una total confusión en unas organizaciones públicas que se pueden revelar incapaces de dar una respuesta a las nuevas soluciones políticas. En este sentido hay una evidente falta de sintonía entre el resultado esperado de las decisiones políticas con el impacto efectivo de las mismas por la falta de fluidez administrativa (un ejemplo durante la crisis y post crisis de la Covid-19 serían las sucesivas ayudas públicas que no llegaron en la práctica a sus potenciales destinatarios). Es cierto que ambas culturas políticas son aparentemente extremas, pero no son ajenas a la realidad ya que en la política nacional del país hemos convivido con las mismas de manera sucesiva durante los últimos años. Por tanto, la nueva cultura política debería ocupar un espacio intermedio entre las dos, aunque más próxima a la segunda que a la primera. La pasividad y el conservadurismo político extremo no es una opción posible a partir de ahora (tampoco lo era en momentos de mayor estabilidad, crecimiento y dinámicas incrementales, pero entonces no generaba una excesiva alarma) ya que su capacidad de resiliencia es igual a cero. Por tanto, la política que debe dominar a partir de ahora es la dinámica, creativa y con mayor diálogo político y con los actores socioeconómicos, conectando con el nuevo modelo de relación con el entorno que plantea la gobernanza robusta (Capítulo 4). Incrementar las capacidades deliberativas a una cultura política dinámica y contingente puede otorgarle una mayor capacidad reflexiva y una mayor solvencia técnica. Una nueva política valiente pero también una nueva política más cautelosa, más basada en el conocimiento (en datos y evidencias empíricas potenciando los sistemas de gestión de la información y de la evaluación de políticas y servicios) y en la transacción y búsqueda de consensos políticos y sociales, que conecte con las capacidades analíticas de la gobernanza robusta. Por otra parte, la nueva cultura política debe abrazar una mayor implicación y valentía en diagnosticar la realidad administrativa y de gestión e impulsar estrategias de transformación y renovación de los mecanismos organizativos de las administraciones públicas, potenciando la capacidad de gestión y transformación organizativa que plantea la gobernanza robusta. Se trata de unas decisiones y acciones con nulo atractivo político, con una gran dificultad técnica, que exigen un desgastante y una implicación política para superar los agentes capturadores del sistema público, pero se trata de unas decisiones totalmente imprescindibles para poder conciliar las nuevas políticas y servicios públicos que exigen un nuevo modelo organizativo y de gestión. En esta dimensión es necesaria una mayor valentía política acompañada de una inédita generosidad política hacia y para las instituciones públicas. Una política dinámica y contingente requiere un modelo organizativo también flexible y en constante transformación.

– *La cultura de los gobiernos de coalición puede aportar elevado valor institucional*: en nuestro país ha dominado una cultura institucional y social poco entusiasta con los gobiernos de coalición que suelen ser considerados como escenarios disfuncionales que generan rumbos políticos erráticos y preñados de conflictos. La cultura institucional y política dominante posee un aroma presidencialista en el marco de un modelo parlamentario. Se trata de una gran paradoja. En los sistemas parlamentarios los gobiernos de coalición representan la salida normal y ordinaria y las mayorías absolutas la excepcionalidad. Hay, por tanto, que revindicar las bondades de los gobiernos de coalición que tienen la capacidad de aglutinar un amplio espectro de voces y sensibilidades políticas, aportan mayor capacidad de reflexión derivada de la búsqueda de consensos, sus acciones poseen mayor legitimidad política y social, etc. Los gobiernos de coalición estimulan una cultura política intermedia con ingredientes de cambio y estabilidad que puede contribuir a implantar con mayor solvencia el modelo de gobernanza robusta. Las administraciones locales del país han representado un gran laboratorio de aprendizaje en dinámicas de gobiernos de coalición y todo parece indicar que, en buena parte de los casos, han mejorado la calidad de políticas y servicios y las posibilidades de renovación institucional. Este acervo político de capacidad de gobernar en coalición debería escalar hacia los gobiernos autonómicos y, en especial, hacia el gobierno de la nación.

– *Los cargos políticos y sus asesores*: hay que partir de la consideración que ejercer la dirección política en las administraciones públicas es una actividad difícil y espinosa. Los cargos políticos no suelen poseer conocimientos sobre el funcionamiento de las instituciones públicas e incluso del ámbito sectorial que les corresponde dirigir. Los dirigentes políticos entran en un entramado organizativo público que pueden considerar como hostil y que oculta, en el marco de un relato supuestamente técnico y neutral, intereses corporativos e incluso políticos que intentan influir y condicionar las decisiones de carácter político. No hay que ser ingenuos y subestimar la fuerza e intencionalidad política de la burocracia o de la tecnocracia ya que se trata de un fenómeno natural y, por tanto, inevitable. En este sentido, forma parte de la normalidad democrática que determinados cargos políticos de alto nivel puedan disponer de un grupo de asesores de su máxima confianza política, profesional y personal que les provea de un relato conceptual alternativo al que ofrece la tecnocracia. El objetivo es reforzar la capacidad de dirección política de la Administración. En todo caso, la presencia de asesores de carácter político (mediante la figura de los eventuales) no está exenta de polémicas y de manifestar algunas disfunciones que hay que superar. La controversia política y social, muchas veces frívola, demagógica y epidérmica, suele residir en el excesivo volumen de estos efectivos vinculados a funciones de asesoría hasta llegarse a proponer su erradicación total. La propuesta sería, en cambio, que hay que mantener la presencia de estos asesores para ofrecer apoyo a los cargos políticos con las máximas responsabilidades pero que su número sea acotado y razonable. En contrapartida, hay que ser mucho más beligerantes con dos disfunciones muy frecuentes en relación al perfil y actividades reales que despliegan los asesores o eventuales. Por una parte, hay que superar la tendencia, tal y como se ha hecho mención en otro capítulo (capítulo 6), a contratar como asesores a personal político júnior. En muchas administraciones públicas (especialmente en las autonómicas y las locales) suelen contratarse como asesores a cuadros políticos del partido en fase de formación. Se trata de un contrasentido ya que para poder ejercer la auténtica función de asesor de alto nivel hace falta conocimiento y experiencia. En muchas administraciones las moderadas tablas retributivas asignadas a los asesores explican esta disfunción y la alternativa sería incrementar estas retribuciones y limitar el número de asesores. La otra disfunción usual, muy vinculada con la anterior patología, es que muchos de estos asesores realmente no asesoran (por la falta de capacidad en esta tarea estratégica) y se dedican en la práctica a la gestión de nuevos proyectos de especial interés político mezclándose e incluso dirigiendo a empleados públicos profesionales. Estas dinámicas tienen consecuencias perversas ya que desconciertan a los empleados públicos y politizan de facto la gestión pública. En este sentido hay que reafirmar una obviedad: los asesores deben dedicarse exclusivamente a asesorar a su referente político que es quien toma las decisiones y quien dirige políticamente a la organización pública. Deben estar ubicados en un gabinete (órgano staff) directamente adscrito al alto cargo y totalmente descontextualizados del día a día de la gestión pública. Bajo ningún concepto los asesores pueden dirigir programas o unidades de gestión de la Administración pública: son asesores políticos y no gestores administrativos.

- *La necesidad de incorporar una política institucional inteligente*: las dinámicas propuestas vinculadas a la administración inteligente (gobernanza de datos, evaluación de políticas públicas, capacidades analíticas y científicas para el tratamiento de la información, dinámicas colaborativas vinculadas a la inteligencia colectiva y a la inteligencia artificial) deberían ser aprovechadas e incorporadas en los procesos de toma de decisiones de carácter político. Las nuevas lógicas de trabajo asociadas a la inteligencia institucional aportan mayor solvencia y calidad en la gestión pública pero muy, en especial, refuerzan la capacidad de mejora en los procesos de toma de decisiones de carácter estratégico que poseen esencialmente una naturaleza política. Los asesores de los cargos políticos deberían poseer las competencias necesarias para poder aprovechar todas estas novedades e incorporarlas a la agenda de trabajo de carácter político.

- *Una política abierta y participativa*: la actividad política tiene que ser cada vez más permeable a los actores socioeconómicos y en su escucha tanto de manera pasiva como activa. Es obvio que la política del presente y del futuro tiene que ser abierta y permeable a las diversas lógicas y metodologías de participación ciudadana. Ahora bien, todo ello de forma consecuente con los objetivos planteados y responsable tanto sobre el proceso como sobre la utilización de los resultados de la interlocución con la ciudadanía. No debe perderse de vista en ningún momento la responsabilidad del gobierno y la administración pública en la defensa del interés general. Tal como se comentó en el capítulo dedicado al modelo de relaciones del gobierno con su entorno en el marco de la gobernanza robusta (capítulo 4), los procesos de transparencia, participación y colaboración deben plantearse con una clara estrategia de refuerzo de las capacidades del conjunto de actores ante entornos de turbulencia. Pero también atender a sus impactos en relación a la legitimidad del conjunto y el potencial impulso que este tipo de dinámicas facilitan para generar acciones en las que se implica a la ciudadanía y al conjunto de actores sociales.
- *Una política que escuche a los expertos sin caer en imposturas*: en el contexto de una gobernanza robusta abierta al exterior la actividad política debería tener en cuenta los análisis, propuestas y opiniones de los expertos presentes extramuros de la Administración pública. Desde hace tiempo la complejidad de los nuevos retos a los que se enfrentan las instituciones públicas hace cada vez más necesaria la colaboración de especialistas ajenos a las administraciones públicas. Es obvio que las organizaciones públicas poseen un elevado nivel técnico en conocimientos y experiencia en muchos temas, pero este amplio acervo administrativo es cada vez más insuficiente y hay que

apelar a la participación y colaboración del conocimiento experto ajeno a la propia Administración (conocimiento especializado universitario, de centros de investigación, de empresas privadas y de las organizaciones sociales). En este sentido es habitual que las administraciones recurran a la creación de comisiones externas de expertos que las asesoren. Se trata de una buena práctica necesaria e imprescindible pero que, en muchas ocasiones, se utiliza de manera poco sólida, errática e incluso puede llegar a la categoría de representar una impostura. Es habitual que ante un problema complejo los dirigentes políticos busquen el auxilio de una comisión de expertos como una manera de externalizar el problema, de dilatarlo en el tiempo hasta que deje de ser mediático, de obviar de manera reiterada los informes elaborados por estas comisiones, etc. En este sentido, habría que refinar las colaboraciones de los expertos externos en las organizaciones públicas. En primer lugar, una comisión de expertos nunca debería suponer una externalización de un problema político y público sino una forma de abordarlo política e institucionalmente con la colaboración de expertos externos. Se trata de incorporar un actor y una voz adicional pero nunca totalmente determinante. Las comisiones de expertos jamás deberían tener la capacidad de decidir una acción pública que es una atribución exclusiva de la dirección política institucional sino solo una capacidad de influir, como un posicionamiento más, entre otros en consideración en el momento de tomar decisiones políticas. Tampoco debería utilizarse la creación de comisiones de expertos como un mecanismo de librase de la presión política y social con la estrategia de ir durmiendo la acción pública hasta que deje de estar en una posición elevada en el debate público y social. También habría que superar la tradicional tendencia de obviar totalmente las recomendaciones formuladas por los expertos y reducir su contribución a una mera actividad teórica sin ningún tipo de consecuencia. Son habituales las malas prácticas políticas en relación a las comisiones de expertos: comisiones de expertos excesivamente expuestas al escrutinio político y mediático que adquieren una notoriedad política y social excesiva para las funciones que ejercen. Ejemplos de esta sobreexposición serían las comisiones de expertos en salud pública para combatir la crisis de la Covid-19 o la comisión de expertos de supervisores de la rendición de cuentas del gobierno de la nación. También son usuales las comisiones de expertos que ejercen la función de impostura política de dar la apariencia que se abordan determinados problemas cuando la intención real es justo la contraria. Aquí un buen ejemplo serían las recurrentes comisiones de expertos para proponer la reforma de la Administración pública o la reforma del empleo público que suelen seguir la senda lampedusiana de aparentar cambiarlo todo cuando en la práctica no se transforma absolutamente nada. Todos deberíamos aprender de una buena práctica de utilización de una comisión de expertos durante la crisis de la Covid-19. Este ejemplo debería ejercer de guía a la hora de recurrir política e institucionalmente a las comisiones de expertos. El ejemplo es el siguiente: sin duda, el mayor éxito de las instituciones públicas españolas durante la crisis de la Covid-19 ha sido mantener las escuelas abiertas durante todo el periodo en que se ha prolongado la pandemia (salvo los primeros meses de confinamiento total). España es el país europeo y del mundo entre los más afectados por la Covid-19 que ha logrado mantener las escuelas más tiempo abiertas y en pleno funcionamiento. Es un caso de éxito alabado a nivel internacional. Un grupo de expertos científicos asesoró al Gobierno y presentó una propuesta de grupos burbuja para mantener las escuelas funcionando con bastante normalidad. Para su propuesta se basaron en la experiencia danesa (que no cerró las escuelas en la fase de confinamiento total) y en evidencias científicas de los campamentos de verano de 2020, donde se demostró que la trasmisión del virus entre los niños era residual. Su propuesta era sólida a nivel científico, pero arriesgada a nivel social y mucho más aventurada a nivel político e institucional. Los dirigentes políticos y las administraciones públicas (Estado y CC.AA.) aceptaron el riesgo, fueron valientes, invirtieron recursos y esfuerzos institucionales (contratación de profesorado para que los grupos burbuja tuvieran reducidas dimensiones), se dejaron aconsejar por unos expertos rigurosos a nivel científico y discretos a nivel mediático (Ramió, 2021).

En definitiva, hace falta establecer una cultura política que promueva la estabilidad institucional mediante la despolitización de la dimensión técnica de las administraciones públicas. Una cultura política que esté abierta al cambio y a la transformación mediante sistemas más sofisticados de gestión de la información para adoptar difíciles decisiones políticas de la manera más solvente posible. Una cultura política también preocupada, activa y con capacidad de liderar la transformación y renovación organizativa y de gestión de los recursos humanos de las administraciones. Finalmente, una cultura política que recupere las funciones políticas básicas de escucha activa a los actores socioeconómicos y de la ciudadanía y que tenga capacidad de dialogar y transaccionar con los diversos partidos políticos en un contexto de gobiernos de coalición. El entorno turbulento es el caldo de cultivo ideal para fomentar una cultura política demagógica, polarizada y crispada, pero es una tendencia que habría que revertir lo más rápido posible ya que la respuesta a las turbulencias del entorno no pude ser generar un entorno político también turbulento que colapsa la política y debilita la gestión pública.

PODER, CONFLICTO Y CULTURA ADMINISTRATIVA EN EL MARCO DE LA GOBERNANZA ROBUSTA

Las organizaciones no solo poseen como ingredientes fundamentales a los profesionales, las estructuras, los procesos, los recursos económicos y tecnológicos, etc. A estos elementos hay que incorporar dos dimensiones críticas para el buen desempeño de una Administración pública: por una parte, la arquitectura interna de poder tanto a nivel formal como informal que suele ser una fuente constante de conflictos y, por otra parte, la cultura administrativa. Si estos dos vectores manifiestan disfuncionalidades las novedades organizativas e instrumentales vinculadas a la gobernanza robusta resultarían inútiles para alcanzar el objetivo de mejorar el rendimiento institucional.

Forma parte de la naturaleza social el establecimiento de relaciones y conflictos de poder entre personas, grupos profesionales y unidades administrativas. Las ambiciones personales y profesionales entran en juego de manera inevitable y generan diversas tipologías de conflictos. Hay varios tipos de fuentes de poder y de conflictos asociados a los mismos: a) poder formal y conflicto intra-administrativo: cada unidad y/o puesto formal posee unos objetivos propios y una visión especializada que suele chocar con otras posiciones y sensibilidades técnicas. Impera una lógica de carácter feudal en la que los distintos territorios administrativos luchan por su capacidad de influencia en la toma de decisiones. b) poder y conflicto de carácter informal: el perfil subjetivo de carácter profesional de las personas no coincide con su teórica adscripción formal y se comportan de manera distinta a lo que dicta el orden formal organizativo. Algunas personas sobreactúan alentadas por la ambición y maximizan su capacidad de influencia, otras, en cambio, se empequeñecen y resultan incapaces de aportar el supuesto valor e influencia organizativa que les corresponde formalmente. c) Poder y conflicto de carácter psicosocial: existen múltiples rasgos psicológicos entre los miembros de una organización que alteran las lógicas de poder abriendo la puerta a dinámicas aleatorias y de difícil control: desde los excepcionales sociópatas (según los estudios lo son un mínimo del dos por ciento de la población), pasando por los individualistas extremos (*cowboys*), los colaborativos, hasta perfiles que tienen tanta animadversión hacia el conflicto que los paraliza organizativamente. Cualquier organización agrupa un espectro de distintas personalidades: dinámicas o abúlicas, líderes o gregarias, conservadoras o innovadoras, etc.

Estas tres dinámicas de poder van a seguir presentes en las organizaciones públicas del futuro, pero sería necesario establecer filtros en los procesos selectivos y en los procesos formativos (tanto de entrada como permanentes) que orientaran a la organización hacia una nueva dinámica de poder más proclive a implantar los nuevos instrumentos vinculados a la gobernanza robusta. En este sentido, las estrategias podrían ser las siguientes:

- Hay que minimizar al máximo la fuente y el conflicto de poder de carácter formal con una orientación de carácter patrimonial o feudal. Los tradicionales modelos organizativos fragmentados en unidades y perfiles especializados son radicalmente anticuados y no responden a las nuevas necesidades de las administraciones públicas. Siempre existirán unidades y perfiles profesionales diversos y especializados, pero hay que evitar que se constituyan en feudos administrativos y corporativos. Para ello hay que diluir la identidad de las diversas divisiones administrativas mediante mecanismos como: 1) potenciar una estrategia común de la organización que impregne a todas las unidades administrativas. Lo que predomina en el nuevo modelo son los objetivos comunes y los objetivos de los diversos sectores deberían tender a confluir y a integrarse en la estrategia común. 2) Dibujar organigramas con un mínimo de unidades imprescindibles que integren diversos sectores profesionales y sensibilidades más o menos afines o emparentadas, aunque no idénticas. Es necesario evitar y, en todo caso, gestionar, la eventual superespecialización de la estructura ya que fomenta dinámicas centrífugas de carácter corporativo. 3) Trabajar por proyectos o mediante unidades temporales con una metodología de trabajo colaborativo en el que participen miembros de distintas unidades. Con los sistemas de trabajo colaborativo los profesionales van matizando su identidad administrativa a nivel micro para alcanzar una identidad más agregada y colectiva a nivel organizativo. 4) Manejar información de carácter transversal: la información no es patrimonio de nadie en concreto (ni de una unidad ni de una persona) sino del conjunto de la organización. La información compartida diluye buena parte de las fuentes de poder de carácter patrimonial, corporativo y de especialización.

- El poder y conflicto de carácter informal es imposible de erradicar e incluso sería un grave error intentarlo. Las ambiciones personales y profesionales de los miembros de una organización pública son inevitables y pueden ser muy positivas para el rendimiento de una institución. Hay que hacer todo lo posible para adaptar la organización formal a las pautas de funcionamiento de la organización informal. Los miembros de la organización que acrediten un entusiasmo y un dominio de la materia por encima de su posición formal deben ser aprovechados para dirigir proyectos o para asumir mayores responsabilidades. Los integrantes de la organización que presentan un perfil más lacio y gregario de lo que corresponde a sus posiciones formales deben ser relegados a puestos con menor relevancia. Con esta estrategia se diluye el conflicto informal y la calidad de la gestión mejora.

- El poder y conflicto de carácter psicosocial es el más complejo de manejar. En este ámbito la primera estrategia debería tener un carácter preventivo y utilizar los sistemas de selección como un filtro (científico y con garantías jurídicas) para impedir que accedan a la función pública perfiles sociópatas y también cerrar las puertas a los candidatos excesivamente individualistas y carentes de capacidades para el trabajo colaborativo (en este caso se podrían hacer algunas excepciones, pero escasas, en personas con elevadísimas competencias profesionales y candidatos a puestos alejados de las dinámicas colaborativas). Por otra parte, es necesaria la presencia de una formación permanente orientada a mantener y reciclar los mecanismos del trabajo colaborativo e interdisciplinar ya que permitiría suavizar las derivas naturales hacia un exceso de individualismo y de autismo vinculado a la hiperespecialización. En el caso que se detecten conductas profesionales inadecuadas, a pesar de todas las medidas preventivas, habría que utilizar con rigor y seguridad los mecanismos disciplinarios para apartar a los profesionales que distorsionan gravemente las dinámicas grupales, colectivas y colaborativas. Siempre hay casos excepcionales que es imposible recuperar y que generan graves distorsiones en el trabajo y en el nivel de motivación de la colectividad. En estas situaciones, muy excepcionales, habría que aplicar la cirugía con valentía acompañada de todas las garantías jurídicas para evitar un uso arbitrario de la misma.
- Con el punto anterior intentamos evitar que penetren en las organizaciones públicas perfiles personales de empleados que sean potencialmente distorsionadores. Pero las dificultades en la gestión de la dimensión psicosocial de personas y grupos van a seguir presentes. Forma parte de la normalidad que los profesionales se comporten de manera poco consistente por déficits en su estado emocional personal o profesional y/o por su falta de motivación estructural o temporal. En este sentido, gestionar personas entraña una enorme dificultad y con el nuevo modelo de organización es todavía mucho más complejo. Los modelos organizativos clásicos caracterizados por la jerarquía y la especialización podían convivir con cierta facilidad con profesionales desubicados psicológicamente o esca-

samente motivados. Pero en el marco de organizaciones más horizontales, multidisciplinares y que pivotan sobre el trabajo colaborativo los problemas psicosociales de los empleados pueden tener un efecto devastador y bloquear el buen desarrollo organizativo. La literatura sobre el comportamiento humano, desde la psicología hasta la neurociencia, es compleja y dispersa. Resulta especialmente interesante partir del principio que las personas en las organizaciones no se comportan siempre de manera racional, sino que su comportamiento responde básicamente a las emociones. Por tanto, las organizaciones deben saber manejar y administrar las emociones. Buena parte de los procesos de trabajo colaborativo no se mueven de manera racional sino emocional y hay que saber convivir con las emociones humanas y tener la capacidad para gestionarlas. Los directivos que lideran las administraciones tienen que aprender a trascender de las palabras y relatos de sus empleados e instruirse en identificar y comprender las emociones de los miembros de su equipo. Noll (2023:23) afirma "la mayoría de los líderes no entienden esto. La mayoría de los líderes no saben lo que es el liderazgo. El objetivo es mantener a las personas enfocadas en su tarea para que no se distraigan y no entren en conductas que las lleven precisamente a evitar el trabajo. La dirección consiste en establecer metas y crear la suficiente seguridad para que el grupo las pueda cumplir. Hay cinco niveles de seguridad: emocional, física, moral, cognitiva y espiritual. Cuando un líder se enfrenta a un problema tiene que ignorar los reproches y fijarse en las emociones. Hay evidencia empírica, con grupos de trabajo, sobre el éxito de las organizaciones en las que el líder transmite seguridad psicológica. Se hace escuchando las emociones de los miembros del equipo y del equipo como grupo". Y remacha "Una vez que interiorizas que somos seres emocionales, cambia tu mentalidad. Cada arrebato emocional sigue un patrón muy predecible. Los humanos tenemos un repertorio muy limitado de comportamientos emocionales. Una vez que los conoces al completo, sabes qué hacer y qué decir" (Noll, 2023:24). Por tanto, los nuevos líderes de las administraciones públicas no solo deben tener la capacidad de fomentar y dinamizar el trabajo colaborativo y los intercambios intersectoriales e interdisciplinares, sino que también deben estar orientados a trabajar con las emociones de sus profesionales mediante un proceso de reconocimiento y gestión de las mismas. No se trata tanto de que el líder se enrede en ejercer de terapeuta psicológico y de motor constante de motivación, sino que tenga la capacidad de comprender el estado emocional de las personas de su equipo de trabajo, de saber convivir con ellas sin medidas coercitivas, gestionándolas a favor del grupo, del proyecto y de la organización. Sin duda, todo un reto que no está al alcance de todos los líderes organizativos. La gobernanza robusta busca un complejo equilibrio entre la estabilidad y el cambio que puede generar estrés y disfunciones emocionales en los profesionales que hay que saber canalizar.

Por otra parte, la cultura organizativa es un ingrediente crítico, aunque difuso, de cara al buen desempeño de las administraciones públicas. Suele definirse cultura organizativa como el agregado de mitos, valores e ideología de una institución. Esta explicación no es muy clarificadora y puede llegar a enmarañarse con la filosofía política. En todo caso, es una evidencia empírica que todas las organizaciones poseen sus propios trazos culturales más o menos sólidos, más o menos funcionales o disfuncionales de cara al buen o mal desempeño organizativo. Las administraciones públicas aglutinan un enorme espectro de culturas organizativas: en unos ámbitos predomina la cultura burocrática (ámbitos internos de la Administración y de gestión estrictamente administrativa en las relaciones con los ciudadanos), en otros domina la cultura gerencial (en ámbitos de prestación de servicios en los que predomina la lógica instrumental), en otros impera una cultura de gobernanza social en red (unidades de participación ciudadana, de servicios sociales o de interacción comunitaria), en otras prevalecen unas determinadas culturas profesionales (letrados, informáticos, sanitarios, educadores, etc.). Es obvio que en la práctica se produce una mezcla de culturas. La cultura administrativa es enormemente compleja y una fuente importante de distorsiones organizativas. Vamos a precisar algunas reflexiones y propuestas sobre esta procelosa dimensión organizativa:

- Es esencial que las administraciones públicas promuevan una cultura administrativa específica del ámbito público mediante sus procesos de selección, la formación de entrada, la formación permanente y también la vehiculada por los relatos que promueven sus líderes. Trabajar en la Administración no es lo mismo que trabajar en una organización privada. Es necesario socializar a los profesionales de la función pública en las especificidades del servicio público y de que implica aportar valor social: defensa del bien común y del interés general, estar al servicio de los ciudadanos, proteger a los ciudadanos más vulnerables, etc. La cultura de lo público tiene ingredientes de cultura y vocación de carácter misionera vinculada a la función social de las administraciones públicas. Las personas que no se comprometan con estos valores no van a ser buenos servidores públicos.

- Cada Administración debería promover unos valores propios dentro del contexto de los de carácter más general antes comentados. Las administraciones públicas son diferentes ya que poseen objetivos y orientaciones distintas. No es lo mismo una Administración estatal, que una autonómica o que una local. Es muy diferente un centro educativo público que un centro sanitario público o una institución penitenciaria. Cada Administración requiere de su propia identidad cultural acorde con sus especificidades, entorno y contingencias.
- Los dos ingredientes anteriores parten del principio que los empleados de una Administración pública deben compartir un mínimo de valores comunes que hagan posible sus interacciones intersectoriales e interprofesionales. La cultura organizativa es como un idioma: un mecanismo de comunicación colectivo y una fuente de identidad común. Cada unidad o grupo profesional suele tener su propia cultura y su propio dialecto profesional y, por ello, es imprescindible que se trabaje en alcanzar unos estándares culturales compartidos para que las distintas subculturas puedan dialogar entre ellas de manera fluida. En este sentido, es necesario construir un "esperanto" transversal y compartido tanto a nivel de cultura de lo público como de la propia cultura institucional de cada Administración.
- La cultura predominante en la Administración suele tener un carácter conservador, de control y de animadversión hacia la

incertidumbre. Es una cultura asociada solo a la estabilidad. Hay que transformar esta cultura para que incorpore el ingrediente de cambio, de cultura abierta a la resiliencia dinámica y a la gobernanza robusta. Las administraciones públicas llevan un tiempo orientadas en este sentido al ir introduciendo la cultura de la innovación. La nueva cultura que hay que fomentar tiene que estar vinculada con el aprendizaje constante, la visión prospectiva, la gestión de la información como mecanismo para un mejor conocimiento (cultura del dato y de la evidencia empírica), la cultura de la evaluación y la cultura de la colaboración. Con estos ingredientes se potencia una cultura abierta al cambio y a la transformación continua.

- Ahondando en el punto anterior hay que alentar una cultura administrativa orientada hacia la inteligencia institucional en que se estimule un tipo de gestión de carácter más científica y pasar de la cultura de la intuición a la cultura del conocimiento. La gestión de la información debería ser el elemento predominante en esta nueva cultura con el objetivo de maximizar la nueva orientación bifronte: estabilidad y cambio y, por tanto, el modelo ambidiestro de gestión. Una cultura en el que el análisis de la prospectiva es relevante para definir estrategias que fomenten el cambio constante. Las nuevas estrategias como catalizador de una articulada cultura de la innovación.
- Finalmente, hay que incentivar una cultura de trabajo colaborativo en que se labore por proyectos y con unidades temporales mediante equipos multidisciplinares. La cultura colaborativa está cada vez más presente en nuestras administraciones públicas y representa un potente catalizador para la renovación de la cultura administrativa.
- En las administraciones públicas actuales conviven, tal y como se ha hecho mención, tres tipos de culturas organizativas profundas y transversales: la cultura burocrática, la cultura gerencial y, de manera más residual, la cultura de la gobernanza en red (presente en unidades de participación ciudadana y en políticas y servicios con lógicas comunitarias). De cara al futuro habría que potenciar la cultura de la gobernanza en red e incorporar la cultura de la inteligencia institucional y de la transformación (innovación). Con el tiempo y gracias a la in-

> teligencia artificial la cultura burocrática puede ir reduciendo su alcance ya que la propia burocracia va a ser asumida por la tecnología mediante la automatización de los procesos: burocracia sin burócratas (Ramió, 2019), aunque deberían preservarse los valores de estabilidad y seguridad institucional que aporta al conjunto. La cultura gerencial seguirá presente, pero con un mayor equilibrio entre las dinámicas eficientistas y los ingredientes de una mayor sensibilidad social. La nueva cultura transversal debería ser la de la gobernanza robusta asociada a la gobernanza social inteligente (Ramió y Salvador, 2019).

El poder formal e informal y la cultura administrativa representan dos ingredientes fundamentales para lograr la cohesión o fragmentación de una Administración pública. Si el poder formal e informal no son muy divergentes y hay una potente cultura administrativa común las administraciones son sólidas y consistentes. Si hay conflictos estructurales entre la dimensión formal y la informal y la cultura está dispersa en subculturas las administraciones presentan una escasa solidez y solvencia ya que dependen de complejas fuerzas centrífugas.

En el caso de las administraciones sin un exceso de conflictos en términos de poder y con una cultura administrativa consistente el problema de fondo reside en que suelen manifestar, a pesar de todo, una cultura de resistencia al cambio, poniendo de manifiesto un déficit manifiesto en capacidades de resiliencia dinámica. El fenómeno de la resistencia al cambio surge de manera natural y de forma casi inevitable. Se trata de una reacción automática de carácter inercial. Con las transformaciones propuestas en este apartado esta resistencia al cambio debería ser de baja intensidad y, por tanto, superable. Un ingrediente funcional más que disfuncional: la Administración del presente y del futuro requiere de una transformación constante, pero puede ser útil que existan algunos tensores conservadores de resistencia que obliguen a fundamentar mejor las transformaciones e innovaciones públicas para evitar dinámicas de innovación frívolas y que aporten escaso valor añadido. Una cultura de resistencia al cambio de alta intensidad bloquea a la Administración, pero, en cambio, una cultura de resistencia al cambio de baja intensidad puede favorecer que las transformaciones sean más solventes y más sólidas gracias a un mejor análisis de sus puntos fuertes y débiles.

Por último, es obligado comentar que existen algunos elementos vinculados a la resistencia al cambio de alta intensidad que es imprescindible superar. En las administraciones públicas la resistencia al cambio de alta intensidad y con impacto paralizante se asienta y retroalimenta sobre dos capturas: las capturas de carácter corporativo y las capturas sindicales. Son dos capturas que no sintonizan en absoluto con el modelo de la gobernanza robusta. Se trata de dos tensores reaccionarios vinculados a una Administración pública anticuada más propia del siglo XX que del siglo XXI. Afortunadamente con el nuevo modelo de trabajo colaborativo, con sistemas inteligentes de gestión y con el inminente relevo intergeneracional de los empleados públicos la disfuncional presencia de la cultura corporativa será cada vez residual. Lo mismo puede suceder con la actual cultura sindical de carácter inmovilista y desnortada en su lucha por privilegios descontextualizados de la realidad social y laboral y totalmente desconectados con la defensa del bien común y del interés general. El nuevo perfil mayoritario de empleado público del futuro inmediato (más cualificado, más multidisciplinar y más colaborativo) puede ejercer de catalizador de cara a la renovación de los sindicatos en la Administración. Unos nuevos sindicatos preocupados básicamente por defender la calidad de las administraciones públicas y centrados en exclusiva a vigilar potenciales vulneraciones de derechos laborales sin caer en maximalismos que puedan degradar el funcionamiento de las organizaciones públicas. Si los sindicatos no se renuevan en este sentido van a desaparecer, en la práctica, de la Administración pública por falta de sintonía con los nuevos valores vinculados al perfil emergente de los empleados públicos.

Capítulo 9

LA FORTALEZA DE LA DEBILIDAD INSTITUCIONAL DE LAS ADMINISTRACIONES PÚBLICAS DE AMÉRICA LATINA Y LA IMPLANTACIÓN DEL MODELO DE GOBERNANZA ROBUSTA

Estamos convencidos que el título de este capítulo va a generar sorpresa a cualquier lector con unos conocimientos mínimos sobre la situación actual de las administraciones públicas de los países de América Latina. Hay unanimidad entre los expertos en que una de las características esenciales del sector público en América Latina es su debilidad institucional. Nosotros mismos hemos defendido esta tesis en las contribuciones académicas que han analizado de manera general o sectorial las instituciones públicas de la región. Por tanto, no hay ninguna duda que tildar a las administraciones públicas de América Latina como fuertes institucionalmente es un oxímoron que puede interpretarse como una canallada propia de un enfermizo cinismo académico. El objeto de este capítulo en forma de ensayo no es un mero divertimento, sino que intenta aportar una nueva perspectiva seria y argumentada sobre algunos elementos de las administraciones públicas latinoamericanas que representan fortalezas de cara a abordar una reforma o modernización administrativa que permita posicionarlas en la vanguardia institucional. Curiosamente la mayoría de estos ingredientes positivos proceden precisamente de la debilidad institucional de estas administraciones. Una debilidad que, con una buena orientación estratégica, pude mudarse en fortaleza de cara al presente y al futuro.

Mucho se ha escrito sobre las dificultades de transformar las administraciones públicas en la gran mayoría de los países del mundo. Si se presta atención a las variadas resistencias presentes en los procesos de cambio, la mayoría de ellas están vinculadas precisamente a la fortaleza institucional. Es decir, la fortaleza institucional como una debilidad para renovar las instituciones públicas. Si definimos las instituciones, desde el neoinstitucionalismo, como el conjunto de normas, reglas y valores, la fortaleza institucional radica precisamente en la intensa presencia de reglas y valores compartidos por una determinada comunidad institucional. En principio cuanto más arraigadas sean estas reglas y valores mayor fortaleza institucional. Pero también implica una mayor resistencia al cambio organizativo. En los países sólidos y avanzados a nivel institucional el mayor quebradero de cabeza para los reformistas reside precisamente en luchar contra unas reglas del juego y unos valores totalmente enraizados pero que han quedado claramente obsoletos. Las normas cambian o pueden cambiar, pero no son capaces por si mismas de alterar una realidad administrativa cristalizada por un dédalo de capturas vinculados a unas obsoletas reglas y a unos desactualizados valores. En definitiva, la fortaleza institucional como problema que rechaza cualquier estrategia transformadora orientada a modernizar las administraciones públicas. Este ingrediente no está presente en la mayoría de las administraciones de los países de América Latina (con la salvedad de la Administración federal del Brasil, de la Administración de Chile y parcialmente de la Administración nacional de Argentina). El resto de administraciones de los países de América Latina manifiestan una evidente debilidad institucional y, por tanto, las hace muy permeables a las transformaciones que hay que impulsar durante los próximos años.

Para argumentar académicamente las diversas hipótesis aparentemente disruptivas que presenta este texto se proponer recurrir al paradigma de la gobernanza robusta que se ha presentado en los capítulos precedentes, y desagregar el concepto de institucionalidad diferenciando la institucionalidad dura de la institucionalidad blanda, lo que facilita una nueva forma de analizar la complejidad del fenómeno institucional.

EL ARTE DE LA COCTELERÍA FINA. LAS FORTALEZAS DE LA DEBILIDAD INSTITUCIONAL DE LAS ADMINISTRACIONES PÚBLICAS DE AMÉRICA LATINA: INSTITUCIONALIDAD DURA VERSUS INSTITUCIONALIDAD BLANDA

La debilidad institucional de las administraciones de los países de América Latina es el origen de todo tipo de distorsiones, algunas tan graves como el clientelismo y la corrupción, pero esta debilidad también es una oportunidad para generar procesos positivos de transformación o de modernización. Este planteamiento general lo acompañamos con dos reflexiones adicionales:

- Si bien es cierto que en los países maduros a nivel institucional las organizaciones públicas operan de manera más sólida, con mayor seguridad jurídica y con niveles más elevados de eficacia y eficiencia también es cierto que, a pesar de ello, sigue presente el clientelismo y la corrupción. Además, la supuesta eficacia y eficiencia en la gestión se va resintiendo negativamente con el tiempo al poseer un modelo tan cristalizado en el que el cambio solo es posible a nivel incremental. Por tanto, los modelos densamente institucionalizados suelen poseer modelos y sistemas de gestión de difícil adaptabilidad.
- Las administraciones públicas de América Latina, a pesar de su debilidad institucional, poseen un conjunto de fortalezas y externalidades positivas que las hacen más potentes de lo que parece, con mayores capacidades de resiliencia que las administraciones de los países maduros y mucho más permeables al cambio.

Siguiendo el segundo punto consideramos que es esencial desdoblar la institucionalidad en dos vectores o dimensiones. Por una parte, la institucionalidad clásica o dura que guarda relación con los sistemas meritocráticos de selección y de carrera administrativa, con la dirección pública profesional, con la seguridad jurídica, con un sistema normativo extenso y detallista, la transparencia y la rendición de cuentas, la evaluación de políticas públicas, etc. Y, por otra parte, podemos detectar otro tipo de institucionalidad que podríamos denominar como blanda que radica en las competencias de los empleados públicos, en sus procesos de aprendizaje intra y extramuros de la Administración mediante diversas redes profesionales que constituyen comunidades epistémicas, en su capacidad de dinamismo e innovación y de ser permeables al cambio. Nuestro planteamiento parte de considerar que para implementar las siete estrategias vinculadas a la gobernanza robusta y para diseñar una nueva ordenación organizativa con ámbitos impulsores de flexibilidad orientados al cambio es esencial y determinante la presencia de ingredientes vinculados a la institucionalidad blanda. Se trata de un tipo de institucionalidad presente en todas las administraciones públicas, pero con una baja intensidad en las administraciones maduras con una elevada densidad de ingredientes vinculados a la institucionalidad dura.

En este sentido, partimos de la hipótesis que las administraciones públicas de América Latina tienen un déficit manifiesto en institucionalidad dura pero una exuberancia de recursos y posibilidades vinculadas a la institucionalidad blanda. Todo parece indicar que de cara al presente y al futuro la institucionalidad dura aportará su valor, pero también externalidades negativas que impiden el cambio o transformación, y que la institucionalidad blanda va a ser muy valiosa para edificar administraciones con capacidades en resiliencia dinámica y como elemento esencial para impulsar nuevos modelos, como, por ejemplo, el de la gobernanza robusta. Vinculando estas dos dimensiones institucionales con el modelo de gobernanza robusta puede llegarse a la conclusión que la institucionalidad dura representa el aporte de estabilidad del modelo pero que en dosis extremas implica el inmovilismo y la pérdida de poder ser una organización contingente en el contexto de un entorno turbulento. Por otra parte, la institucionalidad blanda aporta capacidad innovadora y creativa, aunque en dosis excesivas o sin el equilibrio de una presencia de institucionalidad dura puede degenerar en un modelo de gestión errático y caótico. La buena gestión pública, a semejanza del arte de la coctelería fina, reside en diseñar modelos diversos pero equilibrados con las dosis adecuadas.

La siguiente tabla (tabla 3) muestra de forma sucinta los dos tipos de institucionalidad.

Tabla 3. Los dos tipos de institucionalidad.

DOS TIPOS DE INSTITUCIONALIDAD	
INSTITUCIONALIDAD DURA	INSTITUCIONALIDAD BLANDA
✓ Meritocracia en el acceso y la carrera ✓ Dirección Pública Profesional ✓ Burocracia vinculada a la seguridad jurídica ✓ Transparencia, rendición de cuentas, evaluación de políticas	✓ Capacitación de empleados públicos ✓ Comunidades epistémicas con unidades referentes ✓ Comunicación intensa entre el mundo académico y el práctico ✓ Comunidades innovadoras

Fuente: Elaboración propia.

Veamos a continuación algunos ingredientes de institucionalidad blanda que poseen buena parte de las administraciones públicas de América Latina y que, en cambio, no suelen atesorar las administraciones públicas de los países más avanzados y maduros, excesivamente enfocadas solo hacia una institucionalidad dura.

Institucionalidad blanda e institucionalidad dura en los países de América Latina: el archipiélago de la excelencia

El primer tema a destacar es que los países de América Latina no se limitan a poseer ingredientes propios de una institucionalidad blanda, sino que también poseen notables casos de institucionalidad dura con los ingredientes formales y materiales equiparables a las instituciones más avanzadas del mundo. La hipótesis que aquí se formula es que cuando los países de la región iberoamericana tienen motivación intrínseca y/o incentivos internos (nacionales) o externos (internacionales) logran sin grandes dificultades diseñar e implantar organismos públicos sólidos, eficaces y eficientes y con una elevadísima institucionalidad dura y blanda. Este es el caso de lo que se conoce en la literatura como las islas de excelencia. La mayoría de países de la región pueden presumir de poseer varias de estas "joyas de la Corona". La lista puede ser muy larga y solo ponemos algunos ejemplos que muestran la diversidad y multiplicidad de estos organismos o instituciones que logran los mayores estándares de calidad a nivel internacional. En este sentido podemos hacer referencia a la mayoría de los bancos centrales de casi todos los países de la región desde su renovación impulsada durante la década de los sesenta del siglo pasado. Más recientemente destacan un buen número de agencias reguladoras independientes (algunas de ellas inéditas y referencias a nivel internacional como INDECOPI de Perú), las agencias tributarias (recaudación de impuestos y aduanas) en varios países, agencias electorales (IFE en México), comisiones de servicio civil de carrera (SERVIR en Perú o la Comisión Nacional del Servicio Civil en Colombia), cuerpos diplomáticos altamente profesionalizados (destaca el caso Argentino al ligar la actividad diplomática con la de comercio exterior), unidades de comercio exterior, agencias de protección de los consumidores, universidades públicas de élite, unidades de acompañamiento a los emprendedores que aligeran las cargas burocráticas, municipalidades con un modelo de gestión e innovación reconocida a nivel internacional (como es el caso de Medellín y de muchas otras ciudades), dirección pública profesional (Chile y parcialmente Perú), multitud de programas de desarrollo social, laboratorios de innovación pública, dinámicas de participación ciudadana emuladas mundialmente (Porto Alegre y Bello Horizonte en Brasil), grupos de funcionarios altamente profesionalizados y con prestigio institucional a nivel internacional (Administradores Gubernamentales en Argentina y diversos cuerpos especializados en Brasil), etc. En efecto, la lista es larga y somos conscientes que citar solo estos casos es injusto por ausencias clamorosas. Por tanto, hay que descartar rotundamente la premisa que los países de América Latina son incapaces de lograr una institucionalidad completa (blanda y dura) ya que presentan un archipiélago de buenas prácticas institucionales reconocidas internacionalmente. En los casos en que no lo logran (desgraciadamente la mayoría de instituciones públicas) es solo porque no hay la suficiente motivación política e insuficiente presión e incentivos internos y/o externos para alcanzar la excelencia institucional y por no hacer el esfuerzo de escapar de la zona de confort que combina la mediocridad con el clientelismo.

La elevada capacitación de la élite de los empleados públicos de los países de América Latina

Un elemento que destaca en los países de la región es la elevada cualificación de los empleados públicos que ocupan puestos relevantes en los organismos públicos. El punto natural de partida es que posean un título universitario, aunque la mayoría de ellos también han cursado estudios de maestría en sus respectivos países y un buen número atesoran una maestría adquirida en EE.UU. o en Europa. Estos empleados manifiestan también una notable y encomiable voracidad en formación permanente asistiendo a cursos, jornadas y congresos especializados. Además, complementan estos diversos mecanismos de formación formal con la lectura intensa de textos especializados en las diversas materias vinculadas a la gestión pública. La elevada capacitación profesional de los empleados públicos y, en especial, su motivación en mejorar profesionalmente por cauces intra y extra institucionales fomenta la amplitud de enfoques disciplinarios, el establecimiento de diversas redes profesionales que pueden llegar a consolidarse en comunidades epistémicas, la permeabilidad hacia dinámicas colaborativas y la apertura hacia nuevas formas de explorar la gestión del conocimiento. Todos estos ingredientes correlacionan positivamente con la institucionalidad blanda y los hacen especialmente atractivos para poder implantar el modelo de gobernanza robusta.

En este sentido, siempre nos ha llamado la atención sobre los altos empleados públicos de los países de América Latina dos características: por una parte, su espíritu de sacrificio y, por otra parte, su curiosidad intelectual. Y nos han sorprendido estas dos actitudes ya que no son usuales encontrarlas con tanta intensidad y fervor en los países más avanzados en que los que la mayoría de los empleados públicos cualificados suelen estar acomodados en una zona de confort con relación a su capacitación permanente formal e informal. Los profesionales públicos de América Latina poseen una dinámica positiva de lucha por avanzar y para mejorar profesionalmente y para aportar mayor fortaleza y calidad a sus instituciones. En este empeño no escatiman esfuerzos. Los empleados públicos de América Latina consideran su capacitación como saldo positivo en su salario emocional y, en cambio, en otras latitudes lo consideran como saldo negativo o, en el mejor de los casos, un saldo neutro en su salario emocional.

Otra especificidad de buena parte de los empleados públicos de América Latina es su avidez lectora de textos especializados en forma de libros o artículos científicos. Impartir cursos o conferencias en los países de la región tiene su complejidad ya que solemos encontrarnos con auditorios que dominan la literatura especializada de última generación. No resulta extraño que nos hagan preguntas, reflexiones y presenten referencias bibliográficas que desconocemos por completo o que cuando presentamos alguna novedad teórica una parte significativa del auditorio ya la conoce. Cuando alguien de América Latina dice que nos ha leído suele hacer referencia a libros (a pesar de ser difíciles de conseguir en la región) o a artículos científicos. Cuando en España alguien también nos comenta que nos ha leído hay un elevadísimo porcentaje que haga referencia a sencillas entradas divulgativas publicadas en blogs.

El necesario dominio de los templarios en el sistema público

Una gobernanza robusta es la que se asienta sobre unas sólidas bases teóricas y conceptuales y que es, además, capaz de implantarlas en la práctica. El pensamiento teórico sin contraste con la realidad administrativa suele extraviarse en formulaciones maximalistas que solo son útiles para activar discusiones estrictamente académicas cada vez más descontextualizadas del mundo real, práctico y posibilista. Por otra parte, atesorar conocimiento práctico en materia de gestión para impulsar nuevos proyectos, experiencias o buenas prácticas suele tener un recorrido limitado si se carece de capacidad y fortaleza conceptual. En este sentido, el peor de los escenarios es poseer unos monjes teóricos intramuros de los conventos académicos que solo interaccionan en el marco de sus redes monacales sin ningún contacto con la realidad administrativa extramuros de las universidades o de los centros de investigación. Y, por otra parte, contar con un ejército de guerreros *practitioners* inmersos en el fragor de la batalla de la gestión pública pero huérfanos de referentes teóricos y conceptuales cuando deciden experimentar con nuevos modelos de gestión. Es decir, consideramos que es imprescindible que existan múltiples vasos comunicantes entre los monjes (académicos) y los guerreros (gestores) que faciliten una retroalimentación positiva. La renovación sólida de las instituciones y de la gestión pública reclama una intensa presencia de templarios (monjes-guerreros) en que los teóricos son capaces de atender y analizar el mundo real y en el que los gestores dominen los marcos conceptuales básicos y los de última generación.

En los países avanzados este trasvase de conocimiento e información entre académicos y profesionales de la gestión pública suele ser excepcional debido a diversas dinámicas perversas. El mundo académico es cada vez más exigente con sus profesores e investigadores en producir artículos científicos en los primeros cuartiles de prestigiosas revistas académicas que suelen tener una naturaleza radicalmente teórica o muy alejada de nuestra realidad y práctica administrativa. Este tipo de revistas suelen encauzar su producción en debates cada vez más doctrinarios e hiper especializados totalmente descontextualizados de la realidad administrativa doméstica. Suelen centrarse en discusiones que solo emocionan al mundo académico y, además, dominados por una visión anglosajona de la realidad administrativa. Un gestor público suele rechazar, de manera sensata, invertir su tiempo en este tipo de literatura que ni entiende por su complejidad ni le interesa ya que está totalmente alejada de sus preocupaciones. Los monjes solo se comunican con los monjes y los guerreros solo con los guerreros. En este contexto los templarios son excepcionales.

Afortunadamente este no es el caso de los países de América Latina en los que sobresale una comunicación intensa entre la dimensión académica y la comunidad de gestores públicos. Es cierto que este capítulo, en muchas ocasiones, hace de la necesidad virtud y en esta dimensión de análisis esto es una evidencia. En términos generales las universidades de América Latina suelen ser bastante precarias debido a que su profesorado está mal retribuido y no pueden aspirar en poseer suficiente tiempo de calidad para publicar en las principales revistas internacionales. Es obvio que en este frágil paisaje académico hay numerosas excepciones (Universidad de Los Andes en Colombia, Universidad del Pacífico en Perú, Torcuato di Tela en Argentina, Getulio Vargas en Brasil, CIDE y El Colegio de México en México, etc.) pero la gran mayoría de universidades públicas y privadas suelen poseer el patrón de una precariedad profesional del profesorado y de una supuesta mediocridad investigadora. Paradójicamente este sombrío paisaje académico suele lograr resultados virtuosos para la mejora de la gestión pública. Por este motivo de precariedad laboral la mayoría del profesorado tiene que ejercer, por obligación crematística, de templario ya que difícilmente puede dedicarse a tiempo completo a la actividad estrictamente académica. Es usual en los países de la región que los profesores universitarios compaginen su actividad docente e investigadora con la consultoría o con trabajo a tiempo parcial en las administraciones públicas. También es habitual que una parte del profesorado a lo largo de su trayectoria profesional compagine momentos en que predomina su dedicación a la gestión pública práctica con otros momentos en los que se dedica al mundo académico. En este sentido los vasos comunicantes entre la dimensión académica y la dimensión institucional son amplios y fluidos. Esta dinámica tiene un positivo impacto en la realidad administrativa ya que los gestores suelen tener el acompañamiento de marcos teóricos y conceptuales y el mundo académico está mucho más interesado en centrarse en la realidad administrativa nacional que en enredarse en estériles debates académicos que solo interesan a un colectivo elitista e internacional totalmente alejado de la realidad administrativa.

Siempre hemos envidiado la comunicación intensa que hay en los países de América Latina entre académicos y *practitioners* ya que posee la capacidad de generar unos debates interesantes y de rabiosa actualidad que tienen siempre como frontispicio los problemas reales de la Administración. Un buen ejemplo de ello es el Congreso Argentino de Administración Pública coauspiciado por una asociación de empleados públicos de élite (Asociación de Administradores Gubernamentales) y una asociación de académicos vinculados a la gestión pública (Asociación Argentina de Estudios de Administración Pública). Se trata de un congreso que es un punto de encuentro entre gestores profesionales (acuden todo tipo de especialistas en gestión pública y no solo los pertenecientes al Cuerpo de Administradores Gubernamentales de carácter nacional) y académicos especializados en Administración pública generándose unos debates teórico-prácticos que logran sinergias netamente templarias. Hemos tenido la oportunidad de participar en varias ocasiones en este congreso que en algunas ediciones han convocado la increíble cifra de más de tres mil congresistas (es el congreso en gestión pública más importante del mundo a nivel cuantitativo). Ponemos este llamativo ejemplo siendo conscientes que no es una peculiaridad argentina sino una práctica muy extendida en los países de la región. Otro ejemplo, a nivel internacional, es el Congreso del CLAD que este año va a celebrar su edición número 29. Un congreso que congrega a entre dos y tres mil participantes cada año con una composición mestiza de altos gestores profesionales, cargos políticos y académicos procedentes de todo el espacio Iberoamericano. En este sentido el CLAD se ha convertido en una institución internacional netamente templaria tanto en su organigrama directivo, como en sus congresos, jornadas, cursos, elaboración de cartas Iberoamericanas de carácter normativo e innovador e incluso en los artículos de su prestigiosa revista científica *Reforma y Democracia*. Esta institución, durante los últimos años se ha dedicado a promover debates y elaborar análisis sobre la innovación en la gestión pública, sobre la implantación de la inteligencia artificial en la Administración pública de los países de la región e incluso un curso y unas publicaciones sobre el objeto novedoso de este libro: los fundamentos de la gobernanza robusta.

El resultado de todo ello es que América Latina posee una enorme capacidad de reflexión teórica sobre sus problemas administrativos domésticos que se traduce en constantes dinámicas de innovación y de buenas prácticas que enriquecen el panorama administrativo. Adoptando una mirada internacional tenemos la impresión que en este importante aspecto América Latina es el líder mundial. En España intentamos mimetizar estas sanas prácticas de diálogo entre la teoría y la práctica en la gestión pública mediante congresos como el de la GIGAPP (impulsado por jóvenes doctores curiosamente procedentes de América Latina) o el de Novagob. Puntos de encuentro que siempre han aspirado a que académicos y *practitioners* compartieran un mismo espacio. Pero solo lo han logrado de manera parcial ya que la gran mayoría de participantes son gestores públicos y solo acude una minoría de académicos que suelen ser siempre los mismos (los pocos que hay en el país con alma de templarios). Afortunadamente esta no es la situación de los países de América Latina en que los que la comunicación entre universidades e instituciones es muy intensa incluso en el caso de los centros de élite que antes hemos mencionado, seguramente gracias a inercias de carácter estructural y cultural.

En conclusión, la bóveda templaria que implica una dialéctica constante entre la dimensión teórica y conceptual (el mundo de las ideas) con la dimensión real y práctica (el mundo de la gestión) es un ingrediente muy potente vinculado a la institucionalidad blanda que puede generar también externalidades positivas a la institucionalidad dura. La combinación de pensamiento y acción en ambos sentidos pertenece a la institucionalidad blanda que intenta también fomentar y mejorar elementos vinculados la institucionalidad dura. La combinación entre teoría y práctica facilita la armonización del ámbito institucional "que sabe" con el ámbito institucional "que aprende" (Brugué, 2022) y este proceso de aprendizaje facilita la revisión y mejora de lo que se sabe. Además, la reflexión teórico práctica hace añicos la atávica expresión "esto siempre se ha hecho así", sentencia muy usual en las organizaciones públicas. Superar las concepciones conservadoras e inmovilistas vinculadas a esta frase es uno de los elementos esenciales de la gobernanza robusta.

Una Administración libre de capturas

Las administraciones públicas de los países avanzados y maduros poseen una elevada fortaleza institucional que las hace impermeables a las dinámicas de cambio que exige el presente y el futuro caracterizado por un entorno turbulento. Se trata de administraciones públicas muy asentadas y cristalizadas en las que solo es posible leves transformaciones incrementales que suponen una muy precaria o inexistente capacidad de resiliencia institucional y organizativa. La tradicional estabilidad política de estos países no era muy proclive a impulsar cambios profundos o radicales en el tejido administrativo. La nueva política de carácter inestable, que domina en estos países durante la última década, no ha sido útil para impulsar algunas transformaciones sino justo lo contrario: ha paralizado casi por completo la capacidad de cambio de las administraciones públicas. Son, además, administraciones de países asentados en una cultura sindical, corporativa y profesional que bloquea cualquier iniciativa de modernización o de intento de escapar de la zona de confort. Se trata, por tanto, de administraciones públicas totalmente capturadas por unas densas y complejas redes de intereses que las abocan a un inmovilismo casi absoluto. La estabilidad derivada de la fortaleza institucional es un atributo positivo que actualmente, por su excesiva dosis, se ha convertido en un lastre muy difícil de superar. Sin duda aporta seguridad jurídica, asegura, de momento, la prestación de los servicios básicos de carácter estructural con eficacia y eficiencia, pero presenta serias dificultades para absorber los nuevos problemas y complejidades de carácter socioeconómico y para incorporar de manera fluida las novedades tecnológicas. En la dicotomía de la gobernanza robusta que se articula en una combinación virtuosa entre estabilidad y cambio estas administraciones públicas aseguran la estabilidad, pero poseen una enorme dificultad para absorber las exigencias de cambio.

Hace unos años la capacidad de transformación de las administraciones públicas representaba un atributo positivo que permitía la mejora de la calidad administrativa mediante dinámicas de innovación. Significaba un relevante plus añadido. La diferencia de antes con el momento actual es que la capacidad de cambio es ahora una condición imprescindible para no caer en dinámicas de decadencia administrativa. Utilicemos la metáfora de una escalera mecánica: antes los países más sólidos a nivel institucional y en la prestación de unos buenos servicios públicos siempre estaban en una posición adelantada en la escalera de la calidad administrativa. Pero ahora una buena posición en la escalera ya no otorga ninguna certeza ya que es una escalera mecánica orientada hacia abajo: estar parado implica descender en la calidad de la institucionalidad y de las políticas y los servicios públicos.

La situación de las administraciones públicas de América Latina es radicalmente distinta ya que en este binomio que exige estabilidad y cambio muestra precariedad en materia de estabilidad y mayor capacidad para absorber la exigencia de introducir dinámicas de cambio. En todo caso es cierto que es difícil analizar en un mismo bloque a todos los países de América Latina ya que su realidad institucional es muy diversa. Hay países que poseen una notable estabilidad institucional especialmente a nivel nacional (Chile, Brasil, Uruguay, Costa Rica y Argentina) aunque puede considerarse que se trata de una estabilidad suficientemente flexible para poder absorber las nuevas dinámicas de cambio. Hay otros países con una estabilidad intermedia (Colombia, Perú, Ecuador, México y a cierta distancia Paraguay, Bolivia, Panamá o República Dominicana) en los que hay que trabajar más por lograr mayor estabilidad, en forma de institucionalidad dura, e impulsar en paralelo potentes dinámicas de cambio. Hay otros países muy precarios a nivel institucional que probablemente no estén en condiciones de incorporar en el presente los postulados de la gobernanza robusta ya que tienen enormes deficiencias institucionales en la implantación de una mera burocracia y mucho menos de tener la capacidad de atesorar unos mínimos niveles de institucionalidad dura (Guatemala, El Salvador y Honduras). Dejamos de lado los países que políticamente se escapan del cuadro general como son Venezuela (con cierta institucionalidad), Nicaragua (con una muy precaria institucionalidad) y Cuba (con una institucionalidad de carácter muy particular).

Otro elemento a tener en cuenta en relación al entorno turbulento es que es una novedad en los países avanzados después de varias décadas de estabilidad política, económica (dentro de su lógica pendular de periodos de crisis y de bonanza) y de desarrollo incremental del Estado de bienestar. Ahora la primicia es que no está claro que las instituciones de estos países tengan la suficiente capacidad de resiliencia dinámica ante una gran inestabilidad política con tendencias demagógicas y una crisis del modelo capitalista que alumbra situaciones de riesgo social inéditas hasta el momento. Se podría afirmar que la política de los países desarrollados se está peruanizando (crisis y debilidad de los partidos políticos y diversos sobresaltos demagógicos) y que sus economías se están argentinizando (recurrentes crisis económicas con muy intensos impactos sociales). La mayoría de países de América Latina poseen, con diferente intensidad, estas características peruanas y argentinas. Llama la atención, en este sentido, la evidencia empírica que la capacidad de resiliencia de las instituciones y sociedades peruanas y argentinas es sobresaliente y una potencial fuente de aprendizaje para los países desarrollados y maduros.

Para finalizar comentar que la institucionalidad dura abraza muchos ingredientes positivos y esenciales, pero si es muy intensa le sucede lo mismo que al modelo burocrático y genera un espacio denso de capturas y rigideces que bloquean totalmente las exigencias de transformación y cambio. En contraposición la institucionalidad blanda suele ser un espacio más libre de capturas. La institucionalidad en un sentido agregado es como el colesterol qua aglutina el colesterol bueno, imprescindible para la supervivencia, y el colesterol malo que genera diversas graves patologías. El aporte principal de la institucionalidad blanda es que reduce considerablemente el colesterol pernicioso que suele generar por inercia la institucionalidad dura.

Organismos de referencia en innovación pública

Otra característica que nos ha llamado poderosamente la atención de la realidad institucional de los países de América Latina es que posee múltiples organismos públicos que se han convertido en referencias para las distintas comunidades epistémicas de empleados públicos. Se trata de instituciones que ejercen de motores para generar redes colaborativas entre empleados públicos de diversos sectores y niveles de administración y que tienen capacidad para elaborar un marco y un discurso conceptual y práctico que es asumido por una parte importante de los empleados públicos. Por ejemplo, en los países de América Latina es usual que existan institutos o escuelas de Administración pública insertadas en su tejido institucional. Se trata de centros de formación y de *think tanks in house* emulando la experiencia española del Instituto Nacional de Administración Pública (INAP) de la Administración General del Estado que, a su vez, se inspiró en la prestigiosa y ahora algo anticuada École Nationale d'Administration (ENA) francesa. Hay dos de estos organismos en los países de la región que nos resultan sumamente interesantes. Uno de ellos es el INAP argentino que posee una capacidad de convocatoria y un seguimiento muy notable por parte de los empleados públicos argentinos. Con independencia del lugar que visitemos de Argentina (Gobierno de la Nación, Provincias o Municipalidades) la mayoría de sus empleados hacen referencia a jornadas o a publicaciones del INAP argentino. En este sentido es un referente indiscutible. Actualmente, por ejemplo, es un organismo emisor de discurso conceptual y practico en materia de innovación pública, de Administración digital y también de inteligencia artificial aplicada a la Administración pública. Otro caso sobresaliente es la Escuela Superior de Administración Pública (ESAP) de Colombia que no solo es un centro de formación y actualización profesional de los empleados públicos del país, sino que además es un centro universitario (posee títulos universitarios de grado y postgrado) y un organismo con una intensa actividad investigadora orientada a la realidad administrativa del país. Además, es un organismo que está descentralizado y muy implantado territorialmente ya que posee sedes en los 32 departamentos administrativos del amplio y diverso territorio colombiano. Posee una plantilla de miles de profesores, investigadores y personal de apoyo configurando la escuela de Administración pública más grande del mundo exceptuando la Escuela de China. La ESAP es un referente indiscutible en Colombia. Ponemos estos dos ejemplos con la certeza que no son una excepción en los países de la región sino algo usual: el INAP dominicano, la Escola Nacional de Administração Pública (ENAP) de Brasil, la ENAP en Perú, etc. Pero además en la región hay relevantes organismos que hacen la misma labor en ámbitos especializados como, por ejemplo, las Escuelas Nacionales de Control de Perú y Chile en el ámbito de las Controlarías Generales.

Estos organismos se caracterizan por ser sólidos institucionalmente, con una orientación claramente innovadora y vinculada a la transformación y, además, legitimados profesional y socialmente por lo que representan una combinación virtuosa de institucionalidad dura con institucionalidad blanda.

Reiterando la adaptabilidad a las turbulencias políticas y económicas de los países de América Latina

Aunque ya se ha hecho referencia con anterioridad consideramos que hay que poner en valor que las administraciones públicas de América Latina llevan varias décadas conviviendo con entornos turbulentos tanto a nivel político como económico. Perú, durante los últimos años, es el paradigma extremo de inestabilidad política derivada de una crisis estructural de su débil sistema de partidos políticos. Esta inestabilidad es una regla en los países de la región en el que incluso se han incorporado los países tradicionalmente más estables (Chile y Colombia pasando por El Salvador, etc.). A nivel económico el país más inestable es Argentina, pero el resto de países del ámbito latinoamericano tampoco disfrutan de una gran estabilidad económica. No deja de ser sorprendente, a nivel internacional, que países con graves crisis políticas y económicas posean una relevante capacidad de resiliencia pasiva (y parcialmente activa o dinámica) en su entramado institucional y en su cuerpo social. Instituciones y sociedades que son capaces de resistir y de adaptarse a estos contextos de crisis de carácter turbulento. Se podría decir que estos países han ido generando de manera silenciosa e incremental sutiles mecanismos de aprendizaje institucional y social para poder resistir y adaptarse a estos complejos embates que generan un entorno turbulento.

Es esencial esta reflexión en un momento en que los países maduros y desarrollados están experimentando recientemente unas sobrevenidas crisis políticas y económicas totalmente distintas a las anteriores. Los países desarrollados, como se ha dicho antes, se están "peruanizando" a nivel político y "argentinizando" en la dimensión económica. El problema es que pueden registrar mayores dificultades para afrontar estos nuevos retos debido al tipo de institucionalidad predominante. Las instituciones se bloquean, las administraciones públicas se deterioran y actúan de manera errática y las sociedades entran en dinámicas de crisis de carácter autodestructivo. Ambas lógicas van degenerando y alimentando una mayor intensidad de la crisis política y económica generando un bucle perverso del que es muy difícil salir. Por tanto, habría que analizar y aprender de las dinámicas resilientes institucionales, administrativas y sociales de los países de América Latina e incorporarlas en los países maduros y más avanzados institucionalmente.

CONCLUSIONES Y PROPUESTAS PARA RENOVAR LAS ADMINISTRACIONES PÚBLICAS DE AMÉRICA LATINA

La aportación de este capítulo es tratar de relacionar el nuevo modelo de gobernanza robusta con la fortaleza institucional. Para ello hemos aflorado una nueva visión de institucionalidad que se vertebra mediante la institucionalidad dura (ampliamente analizada por la literatura) y la institucionalidad blanda (que es mucho más compleja de definir e identificar). El modelo de gobernanza combina la estabilidad (organizaciones que saben) y el cambio (organizaciones que aprenden). La institucionalidad dura fomenta la estabilidad y la institucionalidad blanda contribuye al cambio. Una combinación equilibrada entre estos dos tipos de institucionalidad es lo que va a facilitar la implantación del modelo de gobernanza robusta.

Los países desarrollados que atesoran administraciones maduras poseen un exceso de institucionalidad dura que ha ido en detrimento del surgimiento de una adecuada institucionalidad blanda. Estos países deberían trabajar en potenciar y fomentar la institucionalidad blanda para reequilibrar su sistema y lograr mayor armonía institucional. Muchas administraciones de estos países ya están desplegando esta estrategia de manera intuitiva apostando por nuevos mecanismos de trabajo colaborativo para lograr inteligencia colectiva, esquemas organizativos del tipo gestión de proyectos que fomenten lógicas multidisciplinares de carácter temporal y contingente, desplegando nuevas estrategias de formación y de motivación del personal, etc. En casos excepcionales algunos países están aligerando la densidad de la institucionalidad dura para poder ser más flexibles y permeables al cambio (por ejemplo, los países del norte de Europa). Este no sería el caso de países con una institucionalidad en un nivel intermedio (como es la situación de España y las administraciones de la Europa mediterránea) que no deberían relajar o suavizar sus dimensiones de institucionalidad dura.

Este trabajo también ha expuesto la exuberancia de buena parte de las administraciones de los países de América Latina en la presencia de institucionalidad blanda mediante ingredientes que hasta ahora habían pasado inadvertidos y que, por tanto, eran escasamente valorados a nivel formal y material. Se trata de dinámicas usuales en el tejido institucional de América Latina, pero inexistentes o residuales en las instituciones de los países más avanzados administrativamente. En la estrategia bifronte de la gobernanza robusta entre estabilidad y cambio consideramos que las administraciones iberoamericanas pueden ser muy competitivas en sus dinámicas de cambio, pero en contraste, débiles en sus anclajes de estabilidad. Por tanto, de cara al futuro habría que implantar estas tres macro estrategias:

– Mantener y renovar los ingredientes aquí relatados que fomentan la institucionalidad blanda ya que es un valioso ingrediente que hay que retener y cuidar con esmero.
– Impulsar estrategias para lograr una dosis mínima de presencia de institucionalidad dura que aporte estabilidad al sistema.
– Fomentar la institucionalidad dura de manera estratégica y calculada para evitar que esta presión coarte o ahogue a la institucionalidad blanda y, por tanto, las capacidades de flexibilidad y de contingencia. Recordemos que la buena ins-

titucionalidad que puede facilitar la implantación de la gobernanza robusta se logra con una combinación compleja y virtuosa de ingredientes en lo que denominamos coctelería institucional.

Las estrategias para alcanzar una mayor presencia de institucionalidad dura en las administraciones públicas de América Latina serían las siguientes:

La primera estrategia consistiría en detectar los ámbitos administrativos que proveen de seguridad jurídica al entorno socioeconómico y que deben operar de manera neutral mediante mecanismos estandarizados (por ejemplo, la otorgación de permisos y licencias y los diversos sistemas de control y disciplina de carácter socioeconómico). La literatura ha estado debatiendo sobre la necesidad o no de burocratizar las administraciones latinoamericanas. Los clásicos lo defendían y los gerencialistas lo rechazaban por su aversión a cualquier impulso burocrático que era percibido como obsoleto y un modelo perverso. Consideramos que la discusión se zanja ante dos novedades recientes: el impacto potencialmente positivo de la inteligencia artificial y la automatización de los procesos burocráticos y, por otra parte, el modelo de gobernanza robusta que posee un carácter integrador libre de filias y fobias conceptuales y que no rechaza los ingredientes de carácter burocrático. Pero esta estrategia no consistiría en burocratizar una parte de la Administración, sino que residiría en impulsar una renovación conceptual por la vía tecnológica introduciendo sistemas decisionales administrativos mediante algoritmos y automatización de procesos que podría facilitar a posteriori la presencia burocrática sin burócratas y libre de las externalidades negativas asociadas a este modelo.

La segunda estrategia consistiría en potenciar la profesionalización del empleo público mediante sistemas meritocráticos de acceso a la función pública y de canalización de la carrera administrativa hasta llegar a definir y regular la Dirección Pública Profesional. La profesionalización sin el ingrediente de la meritocracia es una quimera y es una puerta abierta a la desinstitucionalización de carácter más esencial (vinculada a la institucionalidad dura), a la mediocridad, a la arbitrariedad, al clientelismo, al nepotismo y, además, un motor acelerador de la corrupción. Por tanto, hay que introducir, de una vez por todas, una meritocracia radical en los sistemas de gestión de personal de las administraciones públicas de América Latina. Una meritocracia radical no tiene que significar en absoluto una meritocracia anticuada, sino que debería ser moderna basada más en competencias que en conocimientos que rápidamente manifiestan su obsolescencia. Por lo tanto, un nuevo modelo de función pública muy riguroso en los procesos de selección, ordenado en ámbitos funcionales que definen las competencias de acceso y las necesarias para desplegar la carrera profesional de carácter horizontal y complementado con una sólida evaluación del desempeño. Un modelo básico de organización del empleo público con los ingredientes necesarios de institucionalidad dura, pero sin caer en los habituales excesos reguladores propios de la gestión de personal que podrían ahogar las dinámicas vinculadas a la institucionalidad blanda.

La tercera estrategia consistiría en fomentar de manera real y material unos sistemas públicos realmente transparentes, con rendición de cuentas y con capacidad para evaluar las políticas públicas. No insistiremos en estas exigencias ya que han sido ampliamente debatidas por la literatura. Es obvio que son requerimientos complejos si se desean implantar seriamente más allá de florituras formales que no aportan un gran valor añadido.

La cuarta estrategia residiría en potenciar las administraciones públicas como organizaciones en las que su meta función consiste en gestionar información. La gestión de la información, tal y como se ha insistido reiteradamente en este libro, va a ser la actividad esencial para la toma de decisiones políticas y administrativas y la mejora de la gestión pública. La gestión de la información como paso ineludible para lograr instituciones públicas inteligentes. La gestión de la información reclama una institucionalidad dura orientada a incrementar las capacidades institucionales para la gobernanza de datos (tanto el *little* como el *big data*), la necesaria presencia de especialistas en gestión de la información que representan un perfil distinto al de los gestores o al de los informáticos o tecnólogos. Pero la gestión de la información también requiere de la institucionalidad blanda: competencias multidisciplinares para el análisis de las organizaciones y de sus actividades y para que pueda ser traducida en programas de acción (nuevas políticas y servicios, reenfoque de políticas y servicios maduros gracias a su evaluación, etc.). También es necesaria una Administración abierta y porosa al conocimiento extramuros que atraiga al talento externo tanto de la academia como de los actores más sólidos de la sociedad civil.

BIBLIOGRAFÍA

Achdiat, Isnaeni; Mulyani, Sri; Azis, Yudi; and Sukmadilaga, Citra (2023): "Roles of organizational learning culture in promoting innovation", *The Learning Organization*, 30(1): 76-92. DOI: 10.1108/TLO-01-2021-0013.

Adeoye, Olumide; and Ran, Bing (2023): "Government transparency: paradoxes and dilemmas", *Public Management Review*, 1-24. DOI: 10.1080/14719037.2023.2181981.

Addison, Helen J. (2009): "Is Administrative Capacity a Useful Concept? Review of the Application, Meaning and Observation of Administrative Capacity in Political Science Literature", London, UK: Department of Government, LSE. http://personal.lse.ac.uk/addisonh/Papers/AC_Concept.pdf.

Agranoff, Robert (2014): "Reconstructing bureaucracy for service", in Keast, Robyn; Mandell, Myrna P.; and Agranoff, Robert. (Eds.): *Network theory in the public sector.* Abingdon: Routledge, pp. 41-69.

Aguilar, Luis Fernando (2020): *Gestión del Conocimiento y Gobierno Contemporáneo*, Amazon libros.

Aguilar, Luis Fernando (2015): *Gobernanza y gestión pública.* México: Fondo de cultura Económica.

Aguilar, Luis Fernando (2014): "La nueva gobernanza pública". *Cátedra Magistral La Gobernanza de los Asuntos Públicos. Centro de Gobernanza Pública y Corporativa. Universidad del Turabo* 24.

Aguilar, Luis Fernando (2013): "Las tareas de la gobernanza" en Villoria, Manuel (coord.); Aguilar, Luis F.; Iacoviello, Mercedes; Pulido, Noemí; Estévez, Francisco J.; Thill, Eduardo; y Tenorío, Luís (2013): *La transformación del Estado para el desarrollo en Iberoamérica. Aportes para la discusión.* Caracas: CLAD.

Aguilar, Luis Fernando (2007): "El aporte de la política pública y de la nueva gestión pública a la gobernanza", *Revista del CLAD Reforma y Democracia*, 39: 5-32.

Aldrich, Daniel P. (2012): *Building Resilience: Social Capital in Post-Disaster Recovery.* Chicago, IL: University of Chicago Press.

Alsina, Victoria (2017): *A Study on Public-Private Collaboration: Motivations and Consequences, Measuring Success with Key Dimensions* (tesis doctoral disponible en https://repositori.upf.edu/handle/10230/33704).

Alsina, Victoria; y González, Eduardo (2019): "La colaboración público-privada como vector de innovación: casos de éxito en España", *Revista*

Vasca de Gestión de Personas y Organizaciones Públicas, Núm. especial 3/201: 122-139.

Altamimi, Hala; Liu, Qiaozhen; and Jimenez, Benedict (2023): "Not too much, not too little: Centralization, decentralization, and organizational change", *Journal of Public Administration Research and Theory,* 33 (1): 170-185. DOI: 10.1093/jopart/muac016.

Amezaga, Asier; Balboa, Txelu; Gallastegui, Asier; y Sainz, Arantxa (2022): "Bherria: el espacio de referencia para la colaboración público-social en Euskadi", en *Zerbitzuan: Gizarte zerbitzuetarako aldizkaria= Revista de servicios sociales,* 76: 109-118.

Anand, Amitabh; and Brix, Jacob (2022): "The learning organization and organizational learning in the public sector: a review and research agenda", *The Learning Organization* 29(2): 129-156. DOI: 10.1108/TLO-05-2021-0061.

Ansell, Christopher; Sørensen, Eva; and Torfing, Jacob (2022): "Public administration and politics meet turbulence: The search for robust governance responses", *Public Administration,* 1-20. DOI: 10.1111/padm.12874.

Ansell, Christopher, and Torfing, Jacob (eds) (2022): *Handbook on theories of governance.* London: Edward Elgar Publishing.

Ansell, Christopher; Sørensen, Eva; and Torfing, Jacob (2021): "The COVID-19 pandemic as a game changer for public administration and leadership? The need for robust governance responses to turbulent problems", *Public Management Review,* 23(7), 949-960. DOI: 10.1080/14719037.2020.1820272.

Ansell, Christopher, y Trondal, Jarle (2018): "Governing turbulence: an organizational-institutional agenda", *Perspectives on Public Management and Governance,* 1(1), 43-57. DOI: 10.1093/ppmgov/gvx013.

Ansell, Christopher, Boin, Arjen, y Farjoun, Moshe (2015): "Dynamic conservatism: how institutions change to remain the same", en Kraatz, M.S.(Ed.): *Institutions and ideals: Philip Selznick's legacy for organizational studies.* Emerald: Bingley, pp. 89-119.

Aoki, Naomi; Tay, Melvin; and Rawat, Stuti (2023): "Whole-of-government and joined-up government: A systematic literature review", *Public Administration,* 1-20. DOI: 10.1111/padm.12949.

Ares Castro-Conde, Cristina (2022): "Capacidad administrativa e implementación de la política de cohesión de la UE", *Gestión y Análisis de Políticas Públicas,* 29: 52-71. DOI: 10.24965/gapp.11061.

Baiges, Carles (2016): "El Pla Buits de Barcelona", *Ciudad y Territorio. Estudios Territoriales,* 48 (188): 307-312

Barrera-Corominas, Aleix (2018): *Comunidades de práctica en la administración pública: transferencia de aprendizajes informales.* Madrid: INAP.

Barzelay, Michael (2001): *New Public Management: Improving Research and Policy Dialogue.* Ewing, NJ: University of California Press.

Bauhr, Monika; and Grimes, Marcia (2014): “Indignation or resignation: The implications of transparency for societal accountability”, *Governance* 27.2: 291-320. DOI: 10.1111/gove.12033.

Begg, C., Caira, T. (2012): “Exploring the SME Quandary: Data Governance in Practise in the Small to Medium-Sized Enterprise Sector”, *Electronic Journal of Information Systems Evaluation,* 15: 3-13. https://academic-publishing.org/index.php/ejise/article/view/237/200.

Benfeldt, Olivia; Persson, John; Madsen, Sabine (2019): “Why Governing Data Is Difficult: Findings from Danish Local Government”, document presentado en IFIP WG 8.6 International Conference on Transfer and Diffusion of IT, TDIT 2018, Portsmouth, UK.

Bentzen, Tina Ollgaard (2022): “The tripod of trust: a multilevel approach to trust-based leadership in public organizations”, *Public Management Review.* DOI: 10.1080/14719037.2022.2132279.

Bentzen, Tina Ollgaard; and Torfing, Jacob (2022): “COVID-19-induced governance transformation: How external shocks may spur cross-organizational collaboration and trust-based management”, *Public Administration.* DOI: 10.1111/padm.12881.

Blaique, Lama; Ismail, Hussein Nabil; and Aldabbas, Hazem (2023): “Organizational learning, resilience and psychological empowerment as antecedents of work engagement during COVID-19”, *International Journal of Productivity and Performance Management,* 72 (6): 1584-1607. DOI: 10.1108/IJPPM-04-2021-019.

Boin, Arjen, and van Eeten, Michel J. G. (2013): “The Resilient Organization”, *Public Management Review,* 15 (3), 429-445. DOI: 10.1080/14719037.2013.769856.

Boix Palop, Andrés y Gimeno Fernández, Clàudia (2020): *La mejora de la calidad normativa. Estudio comparado de procedimientos para la elaboración de normas e instrumentos para la mejora y evaluación de su calidad.* Valencia, Publicaciones de la Universidad de Valencia.

Bolden, Richard (2011): “Distributed leadership in organizations”. *International Journal of Management Reviews,* 13(3): 251-269. DOI: 10.1111/j.1468-2370.2011.00306.x.

Boswell, John; Dean, Rikki; and Smith, Graham (2022): “Integrating Citizen Deliberation into Climate Governance: Lessons on Robust Design from Six Climate Assemblies”, *Public Administration,* 1-19, DOI: 10.1111/padm.12883.

Borras Susana and Edler, Jakob (2020): "The roles of the state in the governance of socio-technical systems' trans¬formation", *Research Policy*, 49 (5). DOI: 10.1016/j.respol.2020.103971.

Bouckaert, Geert y Christopher, Pollitt (2004): *Public Management Reform: a Comparative Analysis.* Oxford: Oxford University Press.

Brinkman, Geert; van Buuren, Arwin; Voorberg, William; and Van der BijlBrouwer, Mieke (2023): "Making way for design thinking in the public sector: a taxonomy of strategies", *Policy Design and Practice.* DOI: 10.1080/25741292.2023.2199958

Brown, Tim and Wyatt, Jocelyn (2010): "Design thinking for social innovation", *Development Outreach,* 12(1): 29-43.

Brugué, Quim (2022): *Organizaciones que saben, organizaciones que aprenden.* Madrid: Instituto Nacional de Administración Pública.

Brugué, Quim, Ramón Canal, and Palmira Paya (2015): "¿Inteligencia administrativa para abordar 'problemas malditos'? El caso de las comisiones interdepartamentales", *Gestión y Política Pública,* 24 (1): 85-130.

Bryson, John M.; Edwards, Lauren Hamilton; and Van Slyke, David M. (2018): "Getting strategic about strategic planning research", *Public Management Review,* 20 (3), pp. 317-339. DOI: 10.1080/14719037.2017.1285111

Busquets, Silvia; Masachs, Mar; y Pascual, Laura (2018): "La gestión de los recursos humanos en los ayuntamientos de la provincia de Barcelona: análisis de los principales retos y oportunidades", *Revista Vasca de Gestión de Personas y Organizaciones Públicas,* 15: 58-79.

Butler, Michael J. R., and Ferlie, Ewan (2020): "Developing absorptive capacity theory for public service organizations: Emerging UK empirical evidence", *British Journal of Management,* 31 (2): 344-364. DOI: 10.1111/1467-8551.12342.

Canals Ametller, Dolors (2019): "Transparencia y nuevos cauces de participación de la sociedad civil en el proceso normativo", *Información Comercial Española,* 907: 93-104. DOI: 10.32796/ice.2019.907.6787.

Capano, Giliberto and Toth, Federico (2022): "Thinking outside the box, improvisation, and fast learning: Designing policy robustness to deal with what cannot be foreseen", *Public Administration,* pp. 1-16. DOI: 10.1111/padm.12861.

Capano, Giliberto and Woo, Jun Jie (2018): "Designing policy robustness: outputs and processes", *Policy and Society,* 37:4, 422-440, DOI: 10.1080/14494035.2018.1504494.

Capano, Giliberto and Woo, Jun Jie (2017): "Resilience and robustness in policy design: a critical appraisal", *Policy Sciences* 50, 399-426. DOI: 10.1007/s11077-016-9273-x.

Capano, Gilberto; Howlett, Michael; and Ramesh, Michael (2015): "Bringing governments back in: Governance and governing in comparative policy analysis". *Journal of Comparative Policy Analysis*, 17(4): 311-321. DOI: 10.1080/13876988.2015.1031977.

Carbajales, Mariano (2022): "Los contratos de asociación público privada ¿Novedad o huida del derecho administrativo?", *Revista Digital de Derecho Administrativo*, (27). SSRN: https://ssrn.com/abstract=4008361

Carey, Gemma; Buick, Fiona; Pescud, Melanie; and Malbon, Eleanor (2017): "Preventing dysfunction and improving policy advice: the role of intra-departmental boundary spanners", *Australian Journal of Public Administration*, 76(2): 176-186. DOI: 10.1111/1467-8500.12213

Carey, Gemma; McLoughlin, Pauline; and Crammond, Brad (2015): "Implementing joined-up government: lessons from the Australian social inclusion agenda", *Australian Journal of Public Administration*, 74(2): 176-186. DOI: 10.1111/1467-8500.12096

Carstensen, Martin B.; Sørensen, Eva; and Torfing, Jacob (2022): "Why we need bricoleurs to foster robust governance solutions in turbulent times", *Public Administration*: 1-17. DOI: 10.1111/padm.12857.

Chhotray, Vashuda and Stoker, Gerry (2009): *Governance Theory and Practice. A Cross-Disciplinary Approach.* New York: Palgrave Macmillan.

Christensen, Tom; Lægreid, Per; and Rykkja, Lise H. (2016): "Organizing for crisis management: Building Governance Capacity and Legitimacy", *Public Administration Review*, 76(6): 887-897. DOI: /10.1111/puar.12558.

Christensen, Tom; and Lægreid, Per (2008): "The challenge of coordination in central government organizations: The Norwegian case", *Public Organization Review*, 8: 97-116. DOI: 10.1007/s11115-008-0058-3

Christensen, Tom and Lægreid, Per (2007): *Transcending new public management: the transformation of public sector reforms.* Aldershot, UK: Ashgate.

Chandra, Yanto; and Paras, Arnil (2021): "Social Entrepreneurship in the Context of Disaster Recovery: Organizing for Public Value Creation", *Public Management Review*, 23 (12): 1856-1877. DOI: 10.1080/14719037.2020.1775282.

Cicuéndez Santamaría, Ruth (2023): "El apoyo social a las políticas públicas en épocas de crisis: preferencias de gasto público durante la pandemia y la Gran Recesión", *Gestión y Análisis de Políticas Públicas*, 32: 45-67. https://doi.org/10.24965/gapp.11108.

Cingolani, Luciana (2013): "The State of State Capacity: a review of concepts, evidence and measures", UNU-MERIT Working Paper Series on Institutions and Economic Growth.

Christodoulou, Paraskevi; Decker, Stefan; Douka, Aikaterini-Vasiliki; Komopoulou, Charalampia; Peristeras, Vassilios; Sgagia, Sofia; Tsarapatsanis,

Vaios; Vardouniotis, Dimosthenis (2018): "Data Makes the Public Sector Go Round", documento presentado en 17th IFIP International Conference, EGOV 2018, Krems, Austria, 3 al 5 de septiembre.

CLAD (2020), *Carta Iberoamericana de innovación en la gestión pública*, Caracas: CLAD. https://clad.org/wp-content/uploads/2020/10/Carta-Iberoamericana-de-Innovacion-10-2020.pdf

CLAD (2016): *Carta Iberoamericana de Gobierno Abierto*, Caracas, CLAD. https://clad.org/wp-content/uploads/2020/10/Carta-Iberoamericana-de-Gobierno-Abierto-Octubre-2016.pdf

Comisión Europea (2021). Administrative Capacity Building Self-Assessment Instrument for Managing Authorities of EU Funds under Cohesion Policy. https://ec.europa.eu/regional_policy/en/information/publications/guides/2021/administrative-capacity-building-self-assessment-instrument-for-managing-authorities-of-eu-funds-under-cohesion-policy.

Criado, Juan Ignacio (coord.) (2021): *Gobierno abierto, innovación pública y colaboración ciudadana*. Madrid: Instituto Nacional de Administración Pública.

Cristofoli, Daniela; Cucciniello, Maria; Micacchi, Marta; Trivellato, Benedetta; Turrini, Alex; y Valotti, Giovanni (2022): ""One, none, and a hundred thousand" recipes for a robust response to turbulence", *Public Administration*, pp. 1-18, DOI: 10.1111/padm.12870.

Crosby, Barbara C.; Hart, Paul and Torfing, Jacob (2017), "Public Value Creation through Collaborative Innovation", *Public Management Review* 19 (5): 655-669. DOI: 10.1080/14719037.2016.1192165.

Crosby, Barbara C.; and Bryson, John (2010): "Integrative leadership and the creation and maintenance of cross-sector collaborations", *The Leadership Quarterly*, 21(2), 211-230. DOI: 10.1016/j.leaqua.2010.01.003.

Cuadrado-Ballesteros, Beatriz; Ríos, Ana María; and Guillamón, María Dolores (2023): "Transparency in public administrations: a structured literature review", *Journal of Public Budgeting, Accounting and Financial Management*. DOI: 10.1108/JPBAFM-10-2022-0158.

Cucciniello, Maria; Porumbescu Gregory A. and Grimmelikhuijsen, Sthephan G. (2017): "25 Years of Transparency Research: Evidence and Future Directions". *Public Administration Review* 77(1): 32-44. DOI: 10.1111/puar.12685.

Da Cruz, Nuno Ferreira; Tavares, Antonio F., Marques, Rui Cunha; Jorge, Ssusana; and de Sousa, Luis (2016): "Measuring local government transparency". *Public Management Review*, 18(6), 866-893. DOI: 10.1080/14719037.2015.1051572.

Da Ros, Alessandra; Vainieri, Milena; and Bellé, Nicola (2023): "An Overview of Reviews: Organizational Change Management Architecture", *Journal of Change Management,* 23 (2): 113-142. DOI: 10.1080/14697017.2023.2197451.

Dahl, R. A. (1989): *Democracy and its critics.* New Haven: Yale University Press.

De Fine Licht, Jenny; Naurin, Daniel; Esaiasson, Peter; and Gilljam, Mikael (2014): "When Does Transparency Generate Legitimacy? Experimenting on a Context-Bound Relationship". *Governance* 27(1): 111-34. DOI: 10.1111/gove.12021.

DesJardine, Mark; Bansal, Pratima; and Yang, Yang (2019): "Bouncing Back: Building Resilience through Social and Environmental Practices in the Context of the 2008 Global Financial Crisis", *Journal of Management* 45 (4): 1434-1460. DOI:10.1177/0149206317708854.

Drechsler, Wolfgang, and Kattel, Rainer (2020): "Debate: The developed civil servant—providing agility and stability at the same time", *Public Money and Management,* 40 (8): 549-551. DOI: 10.1080/09540962.2020.1729522.

Drucker, Peter (1993): *La sociedad postcapitalista.* Buenos Aires, Editorial Sudamericana.

Duit, Andreas (2016): "Resilience thinking: lessons for public administration", *Public Administration,* 94 (2): 364-380. DOI:10.1111/padm.12182.

Dunleavy, Patrick; and Hood, Christopher (1994): "From old public administration to new public management", *Public Money and Management,* 14 (3): 9-16. DOI: 10.1080/09540969409387823

Elston, Thomas, y Bel, Germà (2022): "Does inter-municipal collaboration improve public service resilience? Evidence from local authorities in England", *Public Management Review,* DOI: 10.1080/14719037.2021.2012377.

Elstub, Stephen; Carrick, Jayne; and Khoban, Zohreh (2021): "Democratic innovation in the Scottish Parliament: An evaluation of committee mini-publics". *Scottish Affairs,* 30 (4): 493-521. DOI: 10.3366/scot.2021.0386.

Embid Tello, Antonio Eduardo (2019): "Calidad normativa y evaluación ex-post de las normas jurídicas", *Revista General de Derecho Administrativo,* 50: 4.

Eppel, Elizabeth; and Lips, Miriam (2016): "Unpacking the black box of successful ICT-enabled service transformation: how to join up the vertical, the horizontal and the technical", *Public Money and Management,* 36(1), 39-46. DOI: 10.1080/09540962.2016.1103417

Escobar, Oliver (2022): "Between radical aspirations and pragmatic challenges: Institutionalizing participatory governance in Scotland", *Critical Policy Studies,* 16(2): 146-161, DOI: 10.1080/19460171.2021.1993290

Escobar, Oliver; and Elstub, Stephen (2017): "Forms of mini-publics: An introduction to deliberative innovations in democratic practice", *Research and Development Note* 4: 1-14.

Esteve, Marc; Tamyko Ysa, Tamyko; and Longo, Francisco (2012): "La generación de innovación a través de la colaboración público-privada". *Revista Española de Cardiología,* 65 (9): 835-842. DOI: 10.1016/j.recesp.2012.04.007.

European Commission (2013): *Action Plan for Resilience in Crisis Prone Countries, 2013-2020.* Brussels: European Commission.

Evans, Peter (2003): "El hibridismo como estrategia administrativa: combinando la capacidad burocrática con las señales del mercado y la democracia delegativa", *Revista del CLAD Reforma y Democracia,* 25: 7-32.

Farrell, David M.; Suiter, Jane; and Harris, Clodagh (2019): "Systematizing'constitutional deliberation: the 2016-18 citizens' assembly in Ireland". *Irish Political Studies,* 34(1): 113-123. DOI: 10.1080/07907184.2018.1534832.

Fernandez, Sergio; and Rainey, Hal Griffin (2006): "Managing successful organizational change in the public sector", *Public Administration Review,* 66(2), 168-176. DOI:10.1111/j.1540-6210.2006.00570.x.

Ferraro, Fabrizio; Etzion, Dror; and Gehman, Joel (2015): "Tackling grand challenges pragmatically: robust action revisited". *Organization Studies,* 36(3), 363-390. DOI: 10.1177/017084061456374.

Ferreira, María; and Botero, Andrea (2020): "Experimental governance? The emergence of public sector innovation labs in Latin America", *Policy Design and Practice,* 3(2): 150-162. DOI: 10.1080/25741292.2020.1759761

Fu, Liping; Sun, Huajun; and Xu, Kaibo (2023): "A systematic review of the public-private partnership literature published between 2012 and 2021", *Journal of Civil Engineering and Management,* 29(3): 238-252. DOI: 10.3846/jcem.2023.17926.

Fukuyama, Francis (2016), *Orden y decadencia política.* Barcelona: Deusto.

Geddes, Barbara (1994): *Politician's Dilemma. Building State Capacity in Latin America.* Berkeley, California: University of California Press.

Gleeson, Deborah; Legge, David; O'Neil, Dirdre; and Pfeffer, Monica (2011): "Negotiating tensions in developing organizational policy capacity: Comparative lessons to be drawn", *Journal of Comparative Policy Analysis: Research and Practice* 13 (3): 237-263. DOI: 10.1080/13876988.2011.565912.

Gofen, Anat, y Lotta, Gabriela (2021): "Street-level bureaucrats at the forefront of pandemic response: a comparative perspective", *Journal of Comparative Policy Analysis,* 23(1), 3-15.

Gomide, Alexandre A.; Pereira, Ana Karine; and Machado, Raphael (2018): "The concept of state apacity and its operationalization in empirical research", *Proceedings of International Workshops on Public Policy,* International Public Policy Association - IPPA.

González Medina, Moneyba y Navarro, Carmen (2022): "Capacidad institucional y contratación pública. Experiencias de aprendizaje organizativo informal en la administración local", *Gestión y Análisis de Políticas Públicas,* 29: 88-102. DOI: 10.24965/gapp.11065.

Gonzalez-Zapata, Felipe; Heeks, Richard (2015) "The multiple meanings of open government data: Understanding different stakeholders and their perspectives", *Government Information Quarterly,* 32(4): 441-452. DOI: 10.1016/j.giq.2015.09.001.

Gorriti, Mikel (2021): "Evolución de los puestos y nuevos perfiles profesionales en la Administración pública del siglo XXI", C. Ramió (Coord.), *Administración digital e innovación pública,* Madrid: INAP.

Grimmelikhuijsen, Stephan; Porumbescu, Gregory; Hong, Boram; and Im, Tobin (2013): "The effect of transparency on trust in government: A cross-national comparative experiment". *Public Administration Review,* 73(4), 575-586. DOI: 10.1111/puar.12047

Grimmelikhuijsen, Stephan G., and Meijer, Albert J. (2014): "Effects of Transparency on the Perceived Trustworthiness of a Government Organization: Evidence from an Online Experiment". *Journal of Public Administration Research and Theory* 24(1): 137-57. DOI: 10.1093/jopart/mus048

Grindle, Merilee (2012): *Jobs for the boys: patronage and the state in comparative perspective.* Cambridge, MA: Harvard University Press.

Grindle, Merilee S., and Hilderbrand, Mary E. (1995): "Building sustainable capacity in the public sector: what can be done?", *Public Administration and Development,* 15 (5): 441-463. DOI: 10.1002/pad.4230150502.

Gullmark, Petter (2021): "Do all roads lead to innovativeness? A study of public sector organizations' innovation capabilities", *The American Review of Public Administration,* 51 (7): 509-525. DOI: 10.1177/02750740211010464.

Haustein, Ellen; and Lorson, Peter C. (2023): "Co-creation and co-production in municipal risk governance-A case study of citizen participation in a German city", *Public Management Review* 25 (2): 376-403. DOI: 10.1080/14719037.2021.1972704.

Hansen, Jesper Rosenberg; and Ferlie, Ewan (2016): "Applying strategic management theories in public sector organizations: Developing a typology", *Public Management Review,* 18 (1): 1-19. DOI: 10.1080/14719037.2014.957339.

Heichlinger, Alex; Thijs, Nick; and Bosse, Julia (2015): "From Strengthening Administrative Capacity Building (ACB) to Public Sector Innovation (PSI): Building Blocks and Successful 'Bridges'". EIPA. http://www.eipa.eu/files/repository/eipascope/20141125143637_EIPASCOPE_2014_ALH_NTH_BOS.pdf.

Helfat, Constance E.; and Martin, Jeffrey A. (2015): "Dynamic managerial capabilities: Review and assessment of managerial impact on strategic change", *Journal of Management,* 41 (5): 1281-1312. DOI: 10.1177/0149206314561301.

Helfat, Constance E.; Finkelstein, Sydney; Mitchell, Will; Peteraf, Margaret; Singh, Harbir; Teece, David J.; and Winter, Sydney G. (2007): *Dynamic Capabilities: Understanding Strategic Change in Organizations.* Malden, MA: WileyBlackwell.

Herrera Díaz-Aguado, Luis (2023): "Por qué y para qué un laboratorio de innovación pública en el INAP", *Gestión y Análisis de Políticas Públicas,* 32: 153-164. DOI: 10.24965/gapp.11166.

Hidalgo-Pérez, Manuel; Manfredi Sánchez, Juan Luís y Benítez Palma, Enrique (2022): "Capacidad administrativa y absorción de los fondos Next-Generation", *Gestión y Análisis de Políticas Públicas,* 29: 72-87. DOI: 10.24965/gapp.11078

Hillmann, Julia; and Guenther, Edeltraud (2021): "Organizational Resilience: A Valuable Construct for Management Research?", *International Journal of Management Reviews* 23 (1): 7-44. doi:10.1111/ ijmr.12239.

Hodge, Graeme A., and Greve, Carsten (2017): "On public-private partnership performance: A contemporary review". *Public Works Management and Policy,* 22 (1): 55-78. DOI: 10.1177/1087724X16657830

Holt, Ditte H.; Carey, Gemma; and Rod, Morten H. (2018): "Time to dismiss the idea of a structural fix within government? An analysis of intersectoral action for health in Danish municipalities", *Scandinavian Journal of Public Health,* 46(22): 48-57. DOI: 10.1177/1403494818765705.

Howlett, Michael (2015): "Policy analytical capacity: The supply and demand for policy analysis in government", *Policy and Society,* 34 (3-4): 173-182. DOI: 10.1016/j.polsoc.2015.09.002.

Howlett, Michael; and Ramesh, M. (2022): "Designing for adaptation: static and dynamic robustness in policy-making", *Public Administration,* 1-13. DOI:10.1111/padm.12849

Howlett, Michael and Ramesh, M. (2016): "Achilles' heels of governance: Critical capacity deficits and their role in governance failures: The Achilles heel of governance", *Regulation & Governance,* 10 (4): 301-313. DOI: 10.1111/rego.12091.

Howlett, Michael; Capano, Gilberto; and Ramesh, M. (2018): "Designing for robustness: surprise, agility and improvisation in policy design", *Policy and Society,* 37(4), 405-421. DOI: 10.1080/14494035.2018.1504488.

Hsieh, Chih-Wei; Wang, Mao; Wong, Natalie WM; Ho, Lawrence Ka-ki (2021): "A whole-of-nation approach to COVID-19: Taiwan's national epidemic prevention team", *International Political Science Review,* 42(3): 300-315, DOI: 10.1177/01925121211012291.

Haug, Nathalie; Dan, Sorin; and Mergel, Ines (2023): "Digitally-induced change in the public sector: a systematic review and research agenda", *Public Management Review* (2023): 1-25. DOI: 10.1080/14719037.2023.2234917

Inglehart, Ronald (1988). The renaissance of political culture. *American Political Science Review,* 82(4), 1203-1230. DOI: 10.2307/1961756

Iglesias, Óscar (2022); "Evolution of the Democratic Political Culture in Spain". *Revista Española de Investigaciones Sociológicas* (REIS), 178(178), 101-122. DOI: 10.5477/cis/reis.178.101.

Janssen, Marijn; van der Voort, Haiko (2020): "Agile and adaptive governance in crisis response: Lessons from the COVID-19 pandemic", *International Journal of Information Management,* 55, 102.180. DOI: 10.1016/j.ijinfomgt.2020.102180.

Janssen, Marijn; Konopnicki, David; Snowdon, Jane L. and Adegboyega, Ojo (2017): "Driving public sector innovation using big and open linked data (BOLD)", *Information Systems Frontiers,* 19 (2): 189-195. DOI: 10.1007/s10796-017-9746-2.

Jasanoff, Sheila (1986): *Risk management and political culture* (Vol. 12). Russell Sage Foundation.

Kattel, Rainer (2022): "Dynamic capabilities of the public sector: Towards a new synthesis". *UCL Institute for Innovation and Public Purpose, Working Paper Series* (IIPP WP 2022-07).

Kattel, Rainer, and Takala, Ville (2021): "Dynamic capabilities in the public sector: The case of the UK's Government Digital Service". *UCL Institute for Innovation and Public Purpose, Working Paper Series* (IIPP WP 2021/01).

Kattel, Rainer; Drechsler, Wolfgang; and Karo, Erkki (2019): *Innovation bureaucracies: How agile stability creates the entrepreneurial state.* UCL Institute for Innovation and Public Purpose, Working Paper Series (IIPP WP 2019-12). Available at: https://www.ucl.ac.uk/bartlett/public-purpose/wp2019-12.

Khatri, Vijay.; Brown, Carol V. (2010): "Designing Data Governance", *Communications of the ACM,* 53 (1): 148-152. DOI: 10.1145/1629175.1629210.

Kim, Sojeong; Wellstead, Adam M.; and Heikkila, Tanya (2022): "Policy capacity and rise of data-based policy innovation labs", *Review of Policy Research,* 40(3): 341-362. DOI: 10.1111/ropr.12494

King, Martin; and Wilson, Rob (2023): "Local government and democratic innovations: reflections on the case of citizen assemblies on climate change", *Public Money and Management* 43 (1): 73-76. DOI: 10.1080/09540962.2022.2033462.

Koolma, Hendrik M. (2013): "A complex adaptive system approach to the assessment of failure of public governance networks", *International Review of Public Administration,* 18(2): 65-84. DOI: 10.1080/12294659.2013.10805253.

Koppenjan, Joop; Klijn, Erik-Hans; Verweij, Stefan; Duijn, Mike; van Meerkerk, Ingmar; Metselaar, Samantha; and Warsen, Rianne (2022): "The Performance of Public-Private Partnerships: An Evaluation of 15 Years DBFM in Dutch Infrastructure Governance", *Public Performance and Management Review,* 45(5): 998-1028. DOI: 10.1080/15309576.2022.2062399.

Krogh, Andreas Hagedorn and Lo, Christian (2022): "Robust emergency management: The role of institutional trust in organized volunteers", *Public Administration,* 101: 142-157. DOI: DOI: 10.1111/padm.12894.

Kuipers, Ben; Higgs, Malcolm; Kickert, Walter; Tummers, Lars; Grandia, Jolien; and Voet, Joris (2014): "The Management of Change in Public Organizations: A Literature Review", *Public Administration,* 92 (1): 1-20. DOI: 10.1111/padm.12040.

Lægreid, Per; and Rykkja, Lise H. (2022): "Accountability and inter-organizational collaboration within the state", *Public Management Review,* 24(5): 683-703. DOI: 10.1080/14719037.2021.1963822.

Larrouqué, Damien (2018): "¿Qué se entiende por "Estado neoweberiano"?... Aportes para el debate teórico en perspectiva latinoamericana", *Revista del CLAD Reforma y Democracia,* No. 70.

Lasagna, Marcelo (2021), "Elogio a la complejidad. Notas para una nueva gestión", en *blog espublico.* https://www.administracionpublica.com/elogio-a-la-complejidad-notas-para-una-nueva-gestion-publica/

Leutner, Franziska and Chamorro-Premuzic, Tomás (2018): "Stronger Together: Personality, Intelligence and the Assessment of Career Potential", *Journal of Intelligence,* 6, 49.

Lewis, Jenny M.; McGann, Michael; and Blomkamp, Emma (2020): "When design meets power: Design thinking, public sector innovation and the politics of policymaking", *Policy and Politics,* 48 (1): 111-130. DOI: 10.1332/030557319X15579230420081.

Lodge, Martin and Wegrich, Kai (eds) (2014): *The problem-solving capacity of the modern state: Governance challenges and administrative capacities.* Oxford: Oxford University Press.

Longo, Francisco (2020): "Gobernanza pública para la innovación", *Revista del CLAD Reforma y Democracia,* 76: 39-56.

Luna-Reyes, Luis; Juiz, Carlos; Gutiérrez-Martínez, Isis; and Bernard Duhamel, Francois (2020): "Exploring the relationships between dynamic capabilities and IT governance: Implications for local governments",

Transforming Government: People, Process and Policy, 14 (2): 149-169. DOI: 10.1108/TG-09-2019-0092.

Lund, Clara S.; and Andersen Lotte B. (2023): "Professional development leadership in turbulent times: Public administration symposium: Robust politics and governance in turbulent times", *Public Administration*, 101 (1): 124-141. DOI: https://doi.org/10.1111/padm.12854.

Mabillard, Vincent; and Pasquier, Martial (2016): "Transparency and Trust in Government (2007 - 2014): A Comparative Study", *NISPAcee Journal of Public Administration and Policy* 9(2): 69-92. DOI: 10.1515/nispa-2016-0015

Magre, Jaume; Medir, Lluís; Pano, Esther: Vallbé, Joan Josep; and Martínez-Alonso, José Luís (2021): *La implementación y los efectos de la normativa de transparencia en los Gobiernos locales de mayor población.* Madrid: INAP.

Marcet, Xavier (2021): *Crecer hacienda crecer. El secreto de las empresas constantes.* Barcelona: Plataforma Editorial.

Medir, Lluís; Pano, Esther; Viña, Alba; and Magre, Jaume (2017): "Dealing with Austerity: a case of local resilience in Southern Europe", *Local Government Studies,* 43(4): 621-644. DOI: 10.1080/03003930.2017.1310101.

Mertens, Donna M. (2015): "Mixed methods and wicked problems", *Journal of Mixed Methods Research,* 9 (1): 3-6. DOI: 10.1177/1558689814562944

Mason, Paul (2016): *Postcapitalismo. Hacia un Nuevo Futuro.* Barcelona: Paidós.

Mayne, Quinton; Jong, Jorrit De; and Fernandez-Monge, Fernando (2020): "State Capabilities for Problem-Oriented Governance", *Perspectives on Public Management and Governance,* 3 (1): 33-44. DOI: 10.1093/ppmgov/gvz023.

Mazzucato, Mariana, and Kattel, Rainer (2020): "COVID-19 and public-sector capacity", *Oxford Review of Economic Policy,* 36 (Sup 1): S256-S269. DOI: 10.1093/oxrep/graa031.

McBride, Keegan; Kupi, Maximilian; and Bryson, Joanna J. (2021): "Untangling agile government: on the dual necessities of structure and agility", in *Agile government: Concepts and practice for future-proof public administration.* DOI: 10.31235/osf.io/qwjcx. https://osf.io/download/6023a1ad73c9fe00dc079e40/.

Meijer, Albert (2013): "Understanding the complex dynamics of transparency", *Public Administration Review,* 73(3): 429-439. DOI: 10.1111/puar.12032.

Meijer, Albert J.; Curtin, Deirdre; and Hillebrandt, Maarten (2012): "Open Government: Connecting Vision and Voice", *International Review of Administrative Sciences,* 78 (1): 10-29. DOI: 10.1177/0020852311429533.

Meijer, Albert (2019): "Public innovation capacity: Developing and testing a self-assessment survey instrument", *International Journal of Public Administration,* 42 (8): 617-627. DOI: 10.1080/01900692.2018.1498102.

Meuleman, Louis, and Niestroy, Ingeborg (2015): "Common but differentiated governance: A metagovernance approach to make the SDGs work", *Sustainability* 7 (9): 12295-12321. DOI: 10.3390/su70912295.

Mergel, Ines; Ganapati, Sukumar; and Whitford, Andrew B. (2021): "Agile: A new way of governing", *Public Administration Review,* 81 (1): 161-165. DOI: 10.1111/puar.13202.

Micklethwait, John; y Wooldridge, Adrian (1998): *La Hora de los Gurús. Visionarios y Nuevos Profetas de la Gestión Empresarial.* Madrid: Alianza Editorial.

Milio, Simona (2007): "Can Administrative Capacity Explain Differences in Regional Performances? Evidence from Structural Funds Implementation in Southern Italy", *Regional Studies,* 41(4): 429-442. DOI: 10.1080/00343400601120213.

Mintzberg, Henry (2023): *Understanding Organizations...Finally! Structuring in Sevens.* Oakland, CA: Berrett-Koehler Publishers Inc.

Mintzberg, Henry (2005): *Directivos, no MBA's.* Bilbao: Deusto.

Mintzberg, Henry (1995): *La estructuración de las organizaciones.* Barcelona: Ariel.

Molenveld, Astrid; Verhoest, Koen; Voets, Joris; and Steen, Trui (2020): "Images of coordination: How implementing organizations perceive coordination arrangements", *Public Administration Review,* 80(1): 9-22. DOI: 10.1111/puar.13136

Moore, Mark H. (1995): *Creating public value: Strategic management in government.* Cambridge: Harvard University Press.

Morgan, Gareth (1990): *Imágenes de la Organización.* Madrid: Rama.

Mortati, Marzia; Mullagh, Louise; and Schmidt, Scott (2022): "Design-led policy and governance in practice: a global perspective", *Policy Design and Practice,* 5 (4): 399-409. DOI: 10.1080/25741292.2022.2152592

Nohrstedt, Daniel (2016): "Explaining Mobilization and Performance of Collaborations in Routine Emergency Management", *Administration and Society* 48 (2): 135-162. doi:10.1177/0095399712473983.

Noll, Douglas E. (2023): *Desescalar. Como calmar a una persona furiosa en 90 segundos.* Barcelona: Arpa.

OECD (2023): *Public Employment and Management 2023: Towards a More Flexible Public Service.* Paris, OECD Publishing. DOI: 10.1787/5b378e11-en.

OECD (2021): *OECD Regulatory Policy Outlook 2021.* París, OECD Publishing. DOI: 10.1787/38b0fdb1-en.

OECD (2021b), *OECD Report on Public Communication: The Global Context and the Way Forward.* París: OECD Publishing. DOI: 10.1787/22f8031c-en.

OECD (2020): *Innovative Citizen Participation and New Democratic Institutions: Catching the Deliberative Wave.* OECD Publishing, Paris. DOI: 10.1787/339306da-en.

OECD (2017): *Recommendation of the Council on Open Government.* https://legalinstruments.oecd.org/en/instruments/OECD-LEGAL-0438#_ga=2.37822115.1251313301.1554450220-751648841.1537891795 and https://www.oecd.org/gov/oecd-recommendation-of-the-council-on-open-government-en.pdf

OECD (2016): *Open Government: The Global Context and the Way Forward,* Paris, OECD Publishing. DOI: 10.1787/9789264268104-en.

OECD (2014): *Boosting Resilience through Innovative Risk Governance.* Paris, OECD Publishing. DOI: 10.1787/19934106.

OGP (2021): "What's in the 2021. National Action Plans", OGP. https://www.opengovpartnership.org/wp-content/uploads/2022/07/Whats-in-the-2021-Action-Plans.pdf

O*Net (2023): *Habilidades básicas.* https://www.onetonline.org/find/descriptor/browse/2.A

Osborne, David; y Gaebler, Ted (1994): *La Reinvención del Gobierno.* Barcelona: Paidós.

Osborne, Stephen P. (Ed.). (2010): *The new public governance?* Abingdon: Routledge.

Osei-Kyei, Robert and Chan, Albert P. C. (2015): "Review of studies on the critical success factors for public-private partnership (PPP) projects from 1990 to 2013", *International Journal of Project Management,* 33(6): 1335-1346. DOI:10.1016/j.ijproman.2015.02.008.

Pacheco, Jordi (2010): *Guies breus de participació ciutadana. Guia de disseny d'espais deliberatius per a la participació ciutadana.* Barcelona, Generalitat de Catalunya. https://governobert.gencat.cat/ca/detalls/article/Guia-de-disseny-despais-deliberatius-per-a-la-participacio-ciutadana.

Panagiotopoulos, Panagiotis; Protogerou, Aimilia; and Caloghirou, Yannis (2023): "Dynamic capabilities and ICT utilization in public organizations: An Empirical testing in local government", *Long Range Planning,* 56 (1): 102251.

Peters, B. Guy (2015): "Policy capacity in public administration", *Policy and Society,* 34(3-4): 219-228. DOI: 10.1016/j.polsoc.2015.09.005.

Peters, B. Guy; and Murillo, Lorena (2005): "Gobernanza y burocracia pública: ¿nuevas formas de democracia o nuevas formas de control?", *Foro internacional,* 45 (4): 585-598.

Peters, B. Guy (2001): *The Politics of Bureaucracy*. London: Routledge.

Pfeffer, Jeffrey (1989): *Organizaciones y teoría de las organización*. Buenos Aires: El Ateneo.

Piening, Erk P. (2013): "Dynamic capabilities in public organizations: A literature review and research agenda", *Public Management Review*, 15 (2): 209-245. DOI: 10.1080/14719037.2012.708358.

Pierre, Jon; and Peters, B. Guy (2020): *Governance, politics and the state.* Bloomsbury Publishing.

Pires, Roberto Rocha Coelho, and Gomide, Alexandre de Ávila (2016): "Governança e capacidades estatais: uma análise comparativa de programas federais", *Revista de Sociologia e Política*, 24 (58): 121-143. 10.1590/1678-987316245806.

Pittaway, Jeffrey J., and Montazemi, Ali Reza (2020): "Know-how to lead digital transformation: The case of local governments", *Government Information Quarterly*, 37 (4): 101474. DOI: 10.1016/j.giq.2020.101474.

Pollitt, Christopher, and Bouckaert, Geert (2011): *New Public Management Reform: a Comparative Analysis - New Public Management, Governance, and the Neo-Weberian State.* Oxford: Oxford University Press.

Porumbescu, Gregory; Meijer, Albert; and Grimmelikhuijsen, Sthepan (2022): *Government Transparency: State of the Art and New Perspectives.* Cambridge: Cambridge University Press.

Quermonne, Jean- Louis (1993): *La organización administrativa del Estado*, Barcelona: EAPC.

Ramesh, M.; Saguin, Kidjie; Howlett, Michael P.; Wu, Xun (2016), "Rethinking Governance Capacity as Organizational and Systemic Resources", Working paper de *Lee Kuan Yew School of Public Policy*. https://papers.ssrn.com/sol3/papers.cfm?abstract_id=2802438.

Ramió, Carles (2022): *Burocracia inteligente. Guía para transformar la Administración pública.* Madrid: Catarata.

Ramió, Carles (2021): "¿Cómo ha respondido la administración pública a las necesidades ciudadanas durante la pandemia de la Covid-19? diagnóstico y propuestas de mejora", en Defensoría del Pueblo del País vasco, *Instrumentos para avanzar hacia una Administración más cercana a la ciudadanía*, Vitoria: Ararteko.

Ramió, Carles (2019): *Inteligencia artificial y Administración pública. Robots y humanos compartiendo el servicio público.* Madrid: Catarata

Ramió, Carles (2018): "El impacto de la inteligencia artificial y de la robótica en el empleo público", *GIGAPP Estudios Working Papers*, Núm. 98, págs. 401-421. http://www.gigapp.org/ewp/index.php/GIGAPP-EWP/article/view/115/135.

Ramió, Carles (2001): "Los problemas de la implantación de la nueva gestión pública en las administraciones públicas latinas: modelo de Estado y cultura institucional", *Revista del CLAD Reforma y Democracia,* 21: 24-39.

Ramió, Carles (1999): "Corrientes neoempresariales versus corrientes neopúblicas: cultura administrativa, valores públicos y credibilidad social. Un planteamiento radical", *Instituciones y desarrollo,* 5: 65-97.

Ramió, Carles (1999b): *Teoría de la Organización y Administración Pública,* Madrid: Tecnos.

Ramió, Carles y Salvador, Miquel (2019): *Gobernanza social e Inteligente. Una nueva organización para el Ayuntamiento de Barcelona.* Barcelona: Ajuntament de Barcelona.

Ramió, Carles y Salvador, Miquel (2018): *La nueva gestión del empleo público.* Barcelona: Tibidabo.

Ramió, Carles y Salvador, Miquel (2005): *Instituciones y nueva gestión pública en América Latina.* Barcelona: Fundació Cidob.

Ramírez Alujas, Álvaro (2022): "Las políticas de gobierno abierto en Iberoamérica. Explorando una década de cambios en el contexto de la Alianza para el Gobierno Abierto (2011-2021)", *Revista del CLAD, Reforma y Democracia,* 82: 21- 58. ISSN 1315-2378.

Rashman, Lyndsay; Withers, Erin; and Jean Hartley, Jean (2009): "Organizational learning and knowledge in public service organizations: A systematic review of the literature", *International Journal of Management Reviews,* 11 (4): 463-494. DOI: 10.1111/j.1468-2370.2009.00257.x.

Rauch, James E., and Evans, Peter B. (2000): "Bureaucratic structure and bureaucratic performance in less developed countries", *Journal of Public Economics,* 75 (1): 49-71. DOI: 10.1016/S0047-2727(99)00044-4.

Raudla, Ringa; Mohr, Zachary; and Douglas, James W. (2023): "Which managerial reforms facilitate public sector innovation?", *Public Administration,* 2023: 1-18. DOI: 10.1111/padm.12951.

Rey, Amalio A. (2022): *El libro de la inteligencia colectiva.* Málaga: Editorial Almuzara.

Rhodes, Rod A. W. (2017): *Network Governance and the Differentiated Polity: Selected Essays.* Volume I. Oxford: Oxford University Press.

Roberts, Alasdair S. (2015): "Too much transparency? How critics of openness misunderstand administrative development", paper prepared for the Fourth Global Conference on Transparency Research, Università della Svizzera Italiana. 2015.

Rodríguez, María; Sánchez, Esther (2024): *¡Ahora lo haremos bien! Cómo conseguir una adecuada sucesión de los equipos directivos en los cambios de gobierno en una Administración pública,* Madrid: INAP.

Rotberg, Robert I. (2014): "Good governance means performance and results", *Governance* 27 (3): 511-518. DOI: 10.1111/gove.12084.

Salvador, Miquel (2022): "La planificació estratègica als ens locals", en Gifreu, Judith; y Fuentes, Josep Ramon (eds): *Règim Jurídic dels governs locals a Catalunya.* Valencia: Tirant lo Blanch (pp. 1375-1394).

Salvador, Miquel (2021): "Transformación digital y función pública: capacidades institucionales para afrontar nuevos retos", *Documentación Administrativa,* 8: 25-42. DOI: 10.24965/da.i8.11030.

Salvador, Miquel (2021b): "Inteligencia artificial y gobernanza de datos en las administraciones públicas: reflexiones y evidencias para su desarrollo", *Gestión y Análisis de Políticas Públicas* 26: 20-32. DOI: 10.24965/gapp.i26.10855.

Salvador, Miquel y Ramió, Carles (2020), "Capacidades analíticas y gobernanza de datos en la Administración pública como paso previo a la introducción de la Inteligencia Artificial", *Revista del CLAD Reforma y Democracia,* 77: 5-36.

Salvador, Miquel and Sancho, David (2021): "The Role of Local Government in the Drive for Sustainable Development Public Policies. An Analytical Framework Based on Institutional Capacities", *Sustainability* 13 (11): 5978. DOI: 10.3390/su13115978.

Savoia, Antonio and Sen, Kunal (2015): "Measurement, Evolution, Determinants, and Consequences of State Capacity: A Review of Recent Research", *Journal of Economic Surveys,* 29(3): 441-458. DOI: 10.1111/joes.12065.

Sánchez Morón, Miguel (2018): "El retorno del derecho administrativo", *Revista de Administración Pública,* 206: 37-66. DOI: 10.18042/cepc/rap.206.02.

Scheinerman, Naomi (2022): "Public engagement through inclusive deliberation: The human genome international commission and citizens' juries". *The American Journal of Bioethics* (2022): 1-11. DOI: 10.1080/15265161.2022.2146786.

Schiuma, Giovanni; and Santarsiero, Francesco (2023): "Innovation labs as organisational catalysts for innovation capacity development: A systematic literature review", *Technovation* 123. 102690: 1-18. DOI: 10.1016/j.technovation.2023.102690.

Schmidthuber, Lisa; Willems, Jurgen; and Krabina, Bernhard (2023): "Trust in public performance information: The effect of data accessibility and data source". *Public Administration Review,* 83(2), 279-295. DOI: 10.1111/puar.13603.

Schmidthuber, Lisa; Ingrams, Alex; and Hilgers, Dennis (2020): "Government openness and public trust: The mediating role of democratic capacity", *Public Administration Review*, 81(1): 91-109. DOI:10.1111/puar.13298.

Scognamiglio, Fulvio; Sancino, Alessandro; Calo, Francesca; Jacklin-Jarvis, Carol; y Rees, James (2022): "The public sector and co-creation in turbulent times: A systematic literature review on robust governance in the COVID-19 emergency", *Public Administration*, 1-20, DOI: 10.1111/padm.12875.

Schmidt, Vivien A. (2013): "Democracy and Legitimacy in the European Union Revisited: Input, Output and "Throughput", *Political Studies*, 61 (1): 2 - 22. DOI: 10.1111/j.1467-9248.2012.00962.x.

Shubham, Sharma; Shi, Lei; and Wu, Xun (2021): "The Policy Capacity of Bureaucracy", *Oxford Research Encyclopedia of Politics*. DOI: 10.1093/acrefore/9780190228637.013.1399.

Skocpol, Theda, and Finegold, Kenneth (1982): "State capacity and economic intervention in the early New Deal", *Political Science Quarterly*, 97 (2): 255-278. DOI: 10.2307/2149478.

Sørensen, Eva, y Ansell, Christopher (2021): "Towards a Concept of Political Robustness", Political Studies. https://doi.org/10.1177/0032321721999974

Souza, Celina (2017): "State modernization and the building of bureaucratic capacity for the implementation of federalized policies", *Revista de Administração Pública*, 51: 27-45. DOI: 10.1590/0034-7612150933.

Susha, Iryna; Janssen, Marijn; Verhulst, Stefaan. (2017): "Data Collaboratives as a New Frontier of Cross-Sector Partnerships in the Age of Open Data: Taxonomy Development", documento presentado en la 50th Hawaii International Conference on System Sciences, Hawaii, USA. https://scholarspace.manoa.hawaii.edu/bitstream/10125/41481/1/paper0332.pdf

Sydelko, Pamela; Midgley, Gerald; and Espinosa, Angela (2021): "Designing interagency responses to wicked problems: Creating a common, cross-agency understanding", *European Journal of Operational Research*, 294 (1): 250-263. DOI: 10.1016/j.ejor.2020.11.045.

Teece, David J. (2016): "Dynamic capabilities and entrepreneurial management in large organizations: Toward a theory of the (entrepreneurial) firm", *European Economic Review*, 86: 202-216. DOI: 10.1016/j.euroecorev.2015.11.006.

Torfing, Jacob; Bentzen, Tina Ollgaard (2020): "Does stewardship theory provide a viable alternative to control-fixated performance management?" *Administrative Sciences*, 10(4), 86: 1-19. DOI: 10.3390/admsci10040086.

Torfing, Jacob; and Triantafillou, Peter (2013): "What's in a name? Grasping new public governance as a political-administrative system", *International Review of Public Administration*, 18(2): 9-25. DOI:10.1080/12294659.2013.10805250.

Trivellato, Benedetta; Martini, Mattia; and Cavenago, Dario (2021): "How do organizational capabilities sustain continuous innovation in a public setting?", *The American Review of Public Administration*, 51 (1): 57-71. DOI: 10.1177/0275074020939263.

Trondal, Jarle (2022): "'Let's organize': The organizational basis for stable public governance", *Public Administration*, 2022; 1-20. DOI: 10.1111/padm.12858.

Trondal, Jarle, Haslerud, Gjermund, y Kühn, Nadja (2021): "The robustness of national agency governance in integrated administrative systems", *Public Administration Review*, 81(1), 121-136. DOI: 10.1111/puar.13309.

Ulibarri, Nicola; Emerson, Kirk; Imperial, Mark T.; Jager, Nicolas W.; Newig, Jens; and Weber, Edward (2020): "How does collaborative governance evolve?", *Policy and Society*, 39(4): 617-637. DOI: 10.1080/14494035.2020.1769288.

Van den Ende, Mandy A.; Hegger, Dries L.T.; Mees, Heleen L.P.; Driessen, Peter P.J. (2023): "Wicked problems and creeping crises: A framework for analyzing governance challenges to addressing environmental land-use problems", *Environmental Science and Policy*, 141: 168-177. DOI: 10.1016/j.envsci.2023.01.006.

Velázquez, Francisco (2023): *Gobernanza Iberoamericana: para un cambio en la Administración pública*. Caracas: CLAD.

Velázquez, Francisco (2021): *El burócrata disruptivo*. Caracas: CLAD.

Villoria, Manuel (2021): "¿Qué condiciones favorecen una transparencia pública efectiva? Artículo de revisión", *Revista de Estudios Políticos*, 194, 213-247. DOI: 10.18042/cepc/rep.194.08.

Villoria, Manuel (coord.) (2013): *La transformación del estado para el desarrollo en Iberoamérica: aportes para la discusión*. Caracas: CLAD.

Vilminko-Heikkinen, Riikka; Brous, Paul; and Pekkola, Samuli (2016): "Paradoxes, conflicts and tensions in establishing master data management function", documento presentado en la 24th European Conference on Information Systems, Istanbul, Turkey, 12 al 15 de junio.

Vrydagh, Julien; and Caluwaerts, Didier (2023): "How do mini-publics affect public policy? Disentangling the influences of a mini-public on public policy using the Sequential Impact Matrix Framework", *Representation*, 59 (1): 117-136. DOI: 10.1080/00344893.2020.1862901

Weber, Kristin; Otto, Boris; Österle, Hubert (2009): "One Size Does Not Fit All. A Contingency Approach to Data Governance", *Journal of Data and Information Quality*, 1 (1): 1-26. DOI:10.1145/1515693.1515696.

Weiss, Julia (2020): "What is youth political participation? Literature review on youth political participation and political attitudes". *Frontiers in Political Science*, 2(1). DOI: 10.3389/fpos.2020.00001

Wilden, Ralf; Devinney, Timothy M.; and Dowling, Grahame R. (2016): "The architecture of dynamic capability research identifying the building blocks of a configurational approach", *Academy of Management Annals,* 10 (1): 997-1076. DOI: 10.5465/19416520.2016.1161966.

Wiseman, Jane M. (2018): *Data-Driven Government: The Role of Chief Data Officers,* Washington, DC: IBM Center for the Business of Government.

Wu, Jiequiong; Thomann, Eva (2023). Governance in Public Policy. In: van Gerven, M., Rothmayr Allison, C., Schubert, K. (eds) *Encyclopedia of Public Policy.* Springer, Cham. DOI: 10.1007/978-3-030-90434-0_66-1.

Wu, Xun; Ramesh, Michael; and Howlett, Michael (2018): "Policy capacity: Conceptual framework and essential components", en Wu, Xun.; Howlett, Michael and Ramesh, Michael (eds): *Policy Capacity and Governance. Assessing Governmental Competences and Capabilities in Theory and Practice.* Polgrave MacMillan, Cham. (2018): 1-25.

Wu, Xun; Ramesh, Michael; and Howlett, Michael (2015): "Policy capacity: A conceptual framework for understanding policy competences and capabilities", *Policy and Society,* 34 (3-4): 165-171. DOI: 10.1016/j.polsoc.2015.09.001.

Wildavsky, Aaron (1988): *Searching for Safety.* Piscataway, NJ: Transaction Publishers.

Xing, Yijun; Liu, Yipeng; Boojihawon, Dev Kumar Roshan; and Tarba, Shlomo (2020): "Entrepreneurial team and strategic agility", *Human Resource Management Review,* 30(1), 100696. DOI: 10.1016/j.hrmr.2019.100696.

Yeo, Yvonne; Lee, Jung-Joo; and Yen, Ching Chiuan (2023): "Mapping design capability of governments: A tool for government employees' collective reflection", *International Journal of Design,* 17 (1): 17-35. DOI: 10.57698/v17i1.02.

Young, Sarah L.; and James Tanner, James (2023): "Citizen participation matters. Bureaucratic discretion matters more", *Public Administration,* 101(3): 747-771. DOI: 10.1111/padm.12867.

Ysa, Tamyko, Marc Esteve, and Francisco Longo (2013): "Enhancing innovation in public organizations through public-private partnerships", en Greve, Carsten, and Graeme Hodge (eds): *Rethinking public-private partnerships: Strategies for turbulent times.* London: Routledge.

Zhong, Wei; Hu, Qian; and Kapucu, Naim (2023): "Robust crisis communication in turbulent times: Conceptualization and empirical evidence from the United States", *Public Administration,* 101(1): 158-181. DOI: 10.1111/padm.12855.

Zollo, Maurizio, and Winter, Sidney G. (2002): "Deliberate learning and the evolution of dynamic capabilities", *Organization Science,* 13 (3): 339-351. DOI: 10.1287/orsc.13.3.339.2780.